辨析「中華民國」

編輯委員會

總 編 輯：錢永祥

副總編輯：王智明

編輯委員：白永瑞、汪宏倫、林載爵、周保松
　　　　　陳正國、陳宜中、陳冠中

聯絡信箱：reflexion.linking@gmail.com

網址：www.linkingbooks.com.tw/reflexion/

目　次

面對「怎麼做」的大問號：
《思考中華民國》的心路

這本書觸動了我這幾年的一個困惑。這個困惑不小，牽涉到很多方面，這裡只能粗糙地說個大概。

生長在儒家文化中的政治現代化方案

在《思考中華民國》一書中，楊先生討論了中國文化與民主憲政的結合，表明在處理中國文化與現代政治的關係上，除了1949年後在大陸實行的一套做法，或許可能有另一種選擇。

思考華夏寶島：
「中華民國」的認識論時刻終於到了

楊儒賓新楬櫫的大作《思考中華民國》是相當勇敢且高難度的學術挑戰：「中華民國」還能夠作為有說服力的「共業」（Common Project）嗎？

民主憲政理念的跨界與跨世代實踐：
《思考中華民國》的再思考

我並不能完全接受楊儒賓在書中提出的論點與他所揭示的知識系譜脈絡，書中許多章節的歷史敘事是片面且不完全的。但這並不代表我對《思考中華民國》的評價都是負面的。

被解放的中華民國：
從文化論述到公共論述

楊儒賓將「中華民國」界定為「立基於中華文化風土的立憲民主政體」。根據筆者的理解，本書使用了兩大敘事策略，從而使這一理念充滿了歷史厚度與現實基礎。

「人民」對「民國」的挑戰

中國國民黨和中國共產黨的分野,似是「全民黨」和有明顯階級屬性的政黨、以國家為主體的「國民」和建構新社會秩序的「人民」路線之爭。

現實與理念的辯證法:
讀楊儒賓《思考中華民國》

這部著作重視的是,辛亥革命前後「中華民國」成立的時刻、中國共產主義革命,以及「中華民國」在台灣的命運。楊儒賓立足於儒家現代化,因此這三個歷史節點都從儒家思想和實踐的角度進行討論。

從「中華性」出發的世界共生想像:
楊儒賓《思考中華民國》讀後

不是中國文化傳統在世界上如何重要,如何可以拯救西方文明的弊端。我們的出發點其實清楚且簡樸:鄰居之間的關係一定要保持和平,不應該讓相互之間的矛盾升級為武力對抗。

思考《思考中華民國》

台灣正往「去中華化」發展而欲「割裂中華」,大陸則朝「中華化的馬克思主義融合思想」而欲「轉化中華」,楊書所謂基於儒家文化傳統的「中華理念」在兩岸的現實發展中漸行漸遠,在未來似乎只能成為永恆鄉愁。

彷彿有光,因憂而寫:
對《思想》專輯各篇評論的回應

由於本書是危機時代的著作,而且不無可能是可預期的戰火危機的產物,所以本書很自然地有主要的訴求對象,此即海峽兩岸的讀者。

思想評論

告別革命、暴力，走向憲政、文明：
讀《世紀的歧路：左翼共同體批判》

正像不能禁止人們的思想一樣，也不能禁止左翼思想的存在、傳播和發展。唯一的辦法是進行思想交鋒、辯論和批判。

「建構批判的思想史」之意義：
讀《世紀的歧路：左翼共同體批判》（上卷）

這樣的黨國體制有三大特點：黨的領導與控制全覆蓋，黨國一體化；政教合一，黨的思想控制，意識型態一體化；黨對軍隊的絕對控制，軍國一體化。

思想人物

余英時校長與新亞二三事

余英時先生在新亞服務的日子不長，但短短兩年間，正逢中文大學改制，余先生置身漩渦當中，相信定必百般滋味在心頭。

致讀者

大國逐霸與東斯拉夫的歷史糾結：
談俄烏戰爭[*]

吳玉山

一、緣起

當蘇聯崩解後，西方學界普遍認為俄羅斯已經沒有特別值得研究之處，但我深感不以為然，並認為俄羅斯還是一個有可能對世界產生深遠影響的國家。在2000年普丁上台，他對俄羅斯過往光榮的懷念與對於國家復興的想望非常急切，這也是許多俄羅斯菁英的共識，並且相當程度地影響到了俄羅斯的一般民眾。在俄羅斯2022年2月侵略烏克蘭之後，許多人因為厭惡普丁，所以把這場戰爭稱為「普丁的戰爭」（Putin's War），代表這是一個狂人所操弄出來的戰禍。然而對於俄羅斯稍有了解的人，會知道這場戰爭絕非僅是普丁的戰爭。一般俄羅斯的菁英與民眾固然沒有參與戰爭的決定，但是一旦戰爭開始，他們大多數都是支持戰爭的，這背後有其深遠的原因。

今天的演講題目是：「大國逐霸與東斯拉夫的歷史糾結：談俄

---

[*] 本文係作者應中央研究院人社中心政治思想專題中心邀請，在「東亞與世界思想座談會」上的演講稿。該次演講由蕭高彥教授主持，在2024年6月3日舉行。

烏戰爭」，這是代表俄烏之戰除了有兩國之間的歷史性因素之外，還有一個世界的格局。當今無處不在談地緣政治，包括台積電的創辦人張忠謀先生，箇中原因是因為企業不能夠再待在一個穩定的地緣政治環境下進行正常的商業活動。而地緣政治框架的不穩定，是來自其參量（parameters）正在不斷地發生劇烈的改變。那麼我們要如何去理解地緣政治的變化呢？目前世界上有三個地緣政治上最不穩定的區域：一個是台海與東亞、一個是俄烏與東歐，最後一個則是以哈與南方。上述所說皆是以歐亞大陸為核心，在其東部、西部與南部各劃出一條前線（fronts），在這三條前線上正在——或者是很有可能——發生戰爭。要了解這些危機與熱點，首先需要有一個宏觀與全球的框架，使各個現象可以納入一個整體的理解，並顯現出彼此的關聯。這是一個由上而下的視角，一個全局的、全球的、整體的，甚至於是跨時的視角。其次，我們同時需要掌握住個別衝突的脈絡與發展的在地動因。因此，我們也要非常細膩地去看發生衝突的區域，特別是它自己的歷史以及發生衝突的在地原因，這是由下而上的視角。透過這兩個視角，我們才能充分地掌握住地緣政治的衝突及其影響。所以今天便從一個大歷史的視角——這是從上而下的，跟一個東斯拉夫歷史的視角——這是由下而上的，來理解俄烏戰爭。

二、科技驅動的大歷史

俄烏戰爭的第一個動因就是科技驅動的大歷史（Grand History）。關於科技會驅動歷史，我們都耳熟能詳。過去歷史教科書一直傳達這麼一種說法，即來自西方的衝擊有兩波：第一波是大航海時代歐洲和西方的海洋擴張，是葡萄牙、西班牙與荷蘭等國以

世界為場域所建立起來的殖民地與勢力範圍，台灣也是在大航海時代與西方第一次接觸。對於東方以及在東方跟西方之間的「中間世界」──特別是回教世界──而言，那段時期是接觸、是競爭，但不是宰制（dominance）。第二波則肇因於工業革命，其所帶來的衝擊及影響與第一波的西力東漸迥然不同。工業革命發生於18世紀末與19世紀之初，是從英國開始，然後往歐洲大陸與美洲大陸輻射，並在此過程中創造出一批新的歐洲及西方強國。之後這些歐西強國又再訪東方與中間世界。此次再訪出現的是一個宰制的力量，而且剛好這個力量是以盎格魯─薩克遜諸國作為其核心。隨著工業革命的進程，這個宰制力量的發展是從海洋（第一區）到大陸的邊緣（第二區），最後再到大陸的核心（第三區）。它是一層一層地從海洋往大陸核心移動的地理漸變（gradation），而人類的歷史便隨著這三區國家勢力的升降而展開。這怎麼說呢？

　　Paul Kennedy的《霸權興衰史》（*The Rise and Fall of the Great Powers: Economic Change and Military Conflicts from 1500 to 2000*）大家肯定不陌生。這本書分析大國從16到20世紀的興衰，並且發現大國的興衰都是由於其經濟力量，以及工業革命對其國力造成的影響。工業革命在哪開始、波及到什麼地方、對於國力造成了什麼影響，國際關係就隨之而動。這裡所顯現的是在科技向外擴張的過程當中，政治與國際競爭所產生的回應，因此科技擴張本身就是一個國際關係變化的趨動力（driving force）。

　　在圖一中❶所標誌的區域就是上述的第一區，即以盎格魯─薩克遜民族為主，從英國到美國的海洋區。英美兩國的霸業是承續的，英國的霸業結束後便由美國繼承。圖一❷的區域就是上述的第二區。它是大陸的邊緣地區：在歐洲主要是德國，在亞洲則主要是日本。圖一❸的區域則是上述的第三區，其為大陸的核心地區。該區

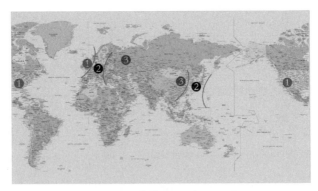

圖一：工業革命及其擴張圖

域中包含兩個主要的大國：其一為俄羅斯，其二則是中國。之所以
會形成這三個區，是由於科技的傳布就像地震一樣，從震央向四方
擴展。工業革命在海洋區發軔，其震動先從海洋區擴展到大陸邊緣，
最後再擴及大陸核心。可以說，地理的鄰近性決定了各區受科技力
量影響的順序，也因此在順序上一定是從海洋開始到大陸邊緣，最
後再到大陸核心。

　　第一區就是先行者，它是海洋國家、自由主義者。這些國家可
以好整以暇地發展自己的經濟體制、政治體制。它們是自由市場與
資本主義的基地，民主的濫觴。過去很多學者研究地理區域對於一
個國家的經濟以及政治制度所造成的影響。對於海洋國家，如英國
或者是美國而言，它們先天上有巨大水體（water body）的保護。它
們所受到的安全威脅遠低於一個隨時從四面八方感受到威脅的大陸
國家，所以海洋國家就有機會去發展一種比較自由主義式（liberal）、
比較去中心化（decentralized）的體系。而這種體系在政治上就醞釀
出了民主體制；在經濟上就產生了自由放任式的資本主義。長遠來
說，這個體系產生了它的效用，也發揮了重大的影響。我們可以想

像，在一個安全狀況非常急迫的環境底下，不會有餘裕來發展出類似的體系。

　　第二區是繼起者，就是大陸邊緣，這些國家是焦急的追趕者，它們需要集中國家的權力以及分散的資本來跟先行者競爭。因為它們是相對落後的、其資本是分散的（scattered capital），所以就必須要透過開發銀行、而不是一般的商業銀行來從事長期投資，比如鐵路化、工業化、重工業化。這些國家必須要有一個汲取力比較強的經濟體制，以實現快速資本積累，以及相對應的政治體制。所以從法國到德國，就可以看到這一區的特徵。它們所表現的意識形態，就是一種現代化的威權主義（modernizing authoritarianism）。

　　第三區的後起者是大陸核心。這裡有在科技上最為落後的歷史大國，卻又有其大帝國的歷史可以緬懷。因為它們在現代科技所帶領的國際關係體系裡頭恰好是最落後的，所以必須訴諸最極端的政治及經濟制度，動員最匱乏的資源，以力圖超趕。因此我們看到想望與落後的高度落差，成為採取極端制度的背景。大陸核心地區的資本既然十分分散，或者說不存在，那麼是什麼樣的制度可使大陸核心地區的大國具有強大的汲取能力，使其在短時間內能夠積累資本並快速地工業化，最終使其具有國際上的競爭力呢？很有意思的是，他們皆採取了共產主義作為答案。所以共產主義並沒有如馬克思所預言的，在最發達的資本主義國家發生，反而發生在相對上最落後的地區。這就產生了一個弔詭，即共產主義實際上並非用來解決平均問題，而是解決國家積累的問題；不是解決階級問題，而是解決國際競爭問題。蘇聯及中國大陸的統治者便是藉由共產主義體制，將資源高度地汲取到手中，以進行快速的工業化。在這背後的，就是一種超趕的動機。

　　工業革命的先行者如英國、美國，其自由主義意識形態，與大

陸邊緣的繼起者（譬如德國）及其威權主義意識形態，最終發生了衝突。此兩者的衝突是必然的，因為第二區的大陸邊緣國家，在汲取科技並開始興起之後，必然會跟老牌的海洋地區霸主產生衝突。以上便是第一次世界大戰爆發的背景。在第二次世界大戰中，我們依舊看到海洋地區的英、美力量，與大陸邊緣地區的德、日力量發生衝突。由於大陸邊緣地區的帝國，既向海洋地區，又同時也向大陸核心地區擴張，所以除了與英、美衝突外，也發生了德國進攻蘇聯與日本侵華。由於具備共同的敵人，這就使得海洋地區與大陸核心地區在二戰期間結為同盟。

但是海洋地區與大陸核心地區的聯盟是暫時的。二戰後，大陸核心地區的蘇聯及中國大陸皆是共產政權，其意識形態為國家掌控的社會主義或共產主義，與海洋地區的自由主義意識型態大相逕庭。大陸邊緣地區，則在戰爭失敗後或是被兩分（譬如東、西德），或是納入海洋地區（譬如日本）。以上正是冷戰1.0的格局。而之所以說是冷戰1.0，其實便意謂著，我以為現在的世界其實已經進到冷戰2.0之中。

冷戰1.0結束後，海洋集團的勢力大幅擴張。它不僅掌握大陸邊緣地區，同時也不斷深入大陸核心地區，這就是北約與歐盟的東擴。身處大陸核心地區的俄羅斯試圖再起，和西方的海洋勢力相抗；同時在亞洲，作為大陸核心地區強權的中國崛起，它不斷地試圖推開海洋勢力的束縛，並發展自身的海洋力量。歷史上海洋的科技一波波地傳入大陸核心，核心地區的大國由於有廣大的人口、豐富的資源、根底雄厚，又有重登強國的想望，因此便用意識形態與國力來抗衡海洋。今天由於美中與美俄的激烈競爭，全球已經進入了冷戰2.0。中、俄是大陸的核心大國，美國則帶領海洋集團，從大陸邊緣到核心的外緣都成為雙方競爭的場域。圖一中2與3的交界地帶，便

是冷戰2.0下容易爆發戰爭的地緣戰略斷層線（geo-strategic fault line）。

所以，近代以來大型戰爭的根源是科技的傳播帶來了先行者、繼起者與後發者三群國家。工業革命起源於英國，所以先行者處於海洋的地緣區域，繼起者處於大陸邊緣的地緣區域，後發者處於大陸核心的地緣區域。先行者要保持優勢，繼起者奮起直追，後發者試圖彎道超車、後發先至。當先行者的優勢面臨全面挑戰之際，就不可避免地會爆發衝突。自工業革命以降，從英國到美國的海洋霸權持續維持著優勢的地位，成功應付了大陸邊緣地區的挑戰。第一次世界大戰是基於上述理由爆發的，第二次世界大戰亦然。其後海洋霸權面臨後發者大陸核心的挑戰，先是20世紀後半葉的冷戰1.0，現在則是冷戰2.0。

後冷戰其實是戰間期

圖二：冷戰與戰間期時間軸線圖

圖二將上述所談及的戰爭與衝突以時間軸線加以顯示。我們可以從圖上看到，第一次世界大戰發生於1914到1918年之間，第二次

世界大戰則是介於1939到1945年之間。這兩次世界大戰中間的時期
是「戰間期」（interwar period, 1918-1939）。在此之後，則是介於
1947到1991年之間的冷戰。1991年冷戰結束後，政治學者福山宣稱
歷史已經終結。這是指人類已進入政治上自由民主與經濟上資本主
義（或者說有節制的資本主義）的時代。這套以自由市場、私有財
產與民主制度為支柱的體系，便是人類所可想像的最佳生活體制。
由於人類不可能發展出比這個更優越的制度，因此今後人類歷史就
只會在這個體制內持續進行，也因此是歷史的終結。

但是2018年美國副總統彭斯（Michael Pence）在美國哈德遜研
究所發表的反共演講，標誌出美國已進入一個新冷戰的時期，也就
是冷戰2.0的開始。由於1991年舊冷戰結束，2018年新冷戰開始，因
此在1991到2018年這中間其實是一個兩次冷戰的戰間期。1991到
2018年是我們這個世代的人所經歷的黃金時期。我們年輕的時候經
歷了冷戰1.0，而現在我們又要隨時擔心戰爭、甚至核戰爆發的可
能。進入新的冷戰後，我們才恍然大悟，原來從1991到2018年的這
段以福山為代表的歷史終結論或是自由主義全球化（liberal
globalization）的時期，其實只是兩個長期的、可能隨時會產生人類
毀滅戰爭的冷戰之間的戰間期而已。這與兩次世界大戰中間的戰間
期是非常類似的。人類歷史正走過這段相對平和的時期，開始進入
下一個對抗的時代，而背後推動的力量便是科技的擴展。

隨著科技擴散，不同地緣區域的強國逐一崛起，以科技與經濟
力為基礎彼此爭雄，其競爭的場域包括了政治、軍事、外交，甚至
文化與意識形態。地緣戰略斷層線就形成於競爭區域的相交之處，
產生了如同地殼板塊位移與擠壓所產生的釋放能量效果。地質學上
的火山地震，在地緣政治上就是大國爭霸所帶來的衝突與戰爭。正
如台灣近期頻繁的地震一樣，生活在地緣戰略斷層線上的我們，也

不斷地被地緣政治的板塊擠壓與搖晃。作為一個斷層線上的中小國家，我們必須決定如何站位與承擔大國的壓力。今天國際社會的局勢，一言以蔽之就是：「大國爭霸，小國圖存」。

圖三：東亞與東歐戰略斷層線圖

圖三是東亞與東歐戰略斷層線圖，以及處在斷層線上的國家。從東亞來看，東亞的戰略斷層線，由北至南始於韓國、經過台灣，最終止於菲律賓。從東歐來看，由北始於瑞典、經由東歐（包括烏克蘭），最終止於土耳其。處於東亞斷層線上的台灣與在東歐斷層線上的烏克蘭這兩個國家雖然存在很多不一樣的地方，但是在全球地緣政治的格局上卻處於極為類似的地位。今日在學術界和政策界普遍將台灣與烏克蘭加以比較，就是反映著這個事實。

舊冷戰時期美國的力量跨過大西洋，在德國與當時的蘇聯對抗。冷戰後的北約與歐盟不斷東擴，使得原本的戰略斷層線向東位移，來到烏克蘭。俄烏戰爭之後，一方面由於烏克蘭事實上已經變成北約的保護國，另一方面又由於俄羅斯占領了烏克蘭東南部大約烏克蘭18%的土地，所以東歐的戰略斷層線現今位移到烏東俄烏兩

軍對峙之處。二次大戰之後美國的力量也跨越太平洋到了亞洲，也就是所謂的第一島鏈，與紅色中國相峙。東亞的戰略斷層線在過去曾經經歷了韓戰與越戰，而在舊冷戰結束後沒有發生顯著的變化，基本上還是在原本的位置。

許多人記憶猶新，在2021年5月某期的《經濟學人》封面是一個位於雷達幕正中的臺灣，伴隨著醒目的標題：世界上最危險的地方。結果在東歐斷層線上的烏克蘭於9個月之後先開打了。繼烏克蘭之後，在歐亞大陸南方的中東也從2023年10月起爆發了以色列與伊朗以及其所支持的「抵抗軸心」（Axis of Resistance）成員（加薩走廊的哈瑪斯、黎巴嫩的真主黨、阿賽德統治下的敘利亞、葉門的胡賽武裝組織）之間的戰爭，局勢發展愈演愈烈。在南方的戰略斷層線上，與西方勢力相對的伊朗背後，就是站著俄羅斯與中國。在地緣政治斷層帶上的國家，不會因為大國對抗的能量在其它斷層帶被釋放，就會變得相對安全。近期在烏克蘭、加薩與黎巴嫩所發生的戰爭慘烈無比，這讓我們看到今日戰爭的殘酷性與毀滅性。一旦發生戰爭，不但最先進的武器會被使用、人命會被踐踏，美好平靜的生活也會在一瞬間灰飛煙滅。台灣就恰恰位在戰略斷層線上，因而不能不從俄烏與以哈的戰爭來思考如何能夠不要走入地緣斷層線上戰爭的覆轍。

三、東斯拉夫的視角

為了要了解俄烏戰爭，以上我們用宏觀的視角討論了科技的擴展如何成為國際關係的驅動力、海陸先行者與後發者國家間的競爭、東亞與東歐戰略斷層線的對比，以及台灣與烏克蘭的類似之處。除了在全球戰略地位上的相似處之外，台灣與烏克蘭還有一個特殊

的共同點，就是認同與族群問題。在這裡我們要從由上而下的視角（地緣政治）切換到一個由下而上的視角（族群與認同）來了解俄烏戰爭。這個由下而上的視角便是東斯拉夫視角（East Slavonic Perspective）。

大約在西元700年的時候，斯拉夫民族以德聶伯河上游的白俄羅斯為起點，開始朝東、朝西及朝南發展。從這個歷史節點開始，就產生了三支斯拉夫人與三種不同的歷史發展路徑。波蘭與捷克等西斯拉夫人比較受西方的影響，它們與西歐有相近的文化與制度傳統，同時也信仰天主教並使用拉丁字母。東斯拉夫人與南斯拉夫人主要採用西里爾字母（Cyrillic script），多信仰東正教，與拜占庭關聯較深。南斯拉夫人的特殊之處，是有幾個世紀土耳其統治的痕跡。烏克蘭地處三個斯拉夫人發展方向的交會與競爭之處，受到周遭大國的強力影響，自然也是容易產生衝突的所在。

烏克蘭人屬於東斯拉夫民族。在公元9世紀到13世紀的基輔羅斯時期（Kievan Rus），東斯拉夫人尚未分化為多個民族。他們以南下的維京人為其統治者，建立了留里克王朝（Rurik Dynasty），以基輔為都。這是東斯拉夫三族的共同歷史根源。基輔羅斯的幅員非常廣闊，北起波羅的海南至黑海，是當時歐洲最大的國家。到了13世紀，成吉思汗的孫子拔都西征，建立了金帳汗國，在1240至1480年之間統治了羅斯舊地。原本基輔羅斯之下的眾公國當中，蘇茲達爾大公於蒙古人入主後旋即向其臣服，遂成為蒙古統治下的頭號王公，並銜令幫助蒙古人收稅。因此烏克蘭的史家發展出下述的歷史敘事：替蒙古人為虎作倀的蘇茲達爾公國，後來發展為莫斯科公國，之後又擴張成俄羅斯帝國。在此歷史敘事下，俄羅斯人就是背叛羅斯傳統、向征服者獻媚，並從中獲得利益的民族。

蒙古的統治標誌著東斯拉夫人的歷史發展中心自此移轉至莫斯

科。在烏克蘭的歷史敘事中，提及若干在基輔羅斯西部的公國起初
並沒有臣服於蒙古的統治，因而延續了羅斯的精神，並將烏克蘭和
其連繫起來。不過近期烏克蘭的史學家為了淡化與俄羅斯的關係，
多主張基輔羅斯早已飄然遠去，而烏克蘭人真正的先祖是從15世紀
以來在德聶伯河兩岸遼闊草原上進行農牧生活的哥薩克人
（Cossacks），他們在17世紀建立了札波羅熱軍（Zaporozhian
Cossacks）的軍政組織，是烏克蘭國家的先驅。相對地，在俄國人
追溯自身的歷史時，必然回溯至基輔羅斯，其背後的歷史寓意是無
論大俄羅斯人、白俄羅斯人還是小俄羅斯人（烏克蘭人被俄國人稱
作小俄羅斯人）皆為羅斯人，都是基輔羅斯的後裔。在此我們可以
看到俄羅斯與烏克蘭在歷史敘事上的分歧。

　　當金帳汗國衰微後，今日烏克蘭的疆域被波蘭與立陶宛占據，
成為波立聯合（Polish-Lithuanian Commonwealth）的一部分。到了
17世紀中葉，烏克蘭境內的哥薩克人起義反抗波立聯合，建立了自
己的政權，並開始尋求各方的協助，希望能建立獨立或半獨立的國
家。哥薩克人於是在不同的強權之間搖擺，以追求獨立的地位。它
曾經倒向俄羅斯、瑞典、土耳其，甚至又倒回波蘭，藉此探求獲得
更有利政治安排的可能性。在此種現實的考慮之下，哥薩克的領袖
博赫丹・赫梅爾尼茨基（Bohdan Khmelnytskyi）向當時的莫斯科沙
皇尋求支持以共同對抗波蘭人，為此哥薩克方面願意將其所控制的
疆域獻給莫斯科沙皇，但同時也要求高度自治。於是兩邊在1654年
達成了佩列亞斯拉夫協議（Pereyaslav Agreement），成立了抗波聯
盟。佩列亞斯拉夫協議具有高度的重要性，因為該歷史事件深刻地
烙印在俄羅斯人的腦海之中，代表烏克蘭主動投向俄羅斯的懷抱，
東斯拉夫的兄弟又能重聚。由於有此種想像，因此到了1954年蘇聯
共產黨總書記赫魯雪夫便以紀念300年前的歷史事件為由，將屬於俄

羅斯的克里米亞（Crimea）半島贈與烏克蘭，以彰顯俄羅斯與烏克蘭的民族情誼。不過當時俄羅斯與烏克蘭都是蘇聯的加盟共和國，因而此舉僅具象徵意義。之後蘇聯瓦解，烏克蘭獨立，克里米亞遂成為兩邊爭執的導火線之一。對於佩列亞斯拉夫協議的不同理解（手足來歸vs.現實考慮），也成為俄羅斯史觀和烏克蘭史觀的一個關鍵的衝突點。

從佩列亞斯拉夫協議開始，俄羅斯的力量進入了烏克蘭，最初是在與哥薩克人聯盟打敗了波蘭後占有德聶伯河東岸，而與仍然據有德聶伯河西岸的波蘭，與占據南部黑海沿岸的鄂圖曼帝國形成三分烏克蘭之勢。到了18世紀，特別是在凱薩琳大帝的時期，俄羅斯南敗鄂圖曼，西與奧地利和普魯士瓜分波蘭，大大擴張了在今日烏克蘭境內的版圖。至於烏克蘭最西部的土地，曾經在波蘭、奧地利與蘇聯之間換手七次，最後在二次大戰後落入蘇聯的掌握，成為烏克蘭蘇維埃社會主義共和國的一部分。

圖四：烏克蘭領土範圍變化

綜上所述，近代烏克蘭的領土是俄羅斯與蘇聯不斷擴張的產物。德聶伯河以東的部分在17世紀俄波戰爭後便已屬於烏克蘭，它與俄國的淵源足足超過300年，如圖四所示。南邊的部分是在凱薩琳大帝時代，從鄂圖曼土耳其那裡奪取的土地，與俄國的淵源則有200年。德聶伯河以西的土地是在18世紀末葉瓜分波蘭時，俄國所取得的土地，這塊地方與俄羅斯在一起的時間超過100年。而最西邊這塊在列強間換手七次的土地，在烏克蘭整個民族歷史當中與俄羅斯在一起的時間只有蘇聯統治的50年。這就是為何東烏克蘭人在身分認同及語言上，與俄羅斯有高度的一體感；可是對西烏克蘭人而言，俄羅斯是完全的異民族。

歷史的發展決定了烏東和烏西接受了不同的史觀。烏西的民族主義者持有烏克蘭或哥薩克史觀，他們將烏克蘭歷史回溯到豪放不羈的哥薩克人，而俄羅斯則完全是他者。但在烏克蘭的東部與南部，卻有大批來自俄羅斯的移民，隨著工業開發進入烏克蘭。烏東俄裔與俄化的烏克蘭人，在政治與文化上和俄國親近，他們許多持的是基輔羅斯史觀，或小俄羅斯史觀。他們認為自己與俄羅斯人是兄弟，都是羅斯後裔。由於歷史的發展，以及接受不同的史觀，傳統上烏克蘭東南部親俄、西北部仇俄，這也成為烏克蘭獨立後最大的政治分歧。

那麼蘇聯解體之後，烏克蘭是什麼樣的情況呢？從語言的分布狀態來看，以俄文為母語的人口比例最高的區域，便是最處東南的盧漢斯克（Luhansk）、頓內次克（Donetsk）二省與南邊的克里米亞半島（在行政上包括克里米亞自治共和國以及塞凡堡特殊地位市）。這三個地方的居民其母語為俄語的比例超過50%。從全國來看，俄語人口的占比從東南隅向西北遞減，到最西部的利沃夫（Lviv）一帶達到最低。同樣地，俄羅斯裔的人口比例也是在東南部最高，在克里米亞超過半數，而一樣地向西北遞減。不過相對於俄語人口

而言，俄裔的占比較低，這代表有許多操俄語的烏克蘭裔。這條東南／西北的語言族裔區分線在政治上也清楚地顯示出來。細觀歷次烏克蘭的總統選舉，幾乎都可以看到東南部選擇主張和俄羅斯和睦相處的候選人，而西北部則支持反俄的候選人，中間地帶則較為搖擺。就選舉結果來看，代表烏西的克拉夫丘克（Leonid Kravchuk）在1991年贏得了第一次的總統大選，接下來是代表烏東的的庫契馬（Leonid Kuchma），他贏得了1994年與1999年的總統選舉。到了2004年出現了巨大的選舉爭議，產生了橘色革命，最後是由代表烏西的尤申科（Viktor Yushchenko）獲勝。在2010年則是親俄並代表烏東的亞努科維奇（Viktor Yanukovych）贏得總統大選，並帶領烏克蘭向莫斯科傾斜。因此在獨立後的烏克蘭可以清楚地看到劃分東南／西北的一條地理的、族群的、文化的與政治的分隔線。

　　烏克蘭是一個新興民主國家，內部雖然有東西之爭，又有外部勢力的強力干預，但是透過選舉機制與政黨輪替，一開始還能維持一個脆弱的均衡。不過自從2004年的橘色革命之後，東西陣營的衝突不斷擴大，就越來越不是烏克蘭脆弱的民主體制所能夠承受的了。眾所周知，橘色革命是一系列「顏色革命」中的一個，而顏色革命基本上便是由於若干後共國家的新興民主體制產生了選舉舞弊或其他弊端，導致民眾大規模抗議示威，試圖推翻原有政權，以建立更民主的國家體制。在這當中，美國與西方國家經常扮演了重要的角色，支持反對派來對現政府施加壓力。顏色革命在許多地方都發生過，第一次出現在2000年的塞爾維亞，第二次是2003年的喬治亞，而2004年就到了烏克蘭。

　　在2004年的烏克蘭總統選舉當中，透過兩次投票，原本是由烏東親俄的亞努科維奇獲得勝選，但是這個選舉結果不為其對手代表烏西的尤申科陣營所接受，認為有嚴重的舞弊做票情事，因而激發

了大規模的群眾示威。最後烏克蘭的最高法院裁決原選舉無效，並舉行了第三輪的投票，而由尤申科勝選，稱做橘色革命。在這場劇烈的政治風潮當中，烏西與西方世界認為民意矯正了不公平的選舉，但烏東與俄羅斯卻將其視為敗選者的政變，烏克蘭的民主體制因而受到嚴重的挑戰與打擊。對於選舉公正性的質疑，包括是否有舞弊作票，以及是否發動示威來迫使重選，會侵蝕民主體制的根本。類似的現象，在2021年1月6日就出現在美國的「國會山莊騷亂事件」當中。此一事件影響重大，前總統川普及其支持者認為是對於不公平選舉的抗議，而民主黨則認為是對於美國民主體制的攻擊，甚至是叛變，並應將川普繩之以法。其餘波蕩漾，更影響到2024年的美國總統大選，並使得政治學者擔心，一旦主要參選者無法接受選舉結果，美國有沒有可能出現內戰。如果選舉被認為不公會在美國產生如此嚴重的後果，可以想見對新興民主國家的烏克蘭而言，橘色革命的衝擊與影響更大。

橘色革命10年之後，烏克蘭爆發了所謂的「廣場革命」（Maidan Revolution），也有人把它稱為「尊嚴革命」（Revolution of Dignity）。當時的總統亞努科維奇，曾經在2004年是尤申科的競選對手，代表的是烏東親俄的政治力量。他在2010年勝選後，雖然與俄羅斯保持友善，但也試圖拉攏西方，甚至加入歐盟，來振興烏克蘭的經濟。普丁為此大為緊張，他對烏克蘭軟硬兼施，希望能將其拉入由俄羅斯所主導的歐亞經濟聯盟（Eurasian Economic Union）。結果亞努科維奇在快要與歐盟簽署聯繫協議之前，忽然踩了煞車，這造成當時擁歐群眾的憤怒，便在基輔廣場上進行數月的示威抗議，並與警察產生了衝突。最後亞努科維奇被群眾逼走，流亡到俄羅斯，而反對黨就成立了臨時政府，並且大幅度地向西方靠攏。

對於俄羅斯而言，這是十年之內烏克蘭第二次親俄政權被推

翻，莫斯科因此決定訴諸武力來解決。廣場革命後，俄羅斯派了特種部隊到克里米亞，舉行了公民投票，結果自然是決定回歸俄羅斯。另外，在俄裔與俄語人口占據相當優勢的盧漢斯克與頓內次克兩省，透過俄羅斯的直接軍事介入，也分別在兩省省會與其附近區域成立了兩個獨立的人民共和國，脫離基輔的掌控。因此在廣場革命之後，烏克蘭被俄羅斯肢解，失去了在戰略與經濟資源上都極為重要的三片領土。2014年之後，由於幾個最親俄的地區已經離開了烏克蘭，又因為俄羅斯已經對烏克蘭使用了武力，因此烏克蘭很自然就往西方傾斜，並且越來越反俄。

　　所以我們看到俄烏戰爭的背景裡頭，很清楚有權力與認同的衝突。就權力衝突而言，主要是全球海洋集團與大陸核心集團之間的對抗，烏克蘭剛好處在兩方勢力相互競爭與衝突的地緣斷層線之上。就認同衝突而言，可以看到東斯拉夫的歷史糾纏在烏克蘭的土地上畫出了一條文化、族群與政治的分隔線，把整個國家劃分為東南與西北的兩個半壁。在此種結構之下，國內外的壓力不斷增加，而烏克蘭的政治體制無法負荷。一方面無法在高度對抗的國內政治中維持自由與兼容，一方面也無法在強權之間制訂合適的外交政策，展現彈性以維護國家的安全。從波洛申科（Petro Poroshenko）到澤倫斯基，這兩位2014年後選出的烏克蘭總統都不斷地在國內推動去俄羅斯化，以及在國際上進行聯美抗俄。在俄羅斯的方面，由於普京大權在握，沒有受到任何的權力制衡，因此和戰存乎其一念之間。烏克蘭在外交政策上不斷向西方靠攏，被視為對俄羅斯核心利益的重大危害，俄羅斯必須加以制止；而烏克蘭在國內的去俄羅斯化與壓制親俄的政治力量，也被視為侵害俄羅斯的民族利益，是無可容忍的。在戰爭的內外因素已經齊備的情況下，軍力的對比成為一個關鍵性的因素。雖然有2014到2022年的積極備戰，烏克蘭的

軍力普遍被認為無法抗拒俄羅斯大軍的入侵，但是這個情境很可能隨著烏克蘭持續獲得西方的軍事援助，以及烏克蘭可能加入北約而發生重大的改變。為了抓住俄軍現仍可以輕易獲勝的機會之窗，普丁遂於2022年的2月24日發動了令舉世震驚的烏克蘭戰爭，即所謂的「特別軍事行動」，並且持續進行至今。

四、戰爭的爆發與持續

在2022年2月24日，俄軍從北、東、南三面進攻烏克蘭：北面進攻基輔（Kyiv）、東面進攻哈爾科夫（Kharkiv），南面進攻赫爾松（Kherson）。但是俄軍的進攻不是很順利，以至於它必須調降其試圖控制烏克蘭全境的戰略目標，而集中力量於東南一隅。

https://www.understandingwar.org/backgrounder/russian-offensive
-campaign-assessment-april-6

圖五：戰爭初期示意圖

　　圖五上方淺色的這些區塊，是戰爭初期俄軍進攻並占領的區域，但它後來撤退了。圖右方深色區塊是後來俄軍集中占領的部分，主要是在東南部，其中以斜線勾勒出來的區域是俄羅斯從2014到2022年間就已經控制住的領土，即克里米亞半島與盧漢斯克及頓內次克兩省的一部分，包含兩省的省會。俄軍最開始從三個正面沿著1,700公里的邊界進行攻擊，試圖一舉占領基輔，迫使烏克蘭簽訂城下之盟。雖然俄軍在很多個戰線占領了相當部分的領土，可是它的突擊並沒有取得決定性的成果，烏克蘭並沒有被擊敗。為了集中力量來確保主要的戰果，俄羅斯只好在2022年3月從北方的戰線撤軍。

　　在俄羅斯準備調整戰略姿態的時候，曾經通過土耳其的斡旋，與烏克蘭展開和談，希望能夠以撤軍來換取烏克蘭不加入北約，而成為永久中立國，並尋求相關各國的保證。此一和談最後沒有成功，並非俄烏兩國缺乏以烏克蘭中立換取俄羅斯撤軍的意願，而是保證國難尋，同時戰爭所帶來的災害與損失也不斷擴大，使得和談益發困難。在土耳其和談失敗後，俄羅斯開始調整其戰略目標，專注於其族群利益最高的頓巴斯地區（Donbas即盧漢斯克與頓內次克）與克里米亞。為了實現這個目標，一方面需要將頓巴斯全境加以占領，一方面需要建立與鞏固頓巴斯與克里米亞之間的陸橋（land bridge），也就是札波羅熱（Zaporizhia）和赫爾松（Kherson）兩省。占領陸橋的意義在於聯通頓巴斯與克里米亞兩地，使俄國的領土可以直接從東方延伸過來，因而鞏固了對頓巴斯與克里米亞的控制。因此從3月以後，俄羅斯一面從北部戰線撤軍，一面加強鞏固對於東南地區的占領，以頓巴斯和克里米亞為主軸，強化對於陸橋兩省的控制。這樣的態勢，一直到今天都沒有改變。

圖六：俄羅斯的戰略目標

　　俄國的最高戰略目標（在圖六中的目標A）是控制整個烏克蘭，
讓它不成為西方海權聯盟的一部分，並且停止去俄羅斯化。如果沒
有辦法達成目標A，俄羅斯的戰略目標就轉為掌控烏克蘭東南半
壁，也就是重建歷史上曾經存在於俄羅斯帝國內的「新俄羅斯」
（Novorossia / Новороссия）地區（目標B）。從目標A到目標B，可
以稱之為俄羅斯戰略目標的族群轉向。在最初追求目標A的時期，
俄羅斯試圖控制首都基輔，建立一個親俄的政權，然後透過這個政
權來控制整個的烏克蘭，這是普丁的最高目標。但是由於無法達成，
土耳其和談又失敗，烏克蘭已經實質上在軍事上成為北約的保護
國，因此俄羅斯改以本身族群利益作為最主要的考量，也就是試圖
控制俄裔與俄語人口集中的烏克蘭東南半壁，即歷史上的新俄羅斯
（目標B）。圖六中所示中分烏克蘭的分隔線，就是前述區分烏東
與烏西族群、語言與政治的劃分線，目標B便是控制此線以東的東
南半壁。再退一步，如果俄羅斯沒有辦法占領整個新俄羅斯，也就

是目標B沒有辦法達成之時，俄羅斯至少想控制東南四省：盧漢斯克、頓內次克、札波羅熱、赫爾松，以及克里米亞，這是目標C。論到最核心的族群價值，就是控制克里米亞與頓巴斯兩省（盧漢斯克、頓內次克），這是目標D。

　　目標D在2014年的時候基本上已經達成，然後從2022年所謂的特殊軍事行動開始，俄羅斯是以A為目標，在沒有辦法達成的情況下，它就退而求目標C，然後進窺目標B。故而D是俄羅斯最基本的目標，即克里米亞以與頓巴斯，而為了要牢牢控制住這一部分，就必須掌握住札波羅熱與赫爾松，也就是目標C。但俄羅斯更大的目標是希望能夠讓自己所控制的烏克蘭領土加倍，把整個東南半壁納入俄羅斯（目標B）。

　　從2022年4月開始，俄國的行動戰略目標便是完成對於區域C的全面占領。在C的幾個行政區中，克里米亞半島（包括克里米亞自治共和國與賽凡堡特殊地位市）從2014年就已經被併入了俄羅斯，從2022年7月開始盧漢斯克省的絕大部分也在俄軍掌控之下，不過在頓內次克、札波羅熱與赫爾松三省則還有相當部分地區仍然在烏軍手中。從戰事發展的情況來看，俄羅斯對於這三個省分的著重程度是有顯著不同的。頓內次克是重中之重，因為這是俄羅斯的核心族群價值，俄軍需要把仍在烏軍手中40%的土地加以征服，才能完全占領頓巴斯，實現其發動特殊軍事行動、保障俄裔與俄語族群的初衷。由於有此種考慮，從2022年暑期以來，俄軍對於頓內次克所採取的就是不計犧牲的強攻。至於札波羅熱與赫爾松則主要是作為陸橋，其本身對於俄羅斯的意義沒有頓內次克那麼大。因此俄軍始終沒有從札波羅熱戰線向北發動攻勢，以完成對於札波羅熱省的完全占領。對於赫爾松，俄軍甚至願意在2022年11月放棄該省位於德聶伯河以西之地，包括省會赫爾松市，以鞏固德聶伯河東岸，原因就

是東岸構成聯繫頓巴斯與克里米亞半島陸橋的一部分。

由於俄國人有完全掌握頓巴斯的執念，因此其作戰行動在許多地方並不符合軍事上的邏輯，並無法為俄羅斯帶來最大的軍事利益。然而對於烏克蘭而言，也產生了相對應的執念，即一定不能讓俄羅斯完全占領頓巴斯。在兩種執念相互激盪的情況下，俄烏戰爭最慘烈的幾場戰事就沿著頓內次克前線展開，包括巴赫姆特（Bakhmut）之役（2023年6月俄軍攻占）、阿夫迪伊夫卡（Avdiivka）之役（2024年2月俄軍攻占），以及從2024年7月開始激烈展開的波克羅夫斯克（Pokrovsk）之役等。在這些戰役當中，雙方都投入了大批精銳部隊，不計代價的來進行攻擊與防禦。

俄烏雙方在頓內次克的對峙並非始於2022年。早在2014年烏東兩個分離共和國成立了之後，頓內次克前線就成為俄烏相持的主要場域。烏克蘭在此修築了層層的防禦攻勢，並把附近的城鎮改造成現代碉堡，而以最精銳的部隊來進行守衛。這也是為什麼俄羅斯全面入侵烏克蘭之後，在各個東南戰線都有大幅的進展，唯獨在頓內次克戰場用力最深、損失最大，而進展卻最小。對於烏克蘭而言，頓內次克戰線猶如其萬里長城，已經固守八年，一旦失陷對於民心士氣將有非常大的影響。為此澤倫斯基總統一再以精銳之師增援無險可守的烏軍據點，而讓西方的戰略顧問頗以為不值。

在2024年5月，俄軍在東北的哈爾科夫方向對烏克蘭展開了進襲，並且在邊境地帶占領了若干烏克蘭的領土。三個月後，烏克蘭對俄羅斯的庫爾斯克地區發動了奇襲，深入俄羅斯境內，並掌控了大片的土地。哈爾科夫與庫爾斯克之役並不代表俄烏想要脫離頓內次克的主戰場。相反地，雙方的動機都是為了攻敵不備，從而期待對手將被迫從頓內次克抽調部隊到新戰場，從而減少其在主戰場的兵力，並穩固己方的態勢。因此從2022年到2024年俄烏戰爭的發展，

主要就是沿著頓內次克戰線，在這裡產生了最大程度的消耗與僵持，而其後所反應的，是一種族群價值的想望。

五、戰爭的前景

自從2022年11月俄軍從赫爾松省的德聶伯河西岸撤退了之後，一直到2024年秋，俄國在烏克蘭所控制的領土面積就沒有發生重大的變動，大約占有烏克蘭全境的18%。曾任烏克蘭武裝部隊總司令的扎盧茲尼（Valerii Zaluzhnyi）將軍就曾經發表評論，認為現在的軍事科技水準容易造成如同第一次世界大戰的那種僵持局面，使得攻勢方難以突破。事實上如果按照俄羅斯過去的進攻紀錄，俄軍要占領頓內次克全境還需要至少兩年的時間。當然許多不可見的因素都可能影響戰爭的結局，例如俄羅斯和烏克蘭的國內政治變動、美國與西方國家對烏克蘭的支持程度、俄羅斯是否啟用戰術核武、俄烏雙方的經濟持久力與動員政策、西方對俄羅斯的經濟制裁、中國對於俄羅斯的實質支持，甚至俄烏雙方政治高層與指揮官的策略與戰術等，都有可能改變戰場上的權力平衡。不過從過去兩年多的發展來看，以上的這些因素都逐漸地收斂與穩定化。因此除非出現不可預期的因素（而這自然是可能的），否則俄烏戰爭最有可能的結局就是「凍結爭議」（frozen conflicts），也就是在長期僵持的情況下，雙方預期持續或升高戰事無法達致目的，而只會增加損失，因此便逐漸降低衝突的程度，最後達至一種實質和平的均衡。在此種情況之下，雙方由於立場差別太大，無法簽訂和約（烏方無法承認喪失領土，而俄方也已經透過「公投」兼併了克里米亞與東南四省），甚至無法訂定停戰協定。然而主要的軍事行動將會降低，甚至止息。

當然此種凍結爭議隨時可能因為原先導致均衡的條件變動而無

法持續，例如亞賽拜然與亞美尼亞在蘇聯崩解之時為了納戈爾諾—卡拉巴赫（Nagorno-Karabakh conflict）而產生的爭議，於沉寂了29年之後，在2023年重新爆發，而由原處於劣勢的亞賽拜然大獲全勝，將納卡地區重新收復，並導致大批的亞美尼亞人逃離家園。兩岸之間也是另一個凍結爭議，在初期的緊張對峙之後逐漸緩和，可是在2016年之後又重新緊張，而導致戰爭的機率大幅增加。

　　俄烏戰爭的爆發有其地緣政治海陸相爭的宏觀因素，也有在地的東斯拉夫族群因素。由於新興民主國家的政治制度失靈，衝突的力量無法被限制在有序的框架之內，而演成內部動亂與外敵入侵。戰爭的發展出乎一般預料之外，造成長期的僵持以及無盡的損失，有可能逐步進入「凍結爭議」，但即使如此也無法排除日後再度爆發成為戰爭。整體而言，俄烏戰爭為兩岸進行一場預演，有識者應該可以從中汲取重要的經驗教訓。

吳玉山，中央研究院政治學研究所特聘研究員。研究領域包括社會主義國家政治與經濟轉型、民主化與憲政設計、兩岸關係與國際關係理論。最近的著作包括《優勢政黨與民主：亞洲經驗的省思》（2017）、《半總統制下的權力三角：總統、國會、內閣》（2017）、《中國再起：歷史與國關的對話》（2018）、與《左右逢源還是左右為難：中小國家在兩強間的抉擇》（2019）等。

韓戰停戰七十一週年祭：

從「被遺忘的戰爭」溯源美國對華政策之失敗

常 成

　　1953年7月26日晚10時，美國總統艾森豪在白宮發表廣播電視講話，宣布《朝鮮停戰協定》已經在一小時前（即韓國時間7月27日上午10時）在板門店簽署，結束了聯合國軍與中共和朝鮮軍隊之間的戰鬥。艾森豪首先向那些在遙遠的異國為捍衛自由而陣亡或受傷致殘的美國士兵致敬。他隨即談到美國戰俘（POW）：「我們的思緒轉向美國戰俘，他們很多個月以來身陷敵方囹圄，身心憔悴。所有戰俘的迅速回歸，將為成千上萬個家庭帶來歡樂。」按照艾森豪親自起草的講話原稿，下一段他將繼續說道：「我們也想到我們手中的敵軍俘虜。我們堅定地維護他們選擇自己未來的權利，他們如果願意，可以生活在自由中。」然而，這兩句話並沒有出現在實際的講話中。幾年後，艾森豪將原稿收入其回憶錄《白宮歲月》，辯稱其講話已經包括了原稿的思想。[1]但事實正好相反，很顯然，艾森

1　Eisenhower, "Radio and Television Address to the American People Announcing the Signing of the Korean Armistice," July 26, 1953, in Woolley and Peters, American Presidency Project, http://www. presidency. ucsb.edu/ws/?pid=9653; Eisenhower, *Mandate for Change*, 190-191. 現場影像原聲，見 https://www.youtube.com/watch?v=NLkL 5ZqGpc8.

豪總統的顧問刪去了原稿中把雙方戰俘的命運相提並論的字句。否則，美國人民就會意識到，為了維護中朝戰俘不回家的權利，美國政府延長了戰爭，推遲了美國及其他聯合國軍（聯軍）戰俘獲釋，並造成了各方更多的死亡，特別是近萬名美國大兵的死亡，他們再也沒有回家。

朝鮮停戰談判因為戰俘遣返問題懸而未決，雙方邊打邊談，停戰遙遙無期。當時美國民眾已經開始質疑，戰爭是「以美國人的命來換中國人的命」。[2] 更準確地說，在韓戰後半段，美國政府堅持「自願遣返」的戰俘政策，實際上是以美國大兵的命來換中國戰俘的「自由」──不回中國大陸，而要去台灣的「自由」，儘管這樣的結局是美國政府制定戰俘政策時始料未及的。

艾森豪並不是唯一一位言論受到審查的領導人；毛澤東在五個多月前也有類似經歷。1953年2月7日，毛澤東在全國政治協商會議第一屆第四次會議上作閉幕發言，他首先回應朝鮮戰爭何時停戰的問題：

> 我們已經打了兩年多了，在社會上可能有些人覺得不耐煩了，覺得還是早一點結束好，停戰談判只剩下一個俘虜問題了，爭執也很小了，何必為一兩萬俘虜還要那麼堅持下去呢？這不只是一兩萬俘虜的問題，[兩個人的俘虜也要爭！]不是我們人口多，幾萬人丟掉不要緊，一個人也不能丟掉。
>
> 時間要打多久時間，我看我們不要作決定。它過去是由杜魯門，

2　這句話來自 NSC staffer Mallory Browne, "The Strategic Significance of Involuntary POW Repatriation in Korea," Feb. 1952, Psychological Strategy Board Files, TL, cited in Young, *Name, Rank, and Serial Number*, 177.

以後是由艾森豪威爾,或者美國將來的什麼總統來決定的。這就是說,他們要打多久,我們就打多久,一直打到我們完全勝利![3]

次日的《人民日報》頭版頭條報道毛澤東的講話,只引述了第二段話,將文字修飾為:「美帝國主義願意打多少年,我們也就準備跟它打多少年,一直打到美帝國主義願意罷手的時候為止,一直打到中朝人民完全勝利的時候為止。」然而,這段霸氣宣言的上文和前因——「兩個人的俘虜也要爭⋯⋯一個人也不能丟掉」——卻被刪得無影無蹤,代之以模糊籠統的指控:「由於美帝國主義堅持扣留中朝戰俘,破壞停戰談判,並且妄圖擴大侵朝戰爭」。

是誰審查了毛澤東的講話?按照慣例,《人民日報》的重要文章在定版前要經過總理周恩來的審批,有時還要經過毛本人的同意。最合理的解釋是,毛、周認為,儘管中共政府及政協高層都清楚遲遲不能停戰的原因就是中國戰俘遣返問題,但這個秘密不應公之於眾。

在三年韓戰的後兩年,12,300名美國士兵和至少90,000名中國士兵在朝鮮半島喪生,至少140,000朝鮮人死於空襲。[4] 大致可以說,

---

3　《毛澤東文集》第六卷(北京:人民出版社,1999),頁263。對比現場影像原聲,「兩個人的俘虜也要爭」這句話沒有錄入毛澤東文集。該演講全文直到1999年才隨《毛澤東文集》第六卷的出版而首次公佈,並未得到注意。其影像和原聲直到2020年左右才公開,以短視頻方式廣泛傳播。現場影像原聲,見www.youtube.com/watch?v=-mj3oZXxXIA。

4　美軍死亡人數來自艾奇遜,*Present at the Creation*,652。由於缺乏中朝方每月傷亡人數統計,此粗略估算值為整個戰爭期間的死亡人數的一半。中國人民志願軍的死亡數字為18萬,見徐焰,〈中國犧

為了維護一個中國戰俘去台灣的自由，幾乎就有一個美國大兵因此喪生。從另一方的角度看，為了阻止一個中國戰俘去台灣，六個志願軍軍人、十個朝鮮人因此犧牲。在過去的七十多年，無論在美國、中國大陸、台灣或者南北韓，從未有人討論過這樣令人怵目驚心的生命交換等式。這就是韓戰後半段的本質——雙方為爭奪戰俘而付出殘酷而無謂的巨大犧牲。

　　為了掩蓋韓戰已經從爭奪領土的戰爭演化成爭奪戰俘的戰爭，中美兩國政府不約而同地自我審查其最高領導人關於停戰的言論，並混淆、歪曲、掩蓋事實，誤導兩國公眾。儘管戰俘遣返問題是停戰談判破裂的單一直接原因，中美兩國政府都極力避免讓公眾意識到此事實，轉而提出模糊籠統的說辭，指控對方本性好戰，企圖拖延戰爭。停戰後，美國政府大肆宣傳美軍戰俘被中國人「洗腦」的離奇指控，儘管三千多名美軍戰俘中僅有21人拒絕遣返，前往紅色中國。在中國大陸，韓戰後半段的記憶被上甘嶺戰役壟斷，儘管這場在停戰談判破裂後一周爆發，持續四十餘天（1952年10月14日至11月25日）的戰役造成巨大傷亡，卻沒有重大的軍事價值。諷刺的是，上甘嶺戰役中，美軍打了十天就撤出戰鬥，餘下的大部分時間是中韓軍隊之間的廝殺。中國大陸高調紀念「抗美援朝戰爭」，宣揚上甘嶺戰役，但戰爭後半段的真正原因卻鮮為人知。在美國，韓戰後半段究竟為何而戰，幾乎無人知曉，民眾腦海中只有關於中共「洗腦」的模糊印象，而整場韓戰淪為「被遺忘的戰爭」。

（續）————————————————————

　　　牲十八萬志願軍〉，《文史參考》2010年第6期，頁83。據朝鮮中
　　央統計局報告，戰爭期間28.2萬朝鮮人死於敵機轟炸，見沈志華編，
　　《朝鮮戰爭：俄國檔案館的解密文件》，頁1341。由於在戰爭後半
　　段美軍加大對朝鮮的轟炸，此期間的傷亡人數可能超過整個戰爭傷
　　亡的一半。

　　雖然韓戰後半段交戰雙方為爭奪戰俘而戰，但雙方的動機並非為了戰俘的福祉，而是為了各自的國家聲譽——或更準確地說，為了各自政府和領導人的「面子」而戰——戰俘問題只是一個藉口或由頭。誠然，假如沒有戰俘問題，雙方可能會為了另一個藉口而繼續戰爭。但歷史事實很簡單：無論雙方領導人的動機是否單純，韓戰後半段的核心爭議只有一個——戰俘問題。

韓戰兩段論：前半段爭領土，後半段爭戰俘

　　儘管學術界公認韓戰後半段的核心爭議是戰俘問題，但對此研究卻相當有限。韓戰研究大多聚焦於戰爭的起源或上半段，例如美國著名記者大衛・哈伯斯坦在其名著《最寒冷的冬天》所截取的時段，僅涵蓋從戰爭爆發到中國參戰，至1951年4月麥克阿瑟被解職。[5] 美國左翼學者布魯斯・康明斯發現，儘管美國研究者對韓戰有諸多不同解釋，但他們實質上都將韓戰分為兩段：「第一場韓戰，即1950年夏季爭奪朝鮮半島南方領土的戰爭，是一場（美國的）勝利；第二場韓戰，即隨後爭奪半島北方領土的戰爭，是一場失敗。」[6] 然而，這兩段戰事都發生在戰爭第一年，該兩段論完全忽略了戰爭後兩年。康明斯的觀察恰恰凸顯了美國對韓戰後半段的集體失憶。

　　筆者提出一個完整涵蓋三年韓戰的兩段論：韓戰前半段是爭奪領土的戰爭，包括四個階段：從1950年6月25日至9月雙方爭奪南方領土、從10月至12月爭奪北方領土、1951年上半年爭奪三八線附近

5　Bruce Cumings, *Origins of the Korean War*, 2; Shen, "Sino-Soviet Relations and the Origins of the Korean War"; David Halberstam, *Coldest Winter*.

6　Cumings, *The Korean War: A History*, 229.

領土、以及從1951年7月10日停戰談判開始至11月27日雙方就軍事分界線達成原則性協議。韓戰後半段則是爭奪戰俘的戰爭，始於1951年12月雙方就戰俘問題開始談判，至1953年6月達成戰俘交換協議，最終於7月底實現停戰。

韓戰打了三年一個月又兩天，而停戰談判從1951年7月10日至1953年7月27日持續了兩年多。在這後兩年中，中朝方面與美國主導的聯合國軍邊打邊談，在開城和板門店舉行了575次談判，各自在戰場上遭受了巨大的傷亡，但最終的停戰線只是從停戰談判開始時的實際控制線向南或向北移動了幾公里而已。停戰談判開始後四個多月，各方原本以為難以解決的第二項議程「軍事分界線問題」在1951年11月27日就達成協議，而原本被視為技術性「枝節問題」的第四項——也是最後一項實質性議程——「戰俘遣返」卻意外成為談判的最大難點。

首先，國際法對戰俘遣返問題有清晰明確的條文。1949年通過的《關於戰俘待遇的日內瓦公約》第118條規定：「實際戰事停止後，戰俘應即予釋放並遣返，不得遲延。」[7] 該條款起草者的初衷為了是防止重演二戰後蘇聯長期扣留數十萬德國、日本戰俘的現象，卻無法預見一年後爆發的韓戰將出現更加複雜的情況：南北韓都主張自己是朝鮮半島的唯一合法政府；中國大陸的中華人民共和國政府和台灣的中華民國政府都主張自己是中國的唯一合法政府。因此，停戰後，戰俘應該遣返回哪一個韓國／朝鮮，哪一個中國，很可能成為一個爭議性問題。

---

7 "Geneva Convention Relative to the Treatment of Prisoners of War," adopted on August 12, 1949, https://www.icrc.org/zh/doc/resources/documents/misc/gc3.htm.

　　其次，雙方戰俘人數懸殊巨大，使問題變得更加複雜。按照1951年12月18日雙方交換的戰俘名單，中朝方手中僅有聯軍戰俘11,559人，其中包括7,142名韓國人，3,198名美國人，919名英國人，274名土耳其人，以及其他國家的俘虜；而聯軍手中有20,700名中國戰俘，近150,000名朝鮮戰俘。[8] 儘管雙方都指責對方瞞報數字，但一個不爭的事實是：聯軍手中的中朝戰俘數倍於中朝手中的聯軍戰俘。

　　按照《日內瓦公約》，停戰後所有戰俘都應遣返回國。中朝方理所當然地要求全部交換戰俘。然而，鑒於雙方戰俘人數的巨大懸殊，美國人對全部交換戰俘心有不甘。1951年10月29日，杜魯門總統首次就戰俘遣返問題表態，就認定全部交換戰俘是「不公平的」（not equitable）。他說，不希望遣返那些主動投誠並與聯軍合作的戰俘，因為他們遣返後「將立即被解決掉」。他最後表示，「肯定不會同意任何的全部交換方案，除非我們得到某些從其他途徑無法得到的重大讓步」。[9] 杜魯門後來在回憶錄中堅稱，「在我看來，戰俘遣返不是一個可以討價還價的議題！」[10] 然而事實上，他第一次就戰俘問題表態，就打開了討價還價的潘多拉盒子。

　　如同任何現實政治決定一樣，杜魯門的動機並不單純，他出於人道與現實的雙重考量，否決了全部交換戰俘。但他同時又表示，假如共產黨做出重大讓步，人道立場又是可以妥協的。杜魯門把崇高的人道原則與現實的利益交換攪和在一起，美國政府又用人道原則來為其政策辯護，就不可避免地顯得虛偽。杜魯門思維錯亂、自

8　　《抗美援朝戰爭史》（2014年），下卷，頁148; Hermes, *Truce Tent*, 141-43; Joy, *How Communists Negotiate*, 104, 107-8; Joy, *Negotiating While Fighting*, 138, 151-152, 155; *FRUS 1951*, 7:1434.

9　　*FRUS 1951*, 7:1073.

10　Truman, *Memoirs*, vol. 2, 460.

相矛盾的決策將迫使聯軍談判代表去執行一項不可能的任務：首先提出一項新人權，即敵方戰俘享有庇護權，不必遣返回國。但如果敵方作出重大讓步，那麼美國卻又可以為了達成交易而隨時放棄該原則，將部分甚至全部戰俘強制遣送回中朝。

聯軍談判代表於1952年1月2日提出「自願遣返」政策，其初衷並非為了戰俘的福祉，而只是將其視作一個將來可供妥協的談判籌碼，以優勢戰俘人數換取中朝在其他方面的讓步。由於「自願遣返」明顯違背《日內瓦公約》的條文，聯軍代表辯稱公約的精神是為了保護戰俘的最大利益，而「自願遣返」（後改稱「非強制遣返」）最好地保護了戰俘的利益。

然而，華盛頓沒有考慮到，「自願遣返」政策等於承諾向中朝戰俘提供政治庇護，具有強大的人道主義感召力，一經公布，將會就造成巨大的公眾輿論壓力，使美國政府無法從該立場退卻。「自願遣返」政策根本不是一個可供妥協的談判籌碼。手中有更多戰俘，不是一個優勢，反而是一個詛咒。

1952年2月初，國務卿艾奇遜才後知後覺地發現美國政府在戰俘問題上進退失據，他不得不向杜魯門報告，戰俘遣返問題「即將成為停戰談判中唯一懸而未決的根本性問題」。[11] 2月底，杜魯門總統首次召開高層會議討論戰俘問題，當場拍板將「非強制遣返」定為美國政府的「最終的、不可撤回的立場」。

雖然「自願遣返」已經成為美國最高國策，但是華盛頓卻不清楚到底有多少中朝戰俘會拒絕遣返。於是，1952年4至5月，聯軍戰俘營當局對中朝戰俘進行甄別，調查其遣返意向，當時19,000餘名中國戰俘中竟有14,000餘人拒絕遣返，該比例大大超出美國人的預

11　FRUS 1952-1954, 15:35.

期。此結果當然被中方斷然拒絕。

此時，美國政府已經騎虎難下，無法從道德高地上退卻、妥協。5月7日，杜魯門首次就戰俘問題發表公開講話，宣布必須堅持「非強制遣返」政策。他強調：「任何強制遣返戰俘的協議……都完全背離我們在韓行動所秉承的基本道義與人道原則。我們不能為了購買停戰而將人交予敵方奴役或屠殺。」[12] 停戰談判隨之陷入僵局。

相對於總數21,000餘人的中國戰俘，朝鮮人民軍戰俘人數近15萬，但他們卻不是停戰的障礙。早在1952年初，朝鮮領導人金日成就已經意識到軍事統一無望，轉而尋求儘快停戰。況且朝鮮並不需要更多的戰俘，因其早已將至少27,000名沒有列入戰俘名單的韓軍俘虜編入人民軍。[13] 從朝鮮的角度來看，為了中國戰俘——或更準確地說，為了中共的「面子」——而繼續戰爭是毫無意義的，因為遭受最大損失的是朝鮮人。然而，斯大林卻說，「朝鮮人除了遭受傷亡之外，什麼也沒有損失。」[14] 他否決了金日成的停戰請求，支持毛澤東為戰俘問題繼續戰爭。

1952年10月8日，聯軍代表宣布無限期休會，走出談判帳篷，停戰談判就此破裂。美軍將已經相當殘酷的空襲繼續升級，企圖用轟炸來迫使中朝方屈服。就是在這樣的背景下，毛澤東發於1953年2月7日放言，敵人「要打多久，我們就打多久，一直打到我們完全勝

12　Truman, "Statement by the President on General Ridgway's Korean Armistice Proposal," May 7, 1952, in Woolley and Peters, American Presidency Project, http://www.presidency.ucsb.edu/ws/?pid=14108.

13　沈志華編，《朝鮮戰爭：俄國檔案館的解密文件（下冊）》（台北：中央研究院近代史研究所，2003），頁1219。

14　斯大林與周恩來談話紀錄，1952.08.20，《朝鮮戰爭：俄國檔案館的解密文件（下冊）》，頁1201。

利！」

毛澤東發表霸氣宣言後不到一個月，斯大林於3月5日突然死於
腦溢血。蘇聯新領導人改弦易轍，立即要求中共就戰俘問題妥協，
儘快停戰。6月8日，韓戰雙方就戰俘交換達成協議，中方接受變相
的部分遣返戰俘。7月27日，雙方最終簽訂《停戰協定》。

自1952年2月底杜魯門決定堅持「自願遣返」政策，直到1953
年6初交戰雙方達成戰俘協議，戰俘問題使戰爭拖延了至少十五個
月。假如不是斯大林於1953年3月初突然死亡，蘇聯新領導人施壓中
共儘快停戰，那麼中共仍不會接受部分遣返戰俘，戰爭還要繼續。
或許如毛澤東在1953年2月宣稱的那樣，一直打到「艾森豪威爾，或
者美國將來的什麼總統」認輸為止，一直打到中共「完全勝利」為
止。與此同時，美國軍方從1953年初已經開始考慮如何使用戰術核
武器來打破戰爭僵局，迫使敵方接受美方的停戰條件。

韓戰因為戰俘問題而拖延，造成重大犧牲。美國政府一方面試
圖對美國人民模糊戰爭後半段「為戰俘而戰」這一事實，另一方面
在面對盟國的質疑時，又不得不做出辯解。艾森豪總統的國務卿杜
勒斯在停戰後的一次閉門會議中向盟國解釋，聯合國軍在韓作戰實
現了兩大目的：第一，將侵略者擊退至原有邊界甚至更北；第二，
非強制遣返戰俘，向那些拒絕遣返的戰俘提供政治庇護。[15] 但事實
上，第一個目的早在1951年7月停戰談判開始之前即已實現。為了實
現第二個目的，美國及其盟國耗費了十五個月才迫使中共接受變相
的「自願遣返」，停戰後又再耗費了六個月才實現向拒絕遣返的戰
俘提供政治庇護。

韓戰打了三年，前半段實現了杜勒斯的第一個目的；後半段實

---

15 *FRUS 1952-1954*, 15:1506.

現了第二個目的。韓戰的兩大結局也正好對應這兩大目的。第一，1953年7月底簽署的《停戰協定》確認了早在1951年11月底就已經達成的軍事分界線協議，按照實際控制線，大致沿三十八度線恢復了原邊界線；第二，停戰後，雙方按照《停戰協定》將願意遣返的戰俘交換，將拒絕遣返的戰俘送至板門店中立區接受己方代表的「解釋」。1954年1月，拒絕遣返的中朝戰俘最終「獲釋」，聯軍隨即將14,220名中國戰俘運往台灣，將7,574名朝鮮戰俘送交韓國政府。交戰雙方就戰俘遣返問題進行了近兩年的軍事與政治鬥爭，最終三分之二（66.8%）的中國戰俘去往台灣；而餘下三分之一（33.1%）回到中國大陸。

　　截止1954年6月，先後抵達台灣的中國籍戰俘總數達到14,342人，包括於1953年10月8日飛抵台北的63人、於1954年1月獲釋來台的14,220人、以及其他零星獲釋的戰俘。[16] 另一方面，遣返中國大陸的戰俘總計7,110人，其中包括在1953年4、5月的「小交換」（Little Switch）中遣返的1,030名傷病者，8、9月的「大交換」（Big Switch）中遣返者5,640人，以及在9至12月的「解釋」期和1954年1月脫離非軍事區戰俘營的440人（其中通過聽「解釋」選擇回國的僅有90人，其餘350人則通過翻越鐵絲網等方式逃離）。1954年1月20至21日，在拒絕遣返的中朝戰俘在板門店獲釋，即將被移交給台灣和韓國政府的最後時刻，70名中國戰俘要求返回中國大陸，另有12名中國戰俘要求去中立國，這12人與74名朝鮮籍和2名韓國籍戰俘於2月9日隨印度看守部隊前往印度，等待其他中立國的接收。[17]

16　蔣經國，〈反共義士就業輔導處工作總報告〉，1954年6月，00012389
　　00090047w，國防部史政編譯室。

17　Walter G Hermes, *Truce Tent and Fighting Front: U.S. Army in the Korean War*（Washington, DC: Center of Military History, U.S. Army,

這一萬四千多名中國戰俘以「一顆心回台灣」為口號去台灣，
但事實上其中僅有陳永華、王瀛昌兩人是台灣籍。而回到大陸的七
千多人中，卻有一人——陳慶濱——是台灣籍。

紀念與遺忘

1954年1月24日早上，長期受失眠困擾的蔣介石比平常晚起一小
時，他在日記中寫道，「今晨七時後起床，昨夜前後熟睡九小時以
上，實為近年來最安眠之一夜也。」朝課後，時任國防部政治作戰
部主任的蔣經國前來彙報「傷患義士昨已由韓空運來台之情與民眾
熱烈之歡迎，以及招待一萬四千名義士之準備完成等事」。[18]
在此後三天，由美軍海運的戰俘陸續抵達基隆，受到英雄凱旋
式的歡迎。[19]據負責接運工作的賴名湯將軍回憶，基隆市民「傾巢
而出，碼頭兩邊，真是人山人海。」他感歎道：「這種熱鬧感人的
盛大場面，祇有抗戰勝利大遊行差堪比擬。」[20]在細雨中，站在碼
頭上歡迎隊伍前列的是蔣經國、美國大使藍欽（Karl Rankin）和美
國陸軍部長史蒂文斯（Robert Stevens）。在基隆碼頭的集會上，反
共義士代表向蔣經國敬獻從韓國戰俘營帶回的十七面血染的青天白
日滿地紅國旗。蔣經國眼中含淚，舉起國旗，振臂高呼：「珍惜這
些血染的國旗！把它們帶到南京去！帶到北平去！」戰俘們振臂高

(續)————————————
　　　2005），p. 515.「解釋」歸來的人數，見《中立國遣返委員會報告》
　　　（聯合國文件A/2641）（紐約，1954），頁108、119、163。
18　蔣介石日記，1954年1月24日。
19　《戰後外交史料匯編：韓戰與反共義士篇》第一冊，頁384。
20　《賴名湯先生訪談錄》，頁169。

呼：「打回大陸去！」[21]

　　蔣介石在24日的日記中寫道：「此為二年來反共奮鬥中之重大勝利」。在〈上星期反省錄〉中，蔣提升了評價：「此為五年以來精神上對俄鬥爭之重大勝利。」[22] 蔣致電美國總統艾森豪，更稱此事件為「十年來民主國家與國際共產主義鬥爭的第一場重大勝利。」[23] 無獨有偶，在華盛頓，美國中央情報局局長艾倫·杜勒斯（Allen W. Dulles，即國務卿杜勒斯John Foster Dulles的胞弟）亦稱釋俘事件為「自由世界在與共產主義的鬥爭中所取得的最重大的心理戰勝利。對共方而言，考慮到他們在事前的威脅與恐嚇，此事讓他們大失顏面。」[24]

　　北京在暴怒之餘，卻無能為力。1月25日的《人民日報》刊文〈美國的『心理戰』徹底失敗了〉痛批美國：「美國侵略者的野蠻和殘暴，遠遠超過了它的先輩德國法西斯，現在已經沒有人懷疑這一點了。人類正義的裁判既然沒有放過德國法西斯，當然也決不會放過比德國法西斯更狠毒的美國侵略者。」[25] 四天後，《人民日報》頭版報導〈外交部部長周恩來發表聲明 強硬抗議美方強迫扣留朝中戰俘〉，周聲稱，「不論這些戰俘被強迫扣留在甚麼地方，只要美方一天不把他們追回，我們就一天不放棄對美方這種罪行進行追究！」[26] 然而，到底是哪一方在這場鬥爭中失敗了，答案不言自明。

21　《反共義士奮鬥史》，頁234；Taylor, *The Generalissimo's Son*, 219.

22　蔣介石日記，1954年1月24日。

23　蔣介石致愛森豪電，1954年1月23日，《韓戰與反共義士篇》第2冊，頁327。

24　*FRUS, 1952-1954*, 15:1730.

25　《人民日報》，1954年1月25日，第4版。

26　《人民日報》，1954年1月30日，第4版。

1954年春，關於朝鮮與印度支那問題的國際會議在日內瓦召開，周恩來繼續追究戰俘問題。4月28日，周恩來首次發言就提出：「中華人民共和國政府認為，關於戰俘的這一問題尚未了結……這次會議是不能避開這個問題的。」5月3日周再次發言，他強調：「必須採取措施，保證1953年6月和1954年1月被迫扣留並編入軍隊的朝中被俘人員得以重返祖國。」[27] 然而，周恩來的建議並未得到任何響應。朝鮮代表團團長、外相南日曾在朝鮮停戰談判期間擔任朝中代表團首席代表，他在日內瓦會議期間多次就朝鮮統一問題長篇大論，對戰俘問題卻只是敷衍而過。[28] 大概意識到戰俘問題已是既成事實，繼續抗議無效，中共自此不再重提韓戰戰俘問題。曾在1952至1953年間幾乎天天占據國內報紙重要版面的戰俘問題，到1954年下半年就幾乎銷聲匿跡。[29]

然而，中共領導人並沒有忘記這場失敗。1972年美國總統尼克松訪問北京，在2月24日的正式會談中向周恩來提到北越扣留美軍戰俘，周恩來立即插話：「談到戰俘問題，我想說一件事。這件事發生在你擔任（艾森豪的）副總統時期，你可能不太清楚。對此事，我們做出了極大的克制。」壓抑了近二十年的情緒突然迸發，周恩來滔滔不絕地向尼克松解釋蔣介石如何派人進入戰俘營，從而介入戰俘遣返問題。「我們被脅迫去台灣的戰俘，人數不是幾千，而是上萬。」他強調：「我們完全可以就此力爭，我們可以質問：『蔣介石有甚麼資格插手戰俘遣返？』」但是，考慮到雙方都希望結束戰爭，而且我們派出的只是志願軍，我們認為為了戰俘問題而拖延戰

---

27 「日內瓦會議期間中國代表團朝鮮組所寫的我對戰俘問題的發言」，206-00059-24，北京：外交部檔案館。

28 《朝鮮問題文件匯編》第二集，頁290-432。

29 《人民日報》最後一次提及戰俘問題是在1957年10月27日。

爭不好。」——假如朝鮮人看到這段話，肯定會很憤怒，因為恰恰是為了爭奪中國戰俘，戰爭多打了至少15個月。周恩來最後對尼克松說，「我只說這麼多。此事雖已成歷史，但我們仍常記心頭。」[30]很明顯，對中共領導人，特別是周恩來而言，一萬四千志願軍戰俘去台灣的結局，是令人耿耿於懷卻又難以言說的奇恥大辱。

而台灣海峽對岸的「中國人民的死敵」蔣介石雖在韓戰中未派出一兵一卒，卻意外地在戰爭的後半段起到關鍵作用，在這場交戰雙方都沒能獲勝的戰爭中成為最大的贏家。經過韓戰這三年，原本搖搖欲墜的蔣介石政權重獲新生，並重回美國陣營的懷抱。一萬四千名志願軍戰俘拒絕返回中國大陸、堅持來到台灣具有高度的象徵意義，不但提振台灣軍民士氣，而且為國民黨政府仍為中國唯一合法政府的訴求提供理據。

1954年1月24日，蔣介石發表聲明：「鑒於歸國義士拒絕共匪奴役之堅決態度，足見我淪陷大陸上之同胞，如能獲得同樣選擇機會，其絕大多數亦必一如我留韓反共義士，為其自由立即起而奮鬥，實已不容置疑。」[31]同年9月27日，外交部長葉公超在聯合國大會第九屆常會總辯論中宣稱：「百分之八十以上的中國戰俘，不顧其個人生命危險及其家屬的安全，決心選擇自由，實在是最強有力的表示，說明在鐵幕後的中國人民對北平匪共傀儡政權，是如何厭棄。」雖然葉公超誇大了赴台戰俘的比例，但確如葉所言，「這是一場共產黨所未能打贏的一仗」。[32]這是自1946年國共內戰開始以來，中共遭受的第一次重大宣傳挫敗。

---

30 *FRUS, 1969-1972*, 17: 774. 原稿為英文紀錄，筆者翻譯。

31 《韓戰與反共義士篇》第2冊，頁335.

32 外交部檔案，633.05/0006/445388（英文稿），445261（中文稿），中研院近史所檔案館。

　　蔣介石政府高調宣揚這場勝利，將來台戰俘稱為「一萬四千名反共義士」或「一萬四千名證人」，並挑選形象良好、能言善道的戰俘組成多個宣講團，作為「中共暴政」的證人，遠赴歐美、日本、東南亞巡迴演說，以激發世人對台灣的同情及華僑對國民黨政府的認同。而1月23日則成為法定紀念日「一二三自由日」，在整個冷戰時代，台灣每年都隆重紀念這場勝利。

　　與台灣政府的高調紀念截然相反，西方「自由世界」的領袖、為堅持「自願遣返」戰俘而延長戰爭並付出慘重代價的美國，對此勝利卻沉默以對。1954年1月23日，反共戰俘正式獲釋，艾森豪總統與國務卿杜勒斯都沒有就此發表聲明。美方僅由聯合國軍司令赫爾（John Hull）在東京發表一紙聲明，行禮如儀般宣稱戰俘獲釋「給在共產壓迫下的億萬人民帶來自由的希望」。前文所述中央情報局長艾倫·杜勒斯的高度評價也只是在閉門會議中的口頭評論。[33]

　　前總統杜魯門與國務卿艾奇遜是「自願遣返」政策的最高決策者，卻對此最終勝利諱莫如深。雖然杜魯門曾在1952年5月高調宣示「我們不能為了購買停戰而將人交予敵方奴役或屠殺」，但是在1954年1月他和艾奇遜卻不置一詞，而且在他們各自的長篇回憶錄中亦對此事隻字不提。[34] 正是因為杜魯門堅持「自願遣返」，戰爭因而延長，也迫使他打消競選連任的念頭。韓戰因戰俘問題延宕，提前結束了杜魯門的政治生涯，但其倡導的人道原則最終得以貫徹。他的副助理國務卿約翰遜（U. Alexis Johnson）讚美他在戰俘問題上展現出卓越的道德勇氣與擔當，「在我所見證過的所有總統決策中，這

33　*New York Times*, 1954.01.23.

34　Truman, *Memoirs*; Acheson, *Present at the Creation* and *The Korean War*.

是最勇敢的行為之一」。[35] 既然如此，那麼杜魯門為何從未宣揚——
或至少提及——「自願遣返」戰俘政策的最終勝利呢？原因可能在
於：自1951年7月停戰談判開始至1953年7月停戰協定簽字，超過
12,000名美軍士兵命喪朝鮮半島。杜魯門不希望美國民眾把韓戰後
半段高昂的生命代價與他所堅持的自願遣返政策聯繫起來。再者，
正是因為杜魯門堅持自願遣返戰俘，意外地使他極度厭惡的蔣介石
成為韓戰後半段的最大贏家。

　　聯合國軍談判代表團首席代表、美國海軍中將喬伊（C. Turner
Joy）在板門店竭力捍衛美國政府的「自願遣返」政策，但他在1955
年出版的回憶錄中卻坦承，自己內心強烈反對該政策。他認為，自
願遣返政策「將共軍戰俘的福祉置於聯軍戰俘及聯軍前線官兵之
上」。[36] 假如美國人民在戰爭期間意識到此一事實，他們將不再支
持戰爭，甚至會質疑整個韓戰以及戰後美國在韓承擔的義務。因此，
美國政府有意識地避免提醒民眾此事實：由於美國政府堅持「自願
遣返」戰俘，戰爭多打了至少15個月，造成美軍重大傷亡——45%
的美軍陣亡發生在停戰談判開始之後——也大大拖久了美軍戰俘被
中朝方關押的時間，其間又有一些美軍戰俘死在戰俘營。[37] 艾森豪
的演講稿被刪改，很可能就是出於這一考慮。

　　不但艾森豪的講稿被審查，喬伊的回憶錄出版後也遭到打壓。
據韓戰期間喬伊的上司、聯軍司令李奇威（Matthew B. Ridgway）
觀察，「顯然有人協調努力，嚴重限制該書的發行，特別是限制其
在美國行政當局決策者中的流通」。[38] 在美國這樣一個奉言論、出

35　Johnson, *The Right Hand of Power*, 130.

36　Joy, *How Communists Negotiate*, 152.

37　45%傷亡數據來自Acheson, *Present at the Creation*, 652.

38　Joy, Negotiating While Fighting, vii.

版自由為圭臬的民主社會，美國政府卻通過壓制言論，成功地模糊
了韓戰後半段為了爭奪戰俘並拖延了一年多的事實。由此可見，韓
戰在美國成為「被遺忘的戰爭」絕非偶然。

　　美國政府對韓戰戰俘問題的真相諱莫如深，而學術界的失憶也
不遑多讓。在西方學術界，主流的韓戰研究多是依賴外交與軍事檔
案，聚焦高層博弈的專著。而韓戰後半段的核心──戰俘──卻依
然是無名之眾。即便是對停戰談判與戰俘問題的研究，其焦點依然
停留在高層外交與政治博弈層面。[39]

　　直到近幾年，Charles Young、Sheila Miyoshi Jager、Tessa Morris-
Suzuki 和 Monica Kim 等學者才開始更多關注戰俘本身。[40] 在東亞，
學術界對戰俘研究的忽視可能更嚴重。在中國大陸，由於審查或自
我審查，戰俘研究似乎屬於禁區。在威權時代的台灣與韓國，雖然
政府高調紀念韓戰「反共義士」，但對戰俘鬥爭所涉及到諸多敏感
細節都諱莫如深。有關「反共義士」的敘述與記憶受到嚴格的控制
與審查，獨立於官方宣傳的自由研究亦不可能。在韓、台民主化之
後，此議題又被視作李承晚或蔣介石時代的宣傳遺跡，而被人遺忘。

　　在兩蔣時代，官方的歷史只有一本，即反共義士輔導處於1955
年出版過一本《反共義士奮鬥史》；沒有任何一個戰俘獨立寫作、
出版過回憶錄。直到2000年，已經移民美國多年的戰俘高文俊返台

39　Bernstein, "The Struggle over the Korean Armistice"; Foot, *A Substitute
　　for Victory*; Other works that contain chapters on the issue: MacDonald,
　　Korea; Stueck, *The Korean War*.

40　Young, *Name, Rank, and Serial Number*; Morris-Suzuki, "Prisoner
　　Number 600,001"; Kim, *The Interrogation Rooms of the Korean War*. In
　　Brothers at War, Jager devotes a chapter to the Korean as well as UN
　　POWs.

自費出版《韓戰憶往：浴血餘生話人權》。[41]這是第一本，也是迄今唯一一本在台灣公開發行的戰俘回憶錄。三年後，王厚慈以王北山的筆名，出版了自傳體小說《韓戰生死戀》，卻非真正意義的回憶錄。[42]直到到21世紀初，台灣才有兩篇碩士論文研究韓戰戰俘。

對戰俘問題的忽視反映了整個社會的失憶：韓戰的後半段——爭奪戰俘的戰爭——已經被參戰各國所遺忘，無論是政治人物，或是學者，還是民眾。我們不禁要問：有關戰俘的歷史失憶是韓戰成為「被遺忘的戰爭」的結果呢？抑或是其原因——也就是說，是否有某種力量為了使人們忘記戰俘與戰爭延宕之間的因果關係，而不惜使韓戰變成「被遺忘的戰爭」？答案顯然是後者。正如尼采所言，「遺忘……嚴格地說就是一種積極主動的壓抑」。[43]

諷刺的是，美國、台灣與中共，他們是中國內戰、韓戰與冷戰時期的死敵，各自採用種種手段，包括混淆、扭曲、掩蓋事實以及審查制度，來達致並維持對韓戰戰俘的遺忘。在此意義上，他們又是製造失憶的合謀者。

如何解釋三分之二的中國戰俘去台灣：砲灰論？陰謀論？

對韓戰後半段的結局，即三分之二中國戰俘去台灣，民間流行一種想當然的解釋：這些戰俘大多是在國共內戰（1945-1949）中被俘的國軍軍人，他們被迫編入解放軍，成為「解放戰士」；韓戰爆

---

41 高文俊，《韓戰憶往：浴血餘生話人權》（台北：生智文化出版公司，2000）。

42 王北山，《韓戰生死戀》（台北：揚智出版社，2003）。

43 Nietzsche, *The Genealogy of Morals*, 57-58, quoted in Cumings, *Origins of the Korean War*, 2: 767.

發後，他們又被毛澤東當作砲灰派往朝鮮送死。依此邏輯，一個理
所當然的推論就是：他們一有機會就會選擇逃離共產黨統治，而他
們入朝後要麼在戰場叛逃，要麼被俘後一旦得知有可能去台灣就拒
絕遣返。然而，去台灣的14,342名中國戰俘中，三分之二曾在國軍
服役，但另外三分之一卻沒有。有趣的是，在選擇遣返大陸的戰俘
中，大致也是這一比例。顯然，有相似服役經歷的戰俘作出了不同
的選擇。因此，國軍服役經歷並非決定戰俘去向的原因。

　　與民間流行的「砲灰論」不同，中共的官方解釋是「陰謀論」：
美國、韓國與台灣合謀，強制扣留中朝戰俘。與周恩來1972年對尼
克松的抱怨一樣，中方談判代表柴成文於1952年初就指控美方「利
用蔣介石與李承晚的特務在戰俘營從事各種非法活動」。[44] 柴成文
稱，美方堅持自願遣返的「唯一可能的解釋」就是美國陰謀利用這
個「幌子」來扣留戰俘，並將他們送到台灣為「蔣幫」擴大戰爭充
當砲灰。[45]

　　如果從一系列相關事件的先後順序來看，中共的質疑是完全合
理的。尤其令人生疑的是在停戰談判開始前五天，即1951年7月5日，
美軍心理作戰部向陸軍參謀長提議將部分戰俘送往台灣。有些學者
也認為，美國政府眼看在戰場獲勝無望，於是故意扣留戰俘，慫恿
他們拒絕遣返，使中國政府難堪，從而取得一場宣傳勝利，來替代
軍事勝利，即所謂的「勝利的替代品」（a substitute for victory）。[46]

　　然而，韓戰後半段的結局完全出乎美國決策者的預料與計劃。
美軍心理作戰部門的提議迅速被艾奇遜否決，並未送達杜魯門，因

44 Joy, How Communists Negotiate, 140.

45 Joy, Negotiating While Fighting, 333.

46 Foot, *A Substitute for Victory*; Young, *Name, Rank, and Serial Number.*

此對其後來的決策並未產生影響。杜魯門在戰俘遣返政策上乾綱獨斷，從一開始就反對全部交換戰俘。而艾奇遜最初曾否決心戰部門的提議，隨後遠赴歐洲專注於建立北大西洋公約組織，對戰俘問題不聞不問。但他於1951年12月返回美國後，卻轉變立場，全力迎合杜魯門的自願遣返政策。

韓戰後半段的結局是杜魯門–艾奇遜政府一系列錯誤決策的結果，並由艾森豪政府所繼承。美國政府並未密謀策劃此結局，因為真正的陰謀需要對戰俘問題有相當的了解、遠見與計劃——而這一切恰恰是美國決策者所缺乏的，從美國政府兩大戰俘政策的構想到執行皆是如此。

反共洗腦：美國兩大戰俘政策之一

出於對中國的傲慢、對中共的無知以及對戰俘問題的輕忽，杜魯門—艾奇遜政府採取了一系列自相矛盾的政策。在停戰談判中，美國政府一方面尋求停戰，另一方面卻又提出顯然會妨礙停戰的「自願遣返」戰俘政策。與此同時，美軍戰俘營當局又在對戰俘進行反共教育，或用參謀長聯席會議主席布萊德利（Omar Bradley）將軍的話說，「洗腦」（brainwashing）。該政策或可稱為美式「反共洗腦」。自願遣返與反共洗腦這兩項政策原本來源不同、各不相干，但摻和在一起卻產生了完全出乎決策者意料的嚴重後果。

這兩項政策已分別得到少數學者的關注，特別是外交史學者已經對自願遣返政策的決策過程有所分析。[47] 然而，至今仍無人探討

---

47 對自願遣返的研究，見Bernstein, "The Struggle over the Korean Armistice"; Foot, *A Substitute for Victory*; Stueck, *The Korean War*;

這兩項原本各自獨立的政策如何相互作用，並產生嚴重後果，讓美國政府在戰俘問題上進退失據，不得不硬著頭皮為堅持自願遣返而繼續一場不得人心的戰爭。

相對於公開的自願遣返原則，對戰俘進行反共宣傳洗腦是一項秘密的政策，其起源可以追溯到冷戰遏制政策設計師喬治‧凱南（George F. Kennan）和他在政策設計室（PPS）的助手、「中國通」約翰‧戴維斯（John Paton Davies）於1940年代末提出的一系列政治戰、心理戰計劃。韓戰爆發後不到三個月，杜魯門於1950年9月11日，即美軍仁川登陸前四天、中國參戰前一個多月，簽字批准了國安會文件NSC-81/1。該文件的主旨有兩條：第一，授權麥克阿瑟越過三八線，以推翻北朝鮮政權，統一朝鮮半島。第二，統一後，美軍負責對北朝鮮平民和戰俘進行反共教育灌輸，以「轉化」（reorient）其意識形態。該文件由美國國務院起草，吸收了凱南與戴維斯關於心理戰、政治戰的建議，並獲得艾奇遜的支持；在後來的實施過程中，亦得到歷任聯合國軍司令——麥克阿瑟、李奇威（Matthew Ridgway）和克拉克（Mark Clark）——的積極執行。

1951年9月仁川登陸後，美軍在漢城設立了一個有500名人民軍戰俘的反共教育試點。不久，由於中國參戰，戰局急轉直下，漢城失守，該試點項目隨即被擱置。1951年3月，美國陸軍部徵得國務院同意後，命令麥克阿瑟重啟對戰俘的反共轉化教育，並將對象擴展到中國戰俘。由於麥克阿瑟於4月11日即被解職，因此反共教育計劃直到1951年夏才在中朝戰俘營大規模推開。該政策的基本假設是：

（續）―――――――――――――――

Young, *Name, Rank, and Serial Number*. 對反共灌輸與心理戰，見 Foot, *A Substitute for Victory*, 108–18; Robin, *The Making of the Cold War Enemy*, 124-161; Tovy, "Manifest Destiny in POW Camps."

戰俘將會被遣返回國，因此其目標是將中朝戰俘轉化為「公開的反共分子」（avowed anti-Communists），成為未來中朝兩國內部「獨立思想的代言人」和「民主化的核心力量」——這真是令人匪夷所思的政策。[48]

任何對中共有基本了解的人都應該知道：任何接受過反共教育或參與過任何反共活動的中國戰俘——無論是主動或被迫參與者——一旦遣返回國，都將面對無休止的審查與懲罰。那些在戰場主動投敵、在戰俘營公開反共的骨幹分子更會被判刑甚至處決。華盛頓的決策者完全沒有考慮到，假如反共教育成功，大批戰俘必然會拒絕遣返回中朝，而要求留在韓國或去台灣。而事實也正是如此：反共戰俘利用美軍當局實施「反共洗腦」的契機，順利占據了戰俘營的重要職位，控制了大多數戰俘。出於對中共迫害的深刻恐懼，不少中共黨團員以及無特定政治立場的中立戰俘也選擇隨大流，跟從占據統治地位的反共戰俘組織，表示反對遣返。這樣一個符合邏輯、可想而知的結果，美國決策者卻始料未及。

韓戰後半段最大的意外發生在1952年4月，聯合國軍戰俘營當局對中朝戰俘進行關於回國意向的甄別，結果當時的19,000餘名中國戰俘中竟有14,000餘人表示將不惜暴力抵制遣返。中朝談判代表為之震驚，立即譴責美國陰謀策劃將戰俘送往台灣。事實上美國決策者也同樣錯愕，但在公開場合卻故作鎮定，以免暴露自己在戰俘問題上的無知、誤判與失職。

這14,000餘名拒絕遣返、被台灣稱為「反共義士」的戰俘中，到底有多少是真正的反共分子呢？令人驚訝的是，美國、中共、台

---

48 Glavin to McClure, Feb. 28, 1951, Box 19, Special Warfare, RG 319, USNA.

灣三方的情報機關各自得出相似的結論：核心反共戰俘人數大約
3,000餘名。這3,000餘人影響、控制甚至脅迫其餘11,000餘名戰俘；
因此14,000餘人都宣稱反共，拒絕遣返。

自願遣返：美國兩大戰俘政策之二

1952年1月2日，聯軍停戰談判代表提出「自願遣返」原則，允
許戰俘拒絕遣返。這項看似人道的政策其實是虛偽的，因為華盛頓
起初只是將其當成一個談判籌碼、一個可作交易的初步立場。該政
策公布後，美國政府才意外地發現拒絕遣返的中國籍戰俘如此眾
多。而此時，美國政府已經騎虎難下，無法從道德高地上退卻、與
敵人妥協，最終只能求助蔣介石接收這一萬四千餘名反共戰俘去台
灣。因此可言，由於美國政府的一系列顢頇政策，韓戰後半段被中
國籍反共戰俘所劫持，各方不得不繼續一場無謂的戰爭，直至斯大
林暴斃才僥倖得以脫身。事實是如此不堪，以致美國政府竭力試圖
掩蓋，促使韓戰成為「被（美國）遺忘的戰爭」。

杜魯門—艾奇遜政府並未密謀扣留戰俘以送去台灣；恰恰相
反，正是因為美國政府缺乏計劃與遠見才使反共戰俘得以劫持韓
戰。首先，杜魯門和艾奇遜對蔣介石極度反感、排斥，他們不可能
願意將大批戰俘送往台灣，因為這樣做只能坐實共和黨政敵對他們
「失去中國」的指控：即國共內戰初期，國民黨政權仍受到相當的
支持，卻被杜魯門政府出賣、拋棄，以致垮台。而大批志願軍戰俘
寧死不回大陸、堅決要去台灣正好證明國民黨政權的合法性。以此
類推，假如大陸人民有機會，他們同樣會拋棄共產黨而選擇國民黨。
這樣的結果顯然不是杜魯門和艾奇遜所樂見的。聯軍首席談判代表
喬伊曾描述中共代表對蔣介石的仇恨「極其強烈，近乎歇斯底里」。

[49] 而此描述同樣適用於杜魯門和艾奇遜對蔣介石的憎惡。

事實上，正因為杜魯門─艾奇遜政府極力避免被蔣介石「綁在一起」，整個韓戰期間美國政府從未對中國戰俘承諾要將他們送往台灣。更加弔詭的是，沒有證據顯示杜魯門或艾奇遜直至1953年1月下台前討論過「房間裡的大象」：將拒絕遣返的中國戰俘送往何方？──儘管台灣是唯一可能接收大批中國籍反共戰俘的地方。這就是在韓戰中杜魯門─艾奇遜政府決策最荒誕之處：一方面美國政府為了維護中國戰俘不回中國大陸的權利，不惜代價，繼續戰爭；另一方面卻掩耳盜鈴，迴避討論這些反共戰俘最終只能去台灣這一事實。

其次，1951年10月底杜魯門首次對戰俘遣返問題表態，反對全面交換戰俘。三個月後，「自願遣返」就成為板門店談判的最大障礙、韓戰的核心爭議。不可思議的是，杜魯門政府高層從未認真檢討過這項自相矛盾的政策。從邏輯上說，讓失去自由的戰俘來作自由選擇本身就是矛盾的。戰俘營是監獄，不是自由民主的社會。中方談判代表柴成文對美方的質問一針見血：「戰俘在你方的軍事控制下，怎麼會有自由表達意見的條件？⋯⋯我相信，其實你們心裡很清楚，你們的主張是站不住腳的。」聯軍首席談判代表喬伊在戰後承認：「要求被囚禁的戰俘作出一個如此重大、不可反悔的永久性的決定，而他們很可能沒有這個準備。」[50] 聯軍戰俘營總管、老中國通柏德諾（Haydon L. Boatner，或譯為波特納）也坦承，讓這些從來沒有民主經驗、幾個月前還在跟聯軍作戰的俘虜作出一個自

由、自主的決定，並不現實。[51] 戰俘的生存完全依賴戰俘營當局，
他們的決定很大程度上受當局的影響，而戰俘營當局的立場又往往
遠非中立。令人難以置信的是，儘管多名美國政府高官知道戰俘營
中存在普遍的暴力脅迫等亂象，卻沒有證據表明他們曾就上述問題
提醒過杜魯門。

　　杜魯門在智識上不求甚解，偏好非黑即白的簡單道德說教，而
艾奇遜等高官在制訂戰俘決策之初漫不經心，在總統明確表態後又
投其所好，導致美國政府堅持一項自詡正義的政策——「自願遣
返」。而該政策一旦宣布，就迅速成為「最終的、不可後退的立場」。
等國務院和軍方高官後知後覺地發現戰俘問題的複雜性與嚴重性的
時候，為時已晚。這些高官並沒有向總統承認自己的失職與誤判，
反而繼續對總統隱瞞事實。當然，缺乏好奇心的杜魯門也沒有追問。
也正是因為杜魯門不求甚解，他才得以逃避道德與現實之間的兩難
選擇，免遭天人交戰之苦。杜魯門空憑道德自負，於1952年2月底拍
板作出堅持「自願遣返」的最終決定。

　　面對由一系列自相矛盾的政策所造成的困局，華盛頓的決策者
們決定將戰俘遣返定義成一個道義原則問題，並試圖贏得宣傳上的
勝利——來替代軍事上的勝利。[52] 為了迫使中朝接受自願遣返，杜
魯門和艾森豪兩任政府都訴諸優勢空中武力來打擊中朝軍隊，對朝
鮮狂轟濫炸。自願遣返原則表面上是為了給予中朝戰俘自由，但其

51　Haydon L. Boatner, "Prisoners of War: Have U.S. Policies Protected
　　Americans in Asia?"（c. 1967）, unpublished typewritten draft, 19, Box
　　2, Boatner Papers, Hoover Archives.

52　Bernstein, "The Struggle over the Korean Armistice," 282; MacDonald,
　　Korea, 144; Foot, *A Substitute for Victory*, 126-129; Young, *Name,
　　Rank, and Serial Number*, 7.

實際作用主要是為美國決策者掩蓋政策失誤。結果，該政策阻礙了美軍及其他聯軍戰俘的儘早遣返，並造成各方的巨大犧牲，其中朝鮮人民的傷亡尤其慘重。這一切悲劇性後果其實都是可避免的無謂犧牲。假如杜魯門、艾奇遜了解中共對戰俘問題的敏感程度，並認識到蔣介石與國民黨政府在中國人民中仍有一定的支持度，美國政府就不會採納並堅持這兩項政策。然而，杜魯門的國安會從一開始就輕率地認定戰俘問題是一個無足輕重的「非政治性」問題。[53] 更重要的是，杜魯門和艾奇遜極度厭惡、鄙視蔣介石，根本無法想像還有中國人會認同已經失去大陸、在台灣風雨飄搖的國民黨政府。

因此可以說，由於美國政府堅持兩項錯誤的戰俘政策——反共洗腦與自願遣返——約三千名中國籍反共戰俘與蔣介石的流亡政府從美國政府手中奪走了對戰爭議程的控制，韓戰成為被戰俘劫持的戰爭。

如果說「自願遣返」作為政策是失敗的，那麼作為一種人道理念是否還是有其價值呢？美國軍方歷史學家赫爾墨斯雖然承認，「為了保護這些逃離共產主義的叛逃者⋯⋯我們遭受了數以千計的傷亡」，但他依然堅稱，「聯合國軍堅守對他們的承諾，取得了心理戰的勝利」。儘管該勝利的光輝因為戰俘營內發生的「反抗、騷亂甚至暴動而減弱些許」，但自願遣返作為一項人道原則「必對未來的戰爭衝突及其解決方式產生影響」。[54] 韓戰結束之初，此類誇張之詞數見不鮮。

1954年1月23日，聯合國軍司令赫爾宣布正式釋放所有拒絕遣返

---

53 Gordon Gray, "Preliminary Report on the Situation with Respect to Repatriation of Prisoners of War," Oct. 19, 1951, CIA-RDP80R01731 R003200010023-5, CIA-FOIA files.

54 Hermes, *Truce Tent*, 432.

的戰俘，他同時宣稱，「聯合國為實現『非強制遣返』奮戰已久，
如今該原則已牢固確立。」他承諾，「自今日起，所有共產國家的
軍人都可以向自由世界尋求庇護，這一點毋庸置疑。」[55] 5月，艾森
豪總統，就是那位宣布停戰講話被刪節的總統，在哥倫比亞大學演
講，宣稱自願遣返「業已成為一項新的自由原則，其歷史影響可能
超乎當今時代的任何一場戰爭」。[56]

然而，十九年後的1973年，為了結束美國在亞洲的下一場戰爭，
越南戰爭，國家安全顧問基辛格與北越簽署的《巴黎和平協定》第
六條規定：「各方不得以任何理由拒絕或推遲遣返戰俘」。[57] 所謂
自願遣返乃新人權、新自由原則的誇大之詞早已被棄如敝履。儘管
美國政府從未公開否定，但也不再提起自願遣返原則。

美國韓戰政策之失敗

韓戰後半段的大結局——14,000餘名中國戰俘去台灣——為蔣
介石政權注入生機。而三年前，韓戰爆發前夕，蔣介石政權孤立無
援，搖搖欲墜；杜魯門、艾奇遜等美國決策者曾預言——甚至急切
期待——其滅亡。韓戰後半段的結局可謂中美關係史上最諷刺的一
頁。

55　*New York Tims*, 1954.01.23.
56　Eisenhower, "Address at the Columbia University National Bicentennial
　　Dinner, New York City," 1954.05.31, *American Presidency Project*,
　　http://www.presidency.ucsb.edu/ws/?pid=9906.
57　Beisner, *Dean Acheson*, 438; Gettleman, *Vietnam and America*, 481.

以眾就寡

美國在韓戰後半段所執行的兩大戰俘政策——自願遣返和思想灌輸——都以失敗告終。此兩大政策非但未能實現任何目標，反而以眾就寡，讓少數戰俘的權利凌駕於大多數戰俘之上。

一萬四千名「反共義士」投奔台灣，對蔣介石和台灣來說是巨大的宣傳勝利。但對美國而言，卻遠非如此。假如美國政府高調宣傳三分之二的中國戰俘堅決反共，依然效忠蔣介石與國民黨，那麼美國國內的親蔣「中國遊說團」正好大做文章，藉此攻擊杜魯門—艾奇遜政府在國共內戰時對「拼命掙扎」的國民政府橫加掣肘並釜底抽薪。[58] 而且，戰俘營內氾濫的暴力脅迫一旦公諸於世，將坐實中朝方的指控，使得美國在韓戰後半段為戰俘而戰的正當性化為烏有，勢將嚴重損害其國家聲譽。因此，韓戰停戰後，美國政府對戰俘問題尤恐避之不急，遑論大肆宣傳。

美國國家安全委員會的一位心理戰分析員對美國政府的緘默大惑不解，他在一份報告中提出質疑：「我們在朝鮮半島的所有努力，唯一值得炫耀的成果就是讓這些中朝戰俘獲得自由，但是由於不明原因，該事件並未得到應有的宣傳利用。」[59] 這位低階的官員並不了解高層所面臨的窘境。畢竟，無法炫耀總比大張旗鼓而招致檢視與質疑要好得多。

如果說宣傳勝利子虛烏有，自願遣返與思想灌輸的捍衛者仍可能辯稱此兩項政策有其軍事價值，如國安會第81/1號文件所強調的

---

58 轉引自 Lyman Van Slyke, "Introduction" to United States Department of State, *The China White Paper, August 1949*, unpaged.

59 Young, Name, Rank, and Serial Number, 175.

目標：導致敵軍在戰場倒戈，並阻嚇共產主義的擴張。參謀長聯席
會議最初支持自願遣返的理由就是「因其對心理戰的效果極其重
要」。[60] 然而，事實已證明該設想純屬空想。「大批投誠的現象並
未發生」，聯合國軍首席談判代表喬伊將軍戰後不得不承認。[61] 另
外，共產主義在東南亞的擴張、對台灣的威脅絲毫未受遏制。

　　事實上，絕大部分中國戰俘（74%）是在1951年4至6月間的第
五次戰役中被俘的，他們大多是在彈盡糧絕、孤軍被困多日，甚至
受傷的情況下才被俘或投降，而主動叛逃者只是少數。1952年1月美
方提出自願遣返政策時，中國戰俘人數為20,773人；次年1月戰俘人
數達到最高峰的21,106人，一年時間僅增加了333人而已。

　　儘管自願遣返政策的軍事價值及心理戰效果微乎其微，但華盛
頓仍可以辯稱美國為捍衛戰俘免遭遣返的權利而付出了高昂代價，
從人道和道義的角度講，這也是值得的。正如喬伊在1952年5月20
日最後一次出席板門店談判時宣示：「強大而自豪的自由國家為原
則可以作出巨大的犧牲」（儘管他私下強烈反對自願遣返政策）。[62]
類似的華麗辭藻亦迴響於肯尼迪總統九年後的就職演說中：「為了
確保自由之延續與成功，我們將不惜付出任何代價，承擔任何責任，
支持任何朋友，反抗任何敵人」。[63] 眾所周知，肯尼迪就任後不斷
增兵越南，使美國陷入越戰泥潭，釀成災難。美國在韓戰後半段堅
持自願遣返政策，同樣顢頇，同樣充滿道德瑕疵，同樣代價高昂，

60　*FRUS 1951*, 7:793.

61　Joy, How Communists Negotiate, 152.

62　Joy, Negotiating While Fighting, 436.

63　肯尼迪總統就職演說Kennedy, "Inaugural Address," 1961.01.20, in
　　Woolley and Peters, *American Presidency Project*, http://www.presi
　　dency.ucsb.edu/ws/?pid=8032.

但這段歷史卻鮮為人知。

　　衛道士們或許還要辯解，無論如何，美國政策至少拯救了相當一部分反共戰俘。然而，戰俘營總管柏德諾將軍卻對此提出質疑，他認為自願遣返政策「對戰俘個人並無長久或實際的益處」。他反問：「在和平年代，人們相對自由的時候，美國限制〔華人〕移民；在戰時，我們卻要給昔日的敵人『自由選擇』，使他們皈依到『我們一邊』，並因此感到驕傲？這難道不是極端偽善的嗎？更何況，當他們身陷我方監獄，被迫接受思想灌輸，又何來自由去作出『自由選擇』。」[64]

　　誠然，美國的政策保護了少數，尤其是大約三千名堅決反共的戰俘——這一數字與國、共、美三方的情報估計相吻合。真正的反共戰俘如願前往台灣，從而免遭中共迫害。不過，這三千餘名真正的反共戰俘中大約有150至300人（5%-10%），往往是反共最堅定、教育程度最高、能力最強者，最終卻沒能到台灣。他們被美軍情報機關徵用，從陸海空滲透北朝鮮以蒐集情報，卻在這些殘酷而無謂的行動中喪生或被俘，而聯合國軍當局卻謊稱他們已越獄逃亡。只有約七十名戰俘特工倖存，於1954年初到台灣。不無弔詭的是，美國政府聲稱韓戰的後半段是為了捍衛反共戰俘的權利，卻冷血地將其中最優秀、反共最堅決者犧牲。

　　美國堅持自願遣返和思想灌輸兩大戰俘政策，為此付出高昂代價。「我們花了15個月，才迫使共產黨接受自願遣返的原則，」喬伊不禁扼腕歎息：「對那些身處前線的美國軍人來說，這是漫長的一年。而對那些身陷敵方囹圄的美國戰俘來說，這必定是痛苦的一

64　Boatner to General Harold K. Johnson, 1966.01.04, Box 1, 胡佛檔案館藏柏德諾文件; Boatner, "Prisoners of War for Sale," 40.

年。」[65] 此兩大政策置一萬兩千餘名聯合國軍戰俘，其中包括三千餘名美國人，於險境而不顧。美國堅持自願遣返，給中朝戰俘以不回國的自由，而己方戰俘卻因此無法獲得自由，戰爭亦無法結束。而思想灌輸政策的結果只是加劇了戰俘營內的親共、反共戰俘之間的分化與對立，並促使反共戰俘取得戰俘營內的控制權，他們影響、甚至脅迫大多數戰俘拒絕遣返。此結果完全出乎美國政府的意料，並劫持了停戰談判的議程。美國決策者未曾料想，以政治宣傳和心理戰來反共的空談（lip service），其代價卻是如此高昂。

是否有其他選項？

大多數美國史家認為杜魯門總統堅持自願遣返是出於保護中朝戰俘權益的道義原則，即使犧牲美國士兵的生命也在所不惜。然而鮮有人問，杜魯門是否有其他的選擇？儘管美國政府甄別戰俘的目的是給中朝方製造一個既成事實，可是甄別結果令人震驚，反而給美國政府造成一個既成事實，令其騎虎難下。美國當局在戰俘營推行反共宣傳灌輸，「成功」地把大批戰俘改造成「公開的反共分子」。如果為了達成停戰而將他們強制遣返中朝，這顯然有違道義。

從實際操作的角度看，強制遣返也是不可行的。聯合國軍如何能夠強迫成千上萬名反共戰俘返回中朝呢？誠然，一萬四千名聲稱反共的中國戰俘中只有少數——約三千人——是死硬反共者。但強制遣返三千人並不比強制遣返一萬四千人容易多少。反共戰俘已經公開宣稱，與其被遣返回國後死於中共之手，莫如冒死抵制遣返而死在美國人的刺刀下。強制遣返必定造成重大流血衝突。對美國而言，這將是一場政治災難。

---

65 Joy, How Communists Negotiate, 160.

　　當華盛頓終於意識到反共戰俘會威脅停戰談判的進展，為時已晚。1951年10月，這些反共戰俘就已經控制了第72和第86兩大戰俘營，那時距離美方在板門店首次提出自願遣返政策還有二、三個月，距離1952年4月的甄別尚有半年時間。美軍情報二處G-2、民間情報教育局CIE和戰俘營當局都依賴反共戰俘來控制不合作的親共戰俘，因此反共戰俘們正是在這些機關的幫助下奪取了戰俘營的控制權。

　　喬伊將軍與外交官曼哈德（Philip Manhard）都曾提議隔離反共戰俘幹部，對普通的「反共戰俘」施以數週的教育，緩解其恐懼，消除其誤解，然後再次實施甄別，很可能會有更多的戰俘選擇回國。但第八集團軍司令范弗利特堅決反對，他強調美軍缺乏人手，尤其是翻譯，再次甄別頗難實施。李奇威作出一個折中決定，因此戰俘營當局並未實施徹底的二次甄別，取而代之的是簡易的突然甄別。結果在第一次甄別時拒絕回國的14,127名中國戰俘中僅有415人回心轉意，選擇回中國大陸。[66]

　　因此，如果不論杜魯門堅持自願遣返背後的動機為何，美國實際上也不可能做到強制遣返這樣一大批戰俘而不發生流血事件。諸多美軍將領經常提議拋棄自願遣返政策，只不過說明他們並未考慮或毫不在意極可能發生的流血事件。

　　以後見之明來看，美國其實有兩種方法可以避免此種困境。首先，聯軍應從一開始就把投誠者與普通戰俘分開，如此便可避免少數反共戰俘控制整個戰俘營。不過在現實中，聯軍處處依賴、利用反共戰俘來對付其他戰俘。前線的聯軍利用他們來喊話勸降；軍情

66　U. Alexis Johnson memo, 1952.04.30, RG 59, 6595A/0024, 美國國家檔案館。

二處G-2倚賴他們來指認共軍軍官，以供審訊；而戰俘營當局則依
靠他們來管理戰俘營並控制拒不合作的親共戰俘。儘管聯軍處處利
用他們，卻仍然視他們為普通戰俘，一旦停火還是要用於交換。那
麼反共戰俘感覺上當受騙、缺乏安全感亦很自然。他們不得不組織
起來，並竭力控制更多的戰俘以壯聲勢，甚至不惜訴諸暴力手段。
假如美國政府較早地隔離人數有限的反共投誠者並且承諾予以庇
護，那麼戰俘營內的各種暴力悲劇大多可以避免，而拒絕遣返的中
國戰俘肯定遠少於一萬四千。

　　其次，即便美國犯下了沒有盡早隔離反共、親共戰俘的錯誤，
但華盛頓或仍有一策可以解套。戰俘營當局可發出通告：承諾向小
部分，比如說三千，堅定反共者提供政治庇護並將其送去台灣，但
要求反共戰俘幹部自行提供名單。一旦自身安全無虞，反共戰俘幹
部們將會迅速列出一份少數名單，而那些搖擺不定者將會樂於被排
除在外。如果中國戰俘拒絕遣返者比例較小，並且與朝鮮戰俘的比
例相差無幾，毛澤東很可能在1952年7月就已經接受既成事實，停戰
也將提前一年實現。

　　然而，美國政府並未實施、甚至完全沒有討論過以上兩種舉措。
在杜魯門任內，白宮從未談及如何安置拒絕遣返的中國戰俘。既然
美國和韓國都絕不可能接收中國籍反共戰俘，那麼台灣就是唯一可
能的去處，但美軍心戰部門關於送戰俘去台灣的提議甫一提出即被
艾奇遜否決。那麼，既然華盛頓從未想過要送戰俘去台灣，為何還
要在1951年春命令麥克阿瑟、李奇威重啟並擴大思想灌輸——即美
式洗腦——計劃，以將中國戰俘改造為「公開的反共分子」和「獨
立思想的使者」並送回中國？華府上下竟無一人指出該政策至為明
顯的荒謬之處：如果反共思想灌輸成功，戰俘必將拒絕返回共產國
家，此結果勢必阻礙停戰。美國決策者的邏輯為何會出現如此重大

的盲點？

　　答案就在於美國對華決策者根深柢固的兩大特質：對中國人的輕視與對中共的無知。

對中國人的輕視、對中共的無知

　　杜魯門年輕時曾向他未來的妻子承認自己「憎惡中國人和日本佬」，這在20世紀初期種族主義盛行的美國並不稀奇。他還曾寫道，「我想一個人只要誠實善良，又不是黑鬼或中國佬（chink），那就算是好人」。[67] 艾奇遜雖有世界主義者的名聲，但其實只是歐洲中心主義者。他年輕時到過中國和日本，但在國務卿任內他出訪歐洲十一次，卻一次也沒有到訪亞洲。其傳記作者貝斯納（Robert Beisner）認為艾奇遜看不起中國和中國人。韓戰伊始，美軍飛機誤炸中國領土，引發抗議。艾奇遜不屑地評論道，「中國人根本分不清炸彈和火箭彈有什麼不同，反正都是砰的一聲巨響。」[68]

　　被譽為冷戰遏制戰略之父的喬治·凱南和他最信任的「中國通」戴維斯對中國亦是頗為鄙視。1949年10月中華人民共和國成立，凱南評論道，「中國沒什麼，不甚重要，以後也不可能強大。」[69] 當中國人民志願軍開始在朝鮮痛擊聯合國軍的時候，戴維斯卻判斷中國人「不會造成嚴重損失」。[70] 歷史證明，他們都錯了，錯得相當離譜。

　　在停戰談判過程中，美國決策者對中朝的傲慢和輕視顯露無

67　轉引自 Kevin Peraino, *A Force So Swift*（New York: Broadway Books, 2017），36.
68　Beisner, *Dean Acheson*, 92, 399.
69　轉引自 Cumings, *Origins of the Korean War*, 2:55.
70　Beisner, *Dean Acheson*, 415.

遺。華盛頓自欺欺人地認定停戰談判是純軍事談判，因此代表團完
全由軍官組成，沒有資深的外交、情報人員提供諮詢，也與總統或
國務卿沒有直接聯繫管道。這些軍官代表對中國知之甚少，對中共
一無所知，卻迷信武力，對談判漫不經心。在談判的前幾個月，杜
魯門和艾奇遜甚少關注。與此形成鮮明對照的是，毛澤東與周恩來
派遣他們最信任的情報、外交幹將李克農和喬冠華率領中國最強團
隊，親赴開城、板門店，運籌帷幄於幕後。通過李喬，毛周每晚都
得到談判代表團的最新情報，並迅速作出指示。

在長達二十五個月的停戰談判期間，聯合國軍代表團的主要中
文翻譯是僅能勉強應付口譯的伍建沾准尉（後升少尉）。而複雜的
文字翻譯必須依靠兩位台灣譯員，但此二人又時常與台灣駐韓使館
往來。令人匪夷所思的是，美國竟沒有為最重要的軍事外交談判配
備哪怕一名合格的中文譯員。1948年才開始學習中文的曼哈德大概
是唯一略通中文的美國駐韓外交官，卻被排除於板門店談判之外。
儘管他對巨濟島戰俘營的狀況非常了解，但這位低階外交官毫無政
治影響力。

在華盛頓，杜魯門很少關注停戰談判。這位以不好思辨著稱的
總統喜歡快速決策，但他依靠的只不過是顧問們提供的高度濃縮、
過濾後的資訊，而他有時甚至連問題都懶得問。杜魯門最信賴的艾
奇遜心裡只有西歐和北約。1951年10月底，當杜魯門第一次就戰俘
問題表態，反對全部遣返戰俘時，艾奇遜卻身在歐洲，繼續其長達
49天的歐洲之旅。1952年2月底，艾奇遜從歐洲飛回華盛頓，就立即
被杜魯門從機場接到白宮開會，總統隨即就做出了堅持自願遣返的
最終決定。

國務院和參聯會的高官們都向總統隱瞞了令人難堪的戰俘營亂
象和自願遣返政策可能引發的嚴重後果，同時也掩蓋了他們自身的

失誤。拜無知所賜，杜魯門免受道德兩難困境的煎熬，倉促作出了貌似正義但其實問題重重的最後決定。高級文官們都支持杜魯門的強硬立場，他們幻想中共會突然妥協。高級軍官們儘管內心強烈反對自願遣返，卻未據理力爭，他們轉而寄望於狂轟濫炸使中朝屈服，在他們自己造成的亂局中炸出一條出路。正是因為美國文武高官的玩忽職守、對總統曲意逢迎，使得戰爭毫無必要地多打了至少15個月，近萬名美軍士兵無謂犧牲，十幾萬朝鮮人死於美軍空襲。美國決策者不僅毫不顧忌亞洲人的生命，也不憐惜身處前線的美軍官兵與身陷敵方囹圄的美軍戰俘。他們以維護國家聲譽之名，行掩蓋自身失誤之實，不惜將錯就錯，不斷加碼，將戰爭升級。

　　華盛頓無意識般地將中國戰俘納入反共思想灌輸項目，反映出決策者對中共的集體無知。蘇聯殘酷迫害二戰戰俘的事實廣為人知，杜魯門、波倫都曾為美國同意強制遣返蘇聯戰俘及難民而悔懣。那麼美國決策者為什麼沒有考慮到將中國戰俘改造成反共分子再送回中國的後果呢？其實，執行灌輸政策的平民教育情報局CIE人員已認識到該政策的道德風險：如果戰俘被成功改造成反共分子，他們遣返後將遭受迫害、甚至處死。也是基於相似的顧慮，柏德諾將軍甫一接管戰俘營，立即叫停反共思想灌輸。但華府和東京的決策者卻毫無動作，他們甚至可能不知道該項目的存在。國安會81/1號文件的起草者們在1950年夏天擬定出聯合國軍統一朝鮮半島、改造朝鮮戰俘的原則，陸軍部將該政策目標下達給東京的遠東司令部，而遠東司令部再制定具體政策，在韓國戰俘營實施。國安會文件的原則制定者與具體政策的執行者之間受官僚等級制度的阻礙，缺乏反饋機制。1950年10-11月中國大規模出兵入朝，美國政府就放棄了統一半島的目標，但卻從未正式撤銷國安會81/1號。該文件所規定的戰俘轉化教育政策依舊在實施，甚至將對象擴大到中國戰俘。國

安會顯然從來沒有檢討過該政策是否已經過時，是否應當包括中國
戰俘。

除了冷漠，另一個解釋是：美國決策者沒有預料到中共政權會
殘酷對待遣返戰俘。當時美國決策者大多認為，中共只是「所謂的
共產黨」，而並非像蘇聯共產黨那樣真正的共產黨。事實上，就連
大多數遣返戰俘也沒有預料到自己回國後會受迫害，他們還曾把反
共戰俘的類似預言斥為反動宣傳。

也許有人會把美國決策者對中共的無知歸咎於韓戰爆發前後麥
卡錫主義盛行，國務院內的中國通遭受清洗。以費正清為代表的美
國主流歷史學家將這批中國通稱作「後無來者」的「真正的中國問
題專家」。[71] 然而，中國內戰和韓戰的歷史表明，這些中國通身上
恰恰體現出美國對中共的無知、對中國人的輕視。

美國對華政策失敗溯源：從韓戰回溯內戰

「中共非共」的迷思

如果單從韓戰來看，美國試圖改造中國戰俘思想的政策令人費
解。只有將其放到急劇變化的冷戰大背景下，方才說得通：從1948
到1950年，美國一方面開始對蘇聯及共產陣營實施「遏制」戰略；
另一方面其對華政策卻因為「中共非共」的思維定式與對蘇「遏制」
政策日益脫節，從而陷入錯亂。從羅斯福、馬歇爾、艾奇遜到戴維
斯，眾多美國決策者都一廂情願地認定中共並非真正的共產黨，因
此美國可以在中蘇之間打入一個楔子，最終使中國脫離蘇聯。

早在1945年2月的雅爾塔會議上，羅斯福就告訴斯大林，中國抗

71　Van Slyke, "Introduction" to *The China White Paper*, unpaged.

日民族統一戰線出現問題，主要歸咎於國民黨和蔣介石，而非「所謂的共產黨人」。[72] 斯大林和蘇聯外長莫洛托夫欣然同意，並將其發揚光大。他們隨後向美國駐蘇大使哈里曼、羅斯福駐華特使赫爾利（Patrick J. Hurley）反覆保證「所謂的中國共產黨根本就不是共產黨」，他們只不過是「人造黃油共產黨」（Margarine Communists）罷了。他們向美國保證，蘇聯並未支持中共。[73] 當然這些話沒有一句是真的。羅斯福可算是20世紀最成功的信息戰的受害者。不過，這並不全怪蘇聯人。

　　早在斯大林發明「人造黃油共產黨」一詞之前，美國駐華外交官和記者早已把中共稱為「所謂的共產黨」（so-called Communists）。1939年10月，美國駐華大使納爾遜·約翰遜（Nelson T. Johnson）報告國務院，許多美國人認為這些「所謂共產黨」的信仰更接近美式民主理念，遠非蘇式共產主義教條。[74] 1941年初皖南事變後，羅斯福總統派遣特使居里（Lauchlin Currie）飛赴重慶向蔣介石轉達口信，稱他「自萬里之外觀察中國之共產黨員，似與我等所稱之社會黨員，無甚差別」。[75]

　　正如約翰遜大使分析，中共在美國大受歡迎要歸功於斯諾（Edgar Snow）在1937年出版的 *Red Star Over China*（即《紅星照耀中國》，但為了躲避國民黨審查，中文版最初譯為《西行漫記》）。

72　*FRUS 1945*, Malta & Yalta, 771.

73　*FRUS 1944*, 6:97; Van Slyke, "Introduction" to *The China White Paper*, 93.

74　*FRUS 1939*, 3:308-309.

75　秦孝儀主編，《中華民國重要史料初編》第七編《戰時外交》（一）（台北：中國國民黨中央委員會黨史委員會，1980），頁542-545。

[76] 但約翰遜並不知道，斯諾這位美國自由派記者是由宋慶齡精心挑選栽培的，而宋慶齡又是共產國際的特工。另一位在華美國左翼記者史沫特萊（Agnes Smedley）──其實也是共產國際的特工──卻因為其親共立場過於鮮明，而未被選中。[77] 通過宋慶齡與中共的安排，1936年夏，斯諾成為首位到訪陝北中共根據地的西方記者。在延安的窯洞中，斯諾與被他稱為「林肯式」儀容的毛澤東多次秉燭夜談。斯諾的筆記經黃華譯為中文，毛親自修改，黃華再譯回英文，如此反覆。因此，該書的毛澤東口述自傳部分其實是由二人合著。該書把中共刻畫成中國本土的農村改革者，而不是蘇聯的附庸。[78]

加之在抗戰時期與內戰初期，中共在與國民黨的角逐中多處下風，往往以弱者形象示人，美國人多表示同情。法國左翼史學家畢仰高（Lucien Bianco）深切同情中國革命，卻早在其1971年所著《中國革命的起源》中一針見血地指出，二戰時眾多記者和絕大多數局外者都是通過周恩來──這位笑意逢迎的「中共公關大師」──來認識中共。美國「中國通」幻想中共與美國理念相近，認為中共只是「農業改革者」而已。[79]

周恩來斬獲的首個獵物就是美國駐華使館二等秘書、史迪威將軍的政治顧問戴維斯（John Paton Davies）。1942年4至5月，史迪威率領中國遠征軍第一次入緬甸作戰，遭遇慘敗，史迪威拋下不服從

---

76 *FRUS 1939*, 3:308-309.

77 楊奎松，《民國人物過眼錄》（廣州：廣東人民出版社，2009），頁363-365; Price, *The Lives of Agnes Smedley*（Oxford University Press, 2005），190, 274-275.

78 S. Bernard Thomas, *Season of High Adventure*（University of California Press, 1996），138.

79 Lucien Bianco, *Origins of the Chinese Revolution, 1915-1949*（Stanford CA: Stanford University Press, 1971），76.

其命令的國軍，帶百餘人穿越原始叢林出走印度。消息傳到重慶，周恩來「半開玩笑半認真地」告訴戴維斯，只要蔣介石同意，他將率中共軍隊遠征緬甸，並宣稱「我將服從史迪威將軍的命令！」[80] 不可思議的是，周一句廉價而無用的笑言經戴維斯轉達後，史迪威竟然自此堅信中共軍隊將聽其號令。史迪威對中共的「承諾」念念在茲，愈加咒怨蔣介石不聽命於他。史迪威與蔣介石的衝突終於在1944年9月達到頂點。羅斯福向蔣介石發出了由馬歇爾起草的最後通牒：必須將所有中國軍隊的指揮權交給史迪威。史迪威同時提出由美國直接武裝中共軍隊。[81] 武裝中共的提議其實早在1943年1月就由戴維斯的密友、美國駐華使館二等秘書謝偉思（John Service）提出，當即被資深外交官斯坦利‧霍恩貝克（Stanley Hornbeck）斥為「險惡而且愚蠢」。[82] 一年多後，史迪威奪取軍權及武裝中共的要求成為壓垮蔣史關係的最後一根稻草。

　　蔣介石經過反覆痛苦掙扎，最終下定決心要求美國召回史迪威，羅斯福不得不同意。1944年10月史迪威被召回返美，導致國民黨政府在美國公眾心目中的形象急劇惡化。《紐約時報》記者稱該事件代表著一個「蒙昧、冷酷、獨裁、瀕死的反民主政權的勝利」。[83] 當美國還在幻想分化中共與蘇聯的時候，中共卻已輕易地離間了美國與國民黨。

　　戴維斯在回憶錄中毫不掩飾地宣稱，二戰期間蔣介石面對內外兩大威脅：一方面中共「自下而上地」試圖顛覆國民政府，另一方

80　John Paton Davies, *Dragon by the Tail*（New York: Norton, 1972）, 247.

81　呂迅，《大棋局中的國共關係》，頁57-61; Davies, *China Hand*（University of Pennsylvania Press, 2012）, 202.

82　*FRUS 1943*, China: 201.

83　*New York Times*, 1944.10.31.

面美國則「自上而下地」施以威脅。美國的壓力主要有兩點：一是
羅斯福堅持要蔣介石將所有中國軍隊的指揮權交予史迪威，二是按
照謝偉思1943年1月的提議，要求蔣介石同意美國向延安派駐代表
團。[84] 雖然史迪威如願於1944年7月派美軍觀察組（迪克西使團 Dixie
Mission）進駐延安，但是奪取軍權以失敗告終。史迪威黯然離華，
戴維斯隨即飛赴延安。他對國民黨嗤之以鼻，卻對中共推崇備至。
戴維斯向華盛頓報告，稱中共是「中國最堅定、最有組織、紀律最
嚴明的團體」。他認為，儘管中共自稱是共產主義者，並堅稱馬克
思主義信條乃無上真理，但他們其實在意識形態上並不堅定，甚至
是背叛者（backsliders），因為他們已經「耽於人性弱點」，已經「大
大地向右轉了」。戴維斯斷言，中共的「近期目標是農村民主，長
遠目標是社會主義」。中共為何在抗戰時期推行溫和政策呢？他認
為，因為「他們是中國人，……是現實主義者，……也是民族主義
者」。[85] 他和其他中國通一樣，不能想象中國人可以同時既是民族
主義者又是共產主義者。

　　「中共非共」的魔咒是如此強大，羅斯福至死也深信不疑。在
他於1945年4月去世之前幾週，羅斯福召見左翼作家斯諾，討論中國
的政治未來。他說，在中國「我在同時與兩個政府打交道，我打算
繼續下去，直到把他們聯合起來為止」。[86] 歷史學者呂迅發現，國
共聯合政府的構思其實是羅斯福最早在1943年11月的開羅會議上向
蔣介石提出的。1944年9月，毛澤東本人都承認中共領導人「沒有能
夠及時想到和提出改組政府的問題，在這方面，美國人反倒走在自

84　Davies, Dragon by the Tail, 318.

85　*FRUS 1944*, 6:669-670; *FRUS 1945*, 7:336.

86　Edgar Snow, *Journey to the Beginning*（New York: Vintage Books,
　　1972）, 348.

己的前面去了」。[87]

　　基於「中共非共」的假設，羅斯福和他的繼任者杜魯門命令特使赫爾利促成國共兩黨建立聯合政府。赫爾利花費了一年多時間，卻徒勞無功。沮喪之下，他於1945年11月突然宣布辭職。杜魯門並未就此反思，改弦易轍，反而繼續加碼，請出「當今最偉大的美國人」、剛退休的陸軍參謀長馬歇爾將軍去執行這一不可能的任務。國務院遠東司司長、另一位中國通范宣德（John Carter Vincent）替杜魯門起草了使華指令，強調馬歇爾的任務是「利用美國的影響力促使中央政府、所謂的共產黨以及其他政治派別作出讓步」，從而建立聯合政府。[88]

　　據曾任駐美大使（1938-1942）的胡適觀察，馬歇爾調處國共衝突唯一的武器就是威脅停止美援，而該手段唯一的作用就是將死國民政府，卻對中共毫無作用。[89] 1946年夏全面內戰爆發，馬歇爾隨即建議美國對國民政府實施武器禁運，前後執行十個月之久。甚至在1947年5月禁運期滿之後，已任國務卿的馬歇爾與副國務卿艾奇遜繼續拖延武器輸華。1947年7月，周恩來向中共中央報告，「美國對蔣介石的援助並不慷慨，蔣政府向美國私人購買軍火也有許多困難」。鑒於美海軍陸戰隊已於1947年初撤離華北，周指出「美軍事實上是在撤退」。[90]

　　美國政府雖然宣稱支持昔日盟友中華民國，卻對正在奮力求生的國民黨政府施以掣肘。而假裝中立的蘇聯卻向東北的中共提供大

87　呂迅，《大棋局中的國共關係》，頁45-48.

88　*FRUS 1945*, 7:761.

89　胡適 Hu Shih, "Introduction" to John Leighton Stuart, *Fifty Years in China*, xviii.

90　呂迅，《大棋局中的國共關係》，頁184、225-226.

量軍援。1948年底，中共解放軍在東北取得決定性勝利，關內的山
河變色只是時間問題。[91]

不懂中共的「中國通」

　　1945年初，戴維斯獲准調往美國駐蘇聯大使館。在莫斯科，他
以其在華資歷贏得更廣闊天地，很快就成為駐蘇代辦凱南的親信、
「所有有關中國問題的導師」。[92] 1947年1月，馬歇爾使華失敗後獲
任國務卿，隨即任命凱南組建政策計劃室，戴維斯則毫無懸念地負
責計劃室的東亞事務。此二人就成為了美國政治戰、心理戰的早期
設計師。1949年12月30日，杜魯門批准國安會48/2號文件《美國在
亞洲地位》，該文件建議對新中國使用低成本的非常規、非軍事手
段，即秘密行動和政治宣傳。據美國歷史學家蓋迪斯（John Gaddis）
分析，該文件凝聚了政策計劃室的一系列研究成果，而其中大部分
為戴維斯撰寫。[93]

　　1949年初，艾奇遜接替馬歇爾任國務卿，其對華政策的主線依
然承襲戴維斯的思路，其基本假設是毛澤東很可能是下一個鐵托而
投向美國，中蘇將會分裂。早在1948年，凱南、戴維斯就倡議編纂
《美國對華關係白皮書》，將美國在華政策的失敗歸咎於蔣介石，
卻被不願落井下石的馬歇爾阻止。艾奇遜上任後，這部長達千餘頁
的文件集於1949年8月5日推出。為了開脫美國政府「失去中國」的
責任，編者左支右絀，因此該白皮書可稱為一本自相矛盾的傑作。
艾奇遜在十五頁的「導言」中一面痛批國民黨政權腐敗無能，一面

91　同上；楊奎松，〈關於解放戰爭中的蘇聯軍事援助問題——兼談治
　　學態度並答劉統先生〉，《近代史研究》2001年第1期，頁285-306。
92　Gaddis, *Kennan*, 279.
93　Gaddis, *Kennan*, 387.

又批評中共「背棄了中國傳統」。他一面警告不應將政策「建立在一廂情願的想法上」，一面又宣稱他堅信「中國偉大的文明與民主個人主義必將復興，中國必將掙脫外來桎梏」。貝斯納評論道，「既要分化中蘇，同時又把中共形容為效忠蘇聯的極端分子，此邏輯真是不可思議」。[94] 此時此景的「民主個人主義」並非指「所謂的共產黨」，而是艾奇遜、戴維斯等人寄以厚望，卻虛無縹緲，根本不成氣候的第三勢力。正是出於這種培植既反蔣又反共的第三勢力的幻想，美國政府在韓戰時期試圖改造中國戰俘的思想，使之成為「獨立思想的使者」並返回中國去推動和平演變。

白皮書發表後，毛澤東隨即發表〈別了，司徒雷登〉，宣判白皮書「就是一部破產的紀錄」，嘲諷司徒大使離華「是美國侵略政策徹底失敗的象征」。[95] 而在一個多月前，毛業已宣布他的新中國將向蘇聯「一邊倒」，等於向斯大林遞上投名狀，保證自己不會成為亞洲的鐵托。[96]

毛澤東顯然不是溫和的「農業改革者」，而是強烈反美的斯大林主義信徒，這令艾奇遜、凱南和戴維斯震驚錯愕。蓋迪斯評價道，毛澤東並未按照他們預想的劇本演出。這個意外讓凱南和戴維斯尷尬無措；拜他們所賜，艾奇遜同樣驚惶失措。事實證明，凱南不是中國問題專家。[97] 而美國政府中公認的中國問題專家、曾兩次飛赴延安與毛澤東、周恩來等中共領袖長談的戴維斯更是顏面無光，中共高舉親蘇反美的大旗不啻是對戴維斯幾年前關於中共是「農業改

94　Beisner, *Dean Acheson*, 186-188; *FRUS 1949*, 7:1147-1151; US State Dept, *The China White Paper*, xvi.

95　Mao, "Farewell, Leighton Stuart!," 433-439.

96　呂迅：《大棋局中的國共關係》，頁302-303.

97　Gaddis, *Kennan*, 358.

革者」和「民族主義者」論斷的無情嘲諷。他惱羞成怒，隨即走向
另一個極端。

〈別了，司徒雷登〉發表後不久，戴維斯就提議採取行動教訓
中共，以迫使他們「節制言行，尊重美國」。戴維斯起草了一份政
策計劃室文件，開篇就承認三個「從來沒有」：「在中美關係史上，
從來沒有任何中國政府如此反美；美國在華威信從來沒有如此之
低；美國從來沒有如此無力影響中國。」他感歎，「我們已經太過
縱容他們胡作非為。」他於是建議「選擇性轟炸」東北的軍工設施
以「證明我們並非所謂的『紙老虎』」。該提議如此強硬，國務院
中國科科長、曾襄助馬歇爾調處國共衝突的石博思（Philip D.
Sprouse）震驚不已，他在文件頁邊寫下感歎：「可能我太老派了，
要不是親眼看到這些，我真的不敢相信。」[98]

戴維斯的反共言辭聽起來其實與共和黨、麥克阿瑟無異。但不
同的是，他同時還保持著對蔣介石的強烈仇恨。1949年7月，蔣介石
已經把大批軍隊和黃金運到台灣；此時凱南提議，美國應該仿效前
總統西奧多・羅斯福那種「果斷、迅速、無情而自信地」的風格，
驅逐島上的三十萬國民黨軍隊，此舉將會「震動中國乃至整個遠
東」。不過，凱南很快就反悔，當日就撤回此提議，驅逐行動自然
沒有實施。多年後，蓋迪斯分別訪問二人，凱南把該建議歸咎於戴
維斯；而戴維斯卻否認跟這個「完全令人匪夷所思」的計劃有什麼
關係，反而將責任推給凱南，稱「即使像凱南這樣的偉大的頭腦，
有時也會有瘋狂的舉動」（mad acts）。然而，蓋迪斯並不相信戴維
斯，因為凱南的驅逐建議源自戴維斯參與撰寫的一份政策計劃室報

---

98 *FRUS 1949*, 9:536-540.

告。[99]

　　戴維斯作為美國海外秘密行動的設計師，參與了諸多異想天開卻效果不彰的秘密計劃。1948至1949年的柏林危機後，美國決心在歐洲和亞洲其它地方「遏制」甚至「逆轉」共產主義的傳播，但堅持避免與中共在中國大陸或台灣發生軍事衝突。韓戰爆發後美國被迫改變其台灣政策，但仍然堅決避免與中共在大陸發生衝突。

　　當韓戰戰俘問題出現的時候，戴維斯業已被派往德國而遠離華盛頓的決策圈。但他早先參與制定的國安會81/1號文件卻在朝鮮半島產生了嚴重後果：「逆轉」共產主義、推翻北朝鮮政權的戰爭已經失敗；而戰俘思想改造計劃的後果即將浮現。

　　凱南、戴維斯在政策計劃室時期首倡政治戰、心理戰，而韓戰戰俘思想改造計劃則是該戰略的自然延伸。雖然戴維斯設計的對華政治宣傳計劃未能在其任內實現，類似的宣傳灌輸卻實施在志願軍戰俘身上。正如《中國白皮書》所示，美國政府寄望於中國的「民主個人主義」。因此，華盛頓竟然企圖將中國戰俘改造成為「獨立思想的使者」，以期回國後推動和平演變。

　　戴維斯還曾提議在歐洲征募蘇聯難民充當間諜，再送回蘇聯去刺探情報或組織反抗運動。該計劃也在朝鮮半島獲得實施，只不過蘇聯難民換成了中朝戰俘，而朝鮮代替蘇聯成為投放區域。該政策導致數百名中國戰俘以及更多的朝鮮戰俘白白喪生。

後見之明

　　1950年12月初，當中國人民志願軍正在第二次戰役中痛擊聯合國軍的時候，馬歇爾才告訴杜魯門和英國首相艾德禮一些中國內戰

99　Gaddis, *Kennan*, 357-358.

往事。1946年他在中國調處國共衝突，有一次周恩來在餐桌上向馬
歇爾夫人強調：毫無疑問，中共是信仰馬克思主義的共產黨，而且
周反感別人稱他們只是農村改革者。馬歇爾回憶，「他們毫不掩飾
自己與莫斯科的隸屬關係」。1946年3月，馬歇爾訪問延安，他看到
斯大林和列寧的畫像比比皆是，因此知道「他們與俄國人的信仰一
致」。[100] 1951年4月麥克阿瑟被解職後，馬歇爾在國會作證，他回
憶1946年使華，「從一開始，我就毫不懷疑中共領導人是馬克思主
義共產黨人。而且，他們當面也對我這麼說。」[101] 韓戰時的馬歇爾
很可能是在為中國內戰時的自己文過飾非。假如他當年真正明白中
共並非「所謂的共產黨」，而是篤信武裝奪權、貨真價實的共產黨，
他就犯不著還浪費一年時間作堂吉訶德式的努力，要把聯合政府強
加在國共頭上，甚至不惜對國民政府施以武器禁運。事實上，又過
了近五年時間，馬歇爾才勉強意識到他當年所聞所見究竟意味著什
麼，卻為時已晚。

　　早在1848年，馬克思與恩格斯就在《共產黨宣言》中宣告：「共
產黨人不屑於隱瞞自己的觀點和意圖。他們公開宣布：他們的目的
只有用暴力推翻全部現存的社會制度才能達到。」[102]「革命不是請
客吃飯」，毛澤東在1927年的《湖南農民運動考察報告》中宣布：
「革命是暴動，是一個階級推翻一個階級的暴烈的行動」。[103] 正如

---

100 *FRUS 1950*, 7:1369.

101 United States Congress, *Military Situation in the Far East*（Washington:
　　US GPO, 1951）, 377.

102 Karl Marx and Friedrich Engels, *The Marx-Engels Reader*（New York:
　　Norton, 1978）, 500.

103 Mao, "Report on an Investigation of the Peasant Movement in Hunan,"
　　28.

馬克思預言的那樣，中共從未違背他們的上述信條。美軍派駐延安的迪克西使團團長包瑞德（David D. Barrett）上校晚年回憶說：「中共從未哪怕一次否認自己是革命者，就這麼簡單。」[104]

包瑞德在1970年終於承認自己當年「天真」、「大錯特錯地」地相信中共「首先是中國人，然後才是共產黨」。[105] 1980年代，戴維斯勉強承認把中共稱為「民主力量」是用詞不當，但仍辯解說「他們當時頗受歡迎……在此意義上，他們是民主的」。[106] 在戴維斯去世後才出版的自傳《中國通》中，他終於承認當年他以為美國可以把中共從蘇聯陣營中「奪走」的想法「並不現實」，他「低估了共產黨對意識形態的堅持」。[107]

歷史學家楊奎松指出，「謝偉思、戴維斯這些年輕外交官，甚至也包括羅斯福等少數美國上層領導人在內，這個時候對共產黨實在所知甚少。」而造成他們「一廂情願的關鍵」在於他們「既不了解共產黨的歷史，也不清楚共產黨的理論」。[108] 1946年，中國自由主義作家林語堂在美國與斯諾論戰，他批評美國的中國通雖然都會說一些漢語，但往往中文閱讀能力有限。他們不讀中共文件，卻依賴中共安排的參觀訪問，聽信中共通過翻譯轉述的說辭。[109] 政治學

---

104 David D. Barrett, *Dixie Mission*（Center for Chinese Studies, University of California, 1970），47.

105 同上，p. 46.

106 Davies in Sue Williams's documentary film, *China: A Century of Revolution*（1997），01:27:00.

107 Davies, *China Hand*, 232.

108 楊奎松，〈美蘇冷戰的起源及對中國革命的影響〉，《歷史研究》1999第5期，頁7-9。

109 林語堂Lin Yutang, "China and Its Critics," *The Nation 160*（Mar. 24, 1945）: 324.

家鄒讜在其經典之作《美國在中國的失敗，1941-1950》中指出，中
國通們關於中共的的主要信息來源是「與中共領導人的私人談話」，
而不是系統性地閱讀、分析中共文件檔案。曾在國共內戰初期主持
對華政策的范宣德在1952年的國會聽證會上承認：他沒讀過毛澤東
的任何著作，也沒讀過馬恩的《共產黨宣言》或者列寧、斯大林的
任何著作。[110] 這是中國通們對共產主義，特別是中共，普遍無知的
最佳例證。

　　中國的自由主義者，如林語堂，和國民黨官員，如駐美大使魏
道明，都曾警告美國人，中共「比共產黨還共產黨」，但根本沒人
聽。[111] 為何他們無法說服這些中國通呢？畢業於美國賓州大學沃頓
商學院的銀行家陳光甫於1938年赴美，協助胡適大使爭取貸款。以
他與西方人交涉數十年的經驗，他敏銳指出，史迪威等中國通20年
代在北京學習中文，他們浸淫於悠閒奢侈的生活之中，而當時北洋政
府的外交政策就是全力取悅、滿足外國人。時間快進到二戰期間，當
新興的國民黨精英對西方人這種令人無法忍受的優越感表示反感，中
國通們就立刻惱羞成怒，激烈地批評中國人。陳光甫總結道，這些中
國通口口聲聲自己「熱愛、仰慕中國人民」，實際上是在懷念那個「中
國人都服從、取悅他們」的「美好往昔」（good old days）。[112]

　　眾所周知，史迪威堅稱自己厭惡中國政府，但熱愛「中國的老

110　Tang Tsou, *America's Failure in China, 1941-50*（Chicago: University
　　of Chicago Press, 1975）, 208-209, 221-222.

111　*FRUS 1944*, 6:652.

112　John Pomfret, *The Beautiful Country and the Middle Kingdom: America
　　and China, 1776 to the Present*（New York: Henry Holt, 2016），
　　283-284; 陳光甫，"My Reflections on Chinese Attitude towards
　　Britain," 1945.02.01，哥倫比亞大學圖書館藏陳光甫文件。感謝潘文
　　分享該文件。

百姓」。前《華盛頓郵報》駐華記者潘文（John Pomfret）指出，史迪威驕傲自大，「自以為是未開化人群中的一個上等白人」；謝偉思常說自己深愛中國，但他只是「一長串堅信自己可以改變中國的美國人之一，當然，前提條件是每個人都得聽他的」。[113]

　　事實上，美國的中國通們大多僅僅是大學或軍校畢業，罕有研究生學歷，他們僅粗通中文。而眾多的中國自由主義者和部分國民黨高官畢業於歐美名校，不少人還有博碩士學位。譬如胡適是哥倫比亞大學博士，林語堂獲哈佛大學碩士、德國萊比錫大學博士，魏道明是巴黎大學博士。他們學貫中西，精通外語。因此，當他們的意見與中國通相左的時候，他們就威脅到後者在種族、道德與智識上的優越感。而且，因為他們可以不經中國通，直接與美國決策者溝通，如羅斯福總統、摩根索財長等人，他們就打破了中國通所長期壟斷的對「神秘東方」的闡釋權。正因於此，他們就被後者所嫉妒、敵視。於是，中國通們對國民黨的抨擊也就變得越發激烈，越發帶有道德批判的色彩。

　　謝偉思鄭重其事地從重慶向華盛頓匯報關於蔣介石婚外戀的流言，稱蔣介石的性生活「並非的真正一夫一妻」，而這位傳教士二代本人卻背叛留在美國的妻子，在重慶與中國話劇演員趙韞茹陷入熱戀。[114] 1943年某日，自稱熱愛中國人和中國文化的包瑞德上校在昆明步兵訓練中心的校場向上千名中國受訓軍官講話，他發出口令「attention」，緊張的新手翻譯不經意地加了敬語：「諸位，請注意

---

113 Pomfret, *The Beautiful Country and the Middle Kingdom*, 284, 288, 326.

114 John S. Service and Joseph W. Esherick, *Lost Chance In China: The World War II Despatches of John S. Service*（New York: Random House, 1974）, 93-96; Pomfret, *The Beautiful Country and the Middle Kingdom*, 326.

聽。」包瑞德扭頭便罵：「該死的（damn it）！我可沒說『請』！」
115

　　這位倒霉的年輕譯員陳文昭近七十年後回想往事，他總結道：
「『老中國通』對中國人的態度是善意的，但又居高臨下。他們可
憐這些明顯低人一等，卻又無辜、無助的中國人。（他們覺得）中
國人需要這些高貴善良的美國人去保護、去指引」。陳文昭承認，
「史迪威及其友人對蔣政府和軍隊的批評不無道理。當時的情況很
糟，即使像我這樣的小卒也能看出」。然而，史迪威們「錯誤地將
當時的亂象歸因於蔣介石集團的邪惡，而忽略了長年戰爭已經使中
國社會陷入絕望無助的境地」。以後見之明來看，「蔣介石能夠維
持抗戰其實已經難能可貴。但很不幸，他被醜化攻擊」。當然，「史
迪威及其友人並非當時唯一未能洞見毛澤東真實面目的人；許多人
都被當時中共士兵的良好風紀所迷惑」。116

　　作為太平洋戰爭的盟友，美國人與國民黨接觸越多，失望越多。
而中共卻享有因距離而產生的吸引力。中共領袖毛澤東、周恩來等
人對中國通曲意逢迎，投其所好，慷慨許諾在戰時惟美國馬首是瞻，
戰後與美國合作發展經濟。中國通們既不關心中共的意識形態，也
不探究中共的政治運作，卻天真地以為得到了中共最高領袖的親口
承諾。

　　中國通們慫恿美國政府拋棄二戰盟友中華民國政府，而此盟友
除了威脅到中國通們的優越感與權力壟斷以外，從未威脅過美國的
國家利益。他們鼓勵美國政府去承認一個武裝叛亂團體，儘管中共

---

115 陳文昭口述, 常成訪問, 2012.03.26, Kalamazoo, Michigan, USA.
116 陳文昭致常成電郵, 2011.05.26. 1945年初, 陳文昭被選拔為一百名
　　赴美受訓的盟軍譯員，戰後留美，獲政治學博士學位。後在密歇根
　　州的卡拉馬祖學院執教，曾任副院長、代理院長。

從不隱瞞其宗旨——以武力推翻資本主義的世界秩序。中國通的自大——其實是家長式的種族主義——與無知造成了嚴重後果：美國在華一百多年的政治、經濟、宗教與文化投資一鋪清袋、付諸東流。

七十多年後，又一場俄國信息戰入侵美國，干擾2016年的美國總統大選，但其具體細節至今仍未釐清。美國人終於意識到世界最大的民主其實是何等脆弱，但至今幾乎沒有美國人意識到其實有前車可鑒：七十多年前的另一場俄國信息戰曾幫助顛覆了美國的二戰盟友——中華民國。

2018年3月，澳大利亞前總理陸克文（Kevin Rudd）在《紐約時報》上哀歎中國「毫不掩飾地走在與西方的自由民主、市場經濟體系背道而馳的道路上」。同年，前奧巴馬政府負責東亞事務的助理國務卿坎貝爾（Kurt M. Campbell）刊文呼籲「消除長期以來對美中關係的幻想」。而《經濟學人》雜誌則宣布「西方在中國二十五年的賭注失敗了」。[117]美國對中共的幻想可不止二十五年。從斯諾、史迪威、馬歇爾、羅斯福算起至少有八十多年了。

美國對中共幻想的首個犧牲品是1949年戰敗的國民政府。儘管美國在華長達一個多世紀的投資毀於一旦，美國決策者們仍可自我安慰，因為鮮有美國人在國共內戰中喪生。儘管失去了中國這個最大的盟國，美國決策者們仍可撇清責任，將所有的過錯都歸於蔣介石。艾奇遜在白皮書中宣布：「中國內戰的不祥結局超乎我國政府的控制。在我國能力所及的合理範圍之內，我們所做的、以及可能

---

117 Kurt Campbell and Ely Ratner，"The China Reckoning: How Beijing Defied American Expectations," *Foreign Affairs* 97, no. 2 （2018）: 60-70; Kevin Rudd, "What the West Doesn't Get about Xi Jinping," *New York Times*, 2018.03.20; "How the West Got China Wrong," *Economist*, 2018.03.01.

做的任何事情，都無法改變此結局。該結局並不是因為美國少做了
什麼而造成的。」[118]

當胡適讀到以上兩句，他在頁邊寫下「馬太福音二十七章二十
四節」。該節聖經記述猶太祭司和長老們決議處死耶穌，將其交予
羅馬總督彼拉多，而「彼拉多見無濟於事，反要生亂，就拿水在眾
人面前洗手，說：『流這義人的血，罪不在我，你們承當吧』」。
胡適為司徒雷登大使自傳《在華五十年》作序，他寫道：「由於美
國在雅爾塔背叛了中國，由於在關鍵時刻美國停止了對中國的有效
援助，更重要的是，由於美國無可爭辯的強國地位，美國對中國的
陷落，並不是『這血，罪不在我』」。[119] 然而，只要沒有美國人在
中國流血，美國政府並不真正關心中國的命運。

可是，僅僅一年後，中共軍隊就讓美國人喋血朝鮮半島。

美國為其對中國人的輕視、對中共的無知付出了慘重代價。

重觀國共內戰與中共建政初期

美國政府的韓戰戰俘政策顢頇草率，其實延續了其在二戰與國
共內戰時期失敗的對華政策。韓戰從頭至尾，華盛頓都未能理解中
國戰俘內部的分裂與對立，正如在國共內戰時期，華盛頓未能理解
中國社會的分裂一樣。艾奇遜等決策者以為國民黨失去大陸，塵埃
即已落定，他們無法想像居然會有相當數量的中國人想要去台灣，

---

118 US State Dept, *The China White Paper*, xvi。譯文參考周惠民先生所譯
    《司徒雷登在華五十年》，見《民間歷史》網站，http://mjlsh.usc.cuhk.
    edu.hk/book.aspx?cid=2&tid=440&pid=2341。
119 胡適, "Introduction" to Stuart, *Fifty Years in China*, xx. 譯文參考周惠
    民先生譯作，同上網址。

去追隨那個早被華盛頓認定為徹底腐敗無能、完全失去合法性、苟延殘喘的蔣介石政權。中國反共戰俘在戰俘營的興起令美國決策者措手不及，他們完全無法理解反共戰俘的決心、絕望程度與人數規模。戰俘營內的鬥爭可算是國共內戰在境外的延續，美國又一次未能把握，以至失控。

　　諸多西方人把中國20世紀30-40年代的問題大多歸罪於蔣介石，輕蔑地將其稱為「那個丟掉中國的人」。[120] 在韓戰問題上，相當多美國人將美國在韓戰上半段的失利歸咎於麥克阿瑟，亦有美國官員試圖將美國在韓戰下半段戰俘問題上的失敗歸罪於蔣介石，譬如穆西歐大使錯誤地把戰俘營的亂局歸因於麥克阿瑟僱傭75名「蔣介石的蓋世太保」到戰俘營充當「警衛」。本文書已經說明，杜魯門—艾奇遜政府高層提出以上這些似是而非的指控，其主要目的是為了模糊焦點、掩蓋他們自身犯下的一系列錯誤。而這些錯誤的根源是他們對中國人的輕視、對蔣介石的仇視、對中共的無知。

　　韓戰的發展出乎所有人的預料，這些意外充分證明美國決策者的顛頇無知：中共意外地參戰，中國戰俘意外地成為停戰的最大障礙，蔣介石意外地成為戰爭最大的受益者。蔣介石在台灣搖搖欲墜的流亡政權雖被排除在聯合國出兵援韓行動之外，卻抓住了戰俘問題這個契機，最終不戰而勝。韓戰停戰後一年半，美台簽署《共同防禦條約》，標誌著台灣已正式從「亞洲棄兒」轉身成為冷戰時期的重要反共堡壘。

　　從本文講述的韓戰歷史來看，這一切並非偶然，因此我們有必

---

120 英國記者Brian Crozier 與Eric Chou於1977年出版以《失去中國的人》為書名的蔣傳，*The Man Who Lost China: The First Full Biography of Chiang Kai-Shek*（London: Angus & Robertson, 1977）.

要回溯歷史，重新評價蔣介石與國民黨政府。西方主流學界認為，蔣介石政權在國共內戰中失敗，是因為其腐敗無能，失去了知識分子和農民的支持。然而，在韓戰中，以美軍為首的聯合國軍在北朝鮮被中共軍隊擊敗，同樣是軍事失敗，卻沒有人說是因為美國領導人腐敗無能，失去民心。很顯然，主流理論完全依賴「腐敗無能」或「失去民心」這樣放諸四海皆似乎有理、實則似是而非的膚淺解釋，而完全忽略中共所特有的、人類歷史上空前的社會控制與動員能力，根本沒有抓住中共勝利、國民黨失敗的關鍵所在。

著名作家王鼎鈞1925年出生於山東臨沂蘭陵，抗戰時期流亡至安徽、湖北、陝西，輾轉求學，戰後加入國軍憲兵，親歷遼沈、平津戰役，在天津被解放軍俘虜，獲釋後跋涉數千里去往台灣。六十年後回望歷史，他認為國民黨在大陸的失敗，原因雖然很多，但「軍事失敗是主要的原因」，國民黨「並非因失去人民而失去土地，乃是失去土地才失去人民」。[121] 已故的歷史學家高華亦認為蔣介石失敗的主因是軍事失敗，而其他原因都由此衍生而來。正如毛澤東於1949年3月5日在西柏坡舉行的中共七屆二中全會上宣告，「所謂人民共和國就是人民解放軍，蔣介石的亡國，就是亡了軍隊。」針對「失去民心」一說，高華指出，內戰期間國民黨沒有因為民眾揭竿而起而失去任何一座主要城市。這些城市都是在解放軍大兵壓境，甚至圍城數月經年，最後砲擊攻城，如長春、太原、安陽，守軍才被迫投降的。[122]

1949年10月1日，中華人民共和國成立。1950年代初、中期

---

121 王鼎鈞，《關山奪路》（台北：印刻文學，2018），頁355、351。
122 高華，《歷史筆記I》（香港：牛津大學出版社，2018），頁273；高華口述，常成訪問，2008.12.20。

（1949-1956）往往被中外學術界被稱為社會主義建設的「黃金時代」，而費正清等西方主流學者更稱之為中共與人民之間的「蜜月期」。[123] 相對於中共自1957年接踵發起的一系列災難性政治運動，如「反右」、「大躍進」（以及引發的大饑荒）和「文化大革命」，此一時期被認為是一段相對穩定平和、整個社會充滿希望的年代。然而，隨著楊奎松、馮客（Frank Dikötter）、周傑榮（Jeremy Brown）等學者對1950年代初期的「剿匪」、「鎮壓反革命」、「三反」、「五反」等運動研究的深入，「蜜月期」一說愈發難以為繼。[124] 馬若德（Roderick MacFarquhar）於是將「蜜月期」重新定義為1949年10月中共建政至次年6月韓戰爆發或10月中共參戰之間短短的一年時間。[125] 而絕大多數志願軍戰俘都是在1950年10月至次年3月間入朝，在第一至第五次戰役期間被俘，因此，他們對中共的判斷主要

---

123 關於「黃金時代」，見Roderick MacFarquhar，〈前言〉，《中國五十年代初中期的政治運動資料庫：從土地改革到公私合營（1949-1956）》（香港：中文大學出版社網站，2014.12），http://www.chineseupress.com/chinesepress/promotion/DCPC/DCPC_e.htm（2015.8.24上網檢索）；Elizabeth J. Perry, "Shanghai's Strike Wave of 1957," *The China Quarterly* 137（1994.4）: 1-2. 關於「蜜月期」，John K. Fairbank and Merle Goldman, *China: A New History* （Harvard University Press, 2006）, p. 352; Jeremy Brown and Paul G. Pickowicz, eds., *Dilemmas of Victory: The Early Years of the People's Republic of China* （Harvard University Press, 2007）, 1, 107, 114.

124 楊奎松，《中華人民共和國建國史研究1》（南昌：江西人民出版社, 2009）；Frank Dikötter, *The Tragedy of Liberation: A History of the Chinese Revolution, 1945-1957* （New York: Bloomsbury Press, 2013）。

125 Roderick MacFarquhar,〈前言〉。他認為「蜜月期」結束於1950年10月10日開始的「鎮反」運動。該運動至少殺人71.2萬，占全國人口之千分之1.24，超出毛澤東發出的千分之一的指標，見楊奎松，《中華人民共和國建國史研究1》，頁216-217。

基於他們在國共內戰及中共建政之初短短的一年「蜜月期」的經歷。
對不少人來說，所謂的「蜜月期」其實是血腥的一年。

中共攻城略地後即控制人口，動員民眾，要求完全服從，甚至
積極參與。而保持沉默，不積極支持都不是一個選項，正如胡適所
言，在共產國家不但沒有言論自由，也沒有「沉默的自由」。[126] 抵
制者遭受無情迫害，抵抗者更被殺戮鎮壓。

儘管如此，在完全臣服和意識形態歸一的表象之下，至少還有
一部分人內心認同蔣介石和前政權，期待「變天」。當諸多農民、
知識分子、甚至部分資本家還沉浸在對新政權的期待與想像中的時
候，卻也有許多人已經成為階級鬥爭的受害者，經歷了殘酷的清算
鎮壓。他們大多來自地主或富農家庭，往往還背負著曾為國民黨政
府服務的「反革命」歷史。即使是出身貧農階級的人，如王福田，
也可能被戴上「反革命」、「兵痞」的帽子。屬於「剝削階級」的
富農、地主和資本家反覆遭受清算，而「反革命」分子在任何運動
中更是首當其衝。

從一定意義上說，叛逃者先知先覺，他們自認在中共令人窒息
的統治下難以生存，因此決心逃離。早在內戰初期，身為鄉紳地主、
前政府官員的王鼎鈞父親即已被老家的中共拘捕審訊，此間篤信基
督教的母親病故。出獄後王父不顧高齡，攜少年子女南逃。王鼎鈞
在天津獲釋後，冒險犯難逃到上海與老父相聚。一位復旦大學教授
友人、「進步人士」勸他們接受中共即將解放上海的現實，他說，
「守，上海是守不住的，逃，你們也逃不掉。……識時務者為俊傑，
逃得越遠，罪孽越重。」而曾被共軍俘虜，經歷過思想改造的王鼎
鈞卻認為，「國民黨共產黨都壞，但是國民黨有多壞、我知道，我

---

126 胡適日記，1950年9月24日，《胡適日記全集》，冊8，頁517。

估量還可以對付，共產黨到底有多壞、我不知道，恐怕對付不了。」他深知，以他和父親的性格和背景，「縱有九條命也沒法過關」。萬幸的是，他和父親在上海陷落的前夜在吳淞口附近的張華濱碼頭擠上最後一艘駛往台灣的兵艦，天亮後，他才發現「父親是甲板上僅見的老人」。[127] 這些在內戰中義不帝秦的逃亡者，其實是未來中共建政後逃亡者的先驅。

　　1950年夏，29歲的北京大學肄業生、解放軍第四野戰軍宣傳部秘書劉紹唐，從武漢順利叛逃至香港，隨後寫下《紅色中國的叛徒》。1952年，胡適為該書英譯本撰序，稱讚劉紹唐早在中共建政之初所謂的「蜜月期」就「已經料到了將要發生的事情。他明瞭紅色的羅網已經從四面八方向他包圍過來，……就逃了出來。」[128] 在此意義上，王鼎鈞、劉紹唐與韓戰叛逃者所見略同。

　　與其他共產黨國家一樣，中共的「新中國」沒有退出機制：幾乎沒有人可以選擇退出黨國體制，自由遷徙離開中國。而「抗美援朝」戰爭則提供了脫逃的一線可能。儘管戰爭異常危險，未來的叛逃者們被迫或者自願參軍以求在「新社會」贖還原罪、重獲新生，或許也有人意識到戰場這條險路可能是逃離的唯一方式。另一方面，由於志願軍當時非常缺乏汽車司機和砲兵等技術人員，同時中共對防範叛逃頗有經驗與自信，也未認真考慮過部隊大規模被俘的可能，所以一些「未改造好的不良分子」被倉促送往朝鮮前線。中共用人孔急與自信大意也為叛逃者留下一線生機。

　　叛逃不是一個輕易的決定。在個人，是「生命的冒險」。[129] 對

---

127 王鼎鈞，《關山奪路》，頁465-472。

128 劉紹唐 Liu Shaw-tong，*Out of Red China*（New York: Duell, Sloan and Pearce，1953），xiii. 劉紹唐後創立《傳記文學》雜誌。

129 劉紹唐，《紅色中國的叛徒》（台北：新中國出版社，1952，第三

家庭，意味著拋妻棄子、株連家族。當叛逃者作出如此生死攸關的
決定並付諸行動時，他們冒萬死以求一生。然而，他們還需要一個
契機得以脫逃，正如劉紹唐所言，「假如沒有一個如我所獲得的機
緣，任何決心都只能更招致自我犧牲的後果。」[130] 即使有機會脫逃，
還需要天賜好運，一路千里、甚至萬里履險如夷，才能成功抵達終
點。到達台灣的反共戰俘即屬於此類少數的幸運者，而不幸者則不
可計數。

　　叛逃的成功與否，取決於決心、膽量、機緣和運氣。只有極少
數人同時擁有這幾大要素，走完可能長達數年、行程萬里的生死逃
亡路，抵達終點。相對於極少數幸運的叛逃成功者，還有多少叛逃
者有緣而無運，喪命於逃亡路上、戰場或者刑場上呢？更有多少人
有膽而無緣，決意逃離卻沒有找到機會呢？更有多少人有心而無
膽，渴望逃離卻沒有決斷和膽量呢？劉紹唐認為，「企圖逃出鐵幕
而有隨時出走決心的人，我深信那將是一個有分量的數字。」[131]

　　這個「有分量的數字」是無法準確計算或統計的。不過，韓戰
戰俘的數據或可供分析，做粗略的估算。由於四分之三的志願軍戰
俘是在第五次戰役失利過程中意外地大規模被俘，因此他們是有一
定代表性的志願軍樣本。[132]

　　依照中共官方的保守估計，去往台灣的一萬四千餘名戰俘中，
真正的「反共戰俘」為數三千左右，餘者屬「態度搖擺者」。如果

（續）────────────

　　　版），頁213。
　130 劉紹唐，《紅色中國的叛徒》，頁213。
　131 劉紹唐，《紅色中國的叛徒》，頁213。
　132 誠然，在第五次戰役之前被俘或投誠的中國戰俘中，主動叛逃者的
　　　比例有可能比較高，但其總數很小（至1951年3月中國戰俘總人數
　　　為1,672人），因此影響有限。

忽略不同程度的「態度搖擺者」，僅把三千人算成叛逃者，他們占全部兩萬一千餘名中國戰俘的百分之十四或七分之一。[133] 也就是說，每七個中國戰俘中就有一人是真正的反共戰俘。這是一個相當驚人的數字，因為這三千人都是同時具有決心、膽量、機緣和運氣四大要素的成功叛逃者。那麼，在相似人群中，有膽而無緣的潛在叛逃者和有緣而無運的叛逃失敗者數量會更加驚人。

假設當時志願軍的總體構成是中國大陸青年男性人口的反映，是否可以進一步假設當時大陸青年男性中每七個，或少一些，每十個或二十個人中就有一人渴望逃離「新中國」呢？無論哪一個數字，都是一個驚人的「相當數量的少數」，更叩問一個根本的問題：中共建政之初，為什麼有如此眾多的人渴望逃離？為什麼他們如此絕望、決絕？

如果說兩萬一千名中國戰俘內有三千堅定反共者這一點可以作為一個參照的話，那麼有可能至少百分之十五的中國人口，或者說每七個中國人中或許就有一人反共。當中共開始迫害國民黨支持者的時候，他們中的一些人渴望逃離，而韓戰提供了一線機會。如果可以選擇的話，中國大陸還有多少人會走這條路？這一問題無法回答，但可以肯定的是，隨著中共連綿不絕的政治運動不斷升級，有更多人想要逃離。但現實中，隨著中共對社會無所不在的控制不斷升級，逃亡的機會變得幾乎為零。

中共建政之初，挾軍事勝利之餘威，建立一套以暴力震懾為基礎，以群眾動員為方法，以強制參與、無退出機制為特色的社會控制與動員制度。在「新中國」，民眾既無說話的自由，亦無不說話的自由；既無用手投票的自由，亦無「用腳投票」的自由。「熱愛

---

133 3000/（14342[去台灣]+7110[回大陸]+12[去中立國]）=13.98%。

毛主席、擁護共產黨」成為每一個人的唯一正確選擇，而且最正確的
表現——或表演——就是「發自內心地心悅誠服」。陳永發認為，在
中共體制之下，知識分子所表現的服從是「強迫與志願的結合」，他
們「唯一可能的行為選擇，經常只有忍不住的不斷屈服和投降」。[134]
知識分子如此，普通民眾亦是如此。在此所謂的「蜜月期」，在中
共高壓強制之下、別無選擇的服從到底有多少志願，多少強制，多
少恐懼呢？

在一個沒有退出機制的制度下，個人惟有使用極端的方式，在
極端的情況下才能逃離。「新中國」的叛逃者在韓戰戰場上冒死向
聯軍投誠，期待獲得聯合國庇護，送往台灣或其他國家，以期徹底
脫離中共。然而，聯軍並不區分叛逃者與被俘者，都一視同仁關入
戰俘營。叛逃者發現，雖然美軍在戰場上極力誘降，他們投誠後，
美國政府卻絕口不承諾送他們去台灣或其他國家，反而隨時可能為
了停戰和交換戰俘而將他們送回大陸。美國政策自相矛盾、權宜短
視之特質令叛逃者驚恐不安，為了求生他們必須組織控制更多戰俘
來抵制遣返。因此，戰俘營的鬥爭注定是殘酷無情、你死我活的。

反共戰俘勢力通過暴力鬥爭獲得戰俘營的控制權，建立起一套
人身控制、暴力脅迫和思想灌輸並用的制度。他們「用共產黨的方
法來對付共產黨」，強制中共黨團員和普通戰俘參與反共活動。戰
俘營同樣具有強制參與、無退出機制的特點，而拒絕服從的戰俘只
能通過冒險翻越鐵絲網等極端方式逃離，或通過戰俘營當局外力干
預等特殊情況得以脫離。在反共戰俘高壓強制之下的「一顆心回台

---

134 陳永發，〈強迫與志願的結合——評楊奎松《忍不住的「關懷」：
   1949年前後的書生與政治》〉，《二十一世紀》148，2015年第4期，
   頁150。

灣」又有多少自願，多少強制，多少恐懼呢？

　　「一萬四千名反共義士」並非都是「自願」選擇去台灣的反共分子；「中國人民志願軍」並非都是「志願」參軍去朝鮮保家衛國。同理，在「新中國的蜜月期」人民並非都是「由衷地」擁護共產黨。

　　西哲云：「若批評不自由，則讚美無意義」。[135]

　　或可謂：

　　若選擇無自由，『自願』當存疑；

　　若反對無自由，則支持無意義。

　　常成，香港科技大學人文學部副教授、韓國梨花女子大學歷史系訪問教授。主要研究領域為中美關係史與20紀士兵與平民的生命史，如韓戰戰俘、抗戰盟軍譯員。第一本專書*The Hijacked War: The Story of Chinese POWs in the Korean War*由史丹佛大學出版社於2020年出版，中文版《被劫持的戰爭：中國人民志願軍戰俘、台灣與韓戰》將於2025年出版。

---

135 法國18世紀劇作家博馬舍（Pierre Beaumarchais）在《費加羅的婚禮》中的名言 Sans la liberté de blamer, il n'est pas d'éloge flatteur後成為《費加羅報》的座右銘。

當代儒學闡釋的「法家化」取向及其意涵

鄭家棟

　　筆者在近幾年發表的文章中，多次論及近些年來內地儒學闡釋中某種「法家化」趨向或轉向。此所謂「法家化」，乃是指稱一種極端現實主義的、以政治權力及其架構（皇權法統）為中心的傳統思想文化詮釋路向；落實到現實關懷，則體現為某種直截了當的或拐彎抹角的「新皇權主義」。本文將從釐清環繞歷史上法家思想的實質及其社會功能方面的某種（某些）似是而非的解讀和混淆切入，具體闡釋所謂「法家化」取向的意涵所指，以及現時代重新釐定於儒、法之間的意義；同時也將深度揭示上世紀80年代以來，內地儒學闡釋及其演化的深層邏輯線索，以及儒學闡釋在宏觀思想史脈絡中所扮演的角色及其演變。

一、何謂法家與「法家化」意涵所指

　　何謂法家？儒、法之間的根本區別何在？這是一個意義相當含混的論域。一種普遍而通行並且似乎理所當然的說法是：儒家尚「禮」，法家尚「法」。相關說法是直接而表面的，且容易引發誤導，此誤導的極致就是所謂法家主張「以法治國」或「依法治國」

一類不著邊際的說法。關於何謂法家，這裡摘錄筆者一篇長文[1]中的
幾段相關文字：

> 依據利奧‧斯特勞斯的說法，馬基維利處在「現代性」開端處。
> 這是指馬基維利摒棄了政治的神性合法性，也摒棄了政治的自
> 然秩序合法性，而把政治（統治）完全理解為一種人為操作（技
> 術，權謀）。君權的獲取和維持，完全取決於君主的權謀與手
> 段。先秦法家是人類歷史上最早的馬基維利主義者，並且較比
> 後者大有過之。這應該說是一件非常特異的事情。在兩千多年
> 前，法家已然達成某種關於政治和統治全然「世俗化」的理解：
> 君權（皇權）的合法性，既不是來自神性秩序，也不是來自自
> 然秩序，而完全是取決於君王「因勢利導」地掌控局勢和居高
> 臨下權力布局前提下的權謀手段。絕對權力之上再無他物。這
> 奠定了漫長的「秦制」歷史中皇權政治的一種基調。而另一方
> 面，秦王朝短命似乎敗壞了法家的名聲，也令後世君王心有餘
> 悸。儒家意識形態重新定義君權及其統治的合法性，此合法性
> 的基礎一方面是神性的（天命轉移），另一方面是道德的（仁
> 政愛民）；不過歸根到底是道德的，因為「皇天無親，惟德是
> 輔」——儘管漢帝國以下已然是「皇天有親」，「天子」與上
> 天已然攀上血緣關係，可是「惟德是輔」依然是儒家所堅持的，
> 西漢大儒董仲舒就特別強調這一點。於是，皇權政治便面臨兩
> 條線索的混雜和博弈：法家式的權謀手段和儒家的道德勸勉。

1　鄭家棟，〈何謂法家：儒、法之間與傳統「政道」——一種反思當
　　代傳統思想闡釋的視域〉，刊發於（多倫多）《北美當代中國思想
　　研究通訊》2024年春季號，2024年2月。

兩方面孰重孰輕，取決於君王的秉性和歷代王朝所面臨的諸多利益集團之間的博弈關係及其權力布局。就總體而言，意識形態及其宣傳一定是儒家的，而君權的實際運作卻更多地依賴於法家所直言闡釋的權謀手段。是為「陽儒陰法」。當然，「秦制」首先是一種制度安排。制度比人強。「秦制」在制度上保證皇權至上。至於擁有至上權力者是否願意屈尊俯就，容許甚而接受某些道德勸勉，那完全是偶然的。

君權的血緣合法性是另一條輔助線索。中國不存在日本所謂「萬世一系」的皇族法統和象徵。「王侯將相寧有種乎」一類說法很早便深入人心，「造反有理」同樣是一條粗大的脈絡。只要客觀情勢存在任何可能性，便人人都可以覬覦最高權力，改朝換代頻仍，皇權法統的神聖性始終只是權宜之說。說到底，這還是與法家傳統有關：君權的獲取取決於順應時勢的權謀手段，故只存在客觀情勢的可與不可，並不存在「超越」意涵上的能與不能。1867年，日本江戶幕府還政於明治天皇，這構成日本近代轉型的一個關鍵環節。此類事情，在中國是不可能發生的。

馬基維利剝去了政治權力的神聖外衣。國家及其權力只是人為制作，這一點也為後世契約論者所接受。可是，契約論者特別是洛克，在「自然法」和「自然權利」的前提下把個人置於優先和根本的地位，國家只是個人的自願聯合體，國家權力的合法性必須基於「被統治者之同意」，由此開啟自由主義政治的長河大流。類似的思想觀念，從來沒有在中國歷史文化的政治話語中出現過。黃宗羲對於君主專制之實質和禍殃的揭露與批

判，不輸於任何近現代言說，「以為天下利害之權皆出於我，我
以天下之利盡歸於己，以天下之害盡歸於人，亦無不可；使天下
之人，不敢自私，不敢自利，以我之大私為天下之大公。」[2]可
是，他找不到限制君權的路徑，也只能夠是重彈老調兒，訴諸
堯舜的禪讓和大禹的勤勉。禪讓在「秦制」時代也出現過，那
只是僭越者手握刀柄導演的鬧劇。今天有的學人仍然用「禪讓」
說事兒，那是極不嚴肅的。皇權在法家秦王朝那裡完成登頂逾
越，成為天地間全無遮攔的絕對存有和至尊價值。為了獲取至
高而至尊的皇權，殺父殺兄屠戮子侄乃是題中應有之義，何來
「禪讓」？！法家留給後世的不只是「秦制」的制度安排，還
有皇權至上和權力中心的文化理念和心理結構。

內地儒學闡釋近十幾年間出現的一種取向或趨向，其核心特徵
在於主張從現實的、歷史的、經學的、皇權帝國的，而非理想的、
哲學的、理學的、倫理的、精神理念的層面，肯定民族傳統及其價
值，也特別主張著眼於傳統（皇權）「政統」、「政道」的層面衡
定儒家及其歷史作用。論者常常打出「王道」、「仁政」的招牌，
可是具體闡釋脈絡無不是落實於中國歷史上秦漢以下的皇權政治，
用儒家具有某種社會批判意涵的「王道」、「仁政」、「三代之治」
等政治理想、理念，粉飾和美化秦漢以下的君主專制。由此說來，
所謂「儒學復興」首先也就意味著如何（直接的或變相的）接續歷
史上的皇權正統（政統），而繼承傳統也首先意味著延續歷史上的
「中華帝國」。此類說法絕不限於蔣慶先生的「政治儒學」，而是

2　黃宗羲，《明夷待訪錄：原君》，《黃宗羲全集》（第一冊）（杭
　　州：浙江古籍出版社，1985），頁2。

反映主導現時代儒學闡釋的某種基調。[3] 儒學闡釋的法家化可以和某些天朝學人曾經熱炒的施密特主義、馬基維利主義以及某種意義上的霍布斯主義相呼應，並且收編於中國版本國家主義浪潮的宏觀路徑。儘管這些儒家者流刻意高舉儒家「聖賢」標牌和高喊「聖賢教化」，可是他們思想主張的實質和落腳點，毋寧說端在於：有「政統」（皇權，自上而下的統治權力）無道統（「心性」義理及其傳承，文化精神理念和倫理象徵），或者說皇權法統就是道統，並且是人類歷史上最光燦的「道統」。[4] 在此種脈絡中討論所謂「王道」，

3　學人們或許並不是如同蔣慶先生然，直言民主政治為「小人政治」，
　　可是一種主張權力和社會資源必須盡可能向少數「精英」傾斜，並
　　且極度蔑視普羅大眾特別是弱勢群體的、中國特色的「精英主義」，
　　卻毋寧說是當代天朝學人的普遍心態。很多學人似乎每談及「一人
　　一票」就義憤填膺：一人一票？「我」和「他們」？這個「他們」，
　　可以是特指農民或馬路上的農民工，也可以是泛指精英們所自我圈
　　定範圍以外的普羅大眾。在某些場合，有的學人甚至於非常認真地
　　衡論「我」這一票不同凡響的分量。一種極端右翼或「形左實右」
　　的泛政治（權力）陳述支配思想學術界。

4　講論所謂「政治儒學」的蔣慶先生說：「君主制度是人類歷史上最
　　悠久也是最自然的政治制度，對人類歷史的影響遠比民主制度深遠
　　巨大，它有效地存在並行使了幾千年，成功地維繫了人類的群體性
　　生存。此外，在君主制存在的五、六千年歷史中君主制沒有成為破
　　壞生態的政治原因，而在民主制存在的幾百年時間中民主制就成了
　　破壞生態的最根本的政治原因。雖然現在君主制遭到了人們無情的
　　批判與妖魔化的嘲諷，但這並不意味著君主制的基本原則與正面價
　　值就已經完全過時。」蔣慶，《再論政治儒學》（上海：華東師範
　　大學出版社，2011年12月），頁78。首先我們似乎並不知曉這個「五、
　　六千年」的「君主制」所指何物？蔣先生所言：「君主制沒有成為
　　破壞生態的政治原因」，這裡所謂「生態」似乎是指自然生態。依
　　據蔣先生的邏輯，拒絕和抵禦「民主制」的民族和國家是不會「破
　　壞生態」的，蔚藍的天空，清新的空氣，綠茵茵的草地等等。我們
　　不能不說，蔣先生論著中充滿這類罔顧事實且多少令人感到有些莫

也只能是王者之道，王權之道，秦制之道，壓迫宰制之道。和種種
紛亂的主張和說法相比較，法家化儒學闡釋的特徵首先在於直接契
入和銜接於歷史上皇權專制的脈絡，並且依據「王」者即「聖」的
法家原則，主張把歷代帝王乃至他們的血緣親族等等都列入往聖先
賢的行列加以尊崇。[5]

　　筆者把上述趨向或曰轉向表述為儒學闡釋的「法家化」。說到
法家化，首先關涉如何定義法家的思想實質以及儒、法之間的原則
分歧。如上文指出的，在筆者看來，歷史上儒、法分歧的關節點和
實質性內涵，並不在於通常所說「禮」「法」之間，至於把法家的
「治法」，[6]治民之「法」，[7]法術之「法」，說成是「法制」「法
治」「依法治國」等等，不過是一些中國特色的表述，不必認真。[8]

　　名其妙的說法。
5　蔣慶先生總是把歷代君主及其子孫，歷代「賢臣」及其子孫等，與
　　歷代聖王、聖賢及其子孫排列在一起，把「王」者與「聖」者相提
　　並論，這背後隱含的是「王」者即「聖」原則，這當然屬於法家的
　　「王聖」（首先是在商鞅、李斯、韓非子那裡得到闡釋）而非儒家
　　的「聖王」。參見蔣慶，《再論政治儒學》，頁78。
6　《韓非子·制分》：「夫治法之至明者，任數不任人。」（清）王
　　先慎，《韓非子集解》（北京：中華書局，2013年3月），頁475。
7　《管子·任法》：「夫生法者，君也。守法者，臣也。法於法者，
　　民也。」《管子》（上海：上海古籍出版社，2015年8月），頁314。
　　「尊君」是「尚法」的前提。呂思勉：「法者，所以治民；術者，
　　所以治治民之人。」呂思勉，《經子解題》（上海：華東師範大學
　　出版社，1995年12月），頁160。
8　關於法家之「法」，日裔學人福山正確地指出：「我們不應存任何
　　幻想，以為推崇法令的法家思想與我在本卷中常提的法治有任何關
　　聯。……法治的含義就在：甚至國王或皇帝也是受法律束縛的，不
　　可隨心所欲。這種法治從沒存在於中國，對法家來說，簡直是匪夷
　　所思。」福山，《政治秩序的起源：從前人類時代到法國大革命》，
　　毛俊傑譯（桂林：廣西師範大學出版社，2012年10月），頁81。

筆者認為，儒、法之間的原則性分歧首先在於有關君權（皇權）合法性的理解和論證以及針對中國特色皇權政治的根本立場和態度。中國歷史上「皇權至上」的理念及其在社會體制方面的落實，都是由法家完成的，「皇權至上」也構成兩千年秦制的實質與核心。漢帝國以下的儒家，已然不具有孔、孟時代的昂揚氣象——此方面孟子表現得更突出，與權勢者們縱論天下，直面褒貶品評君王們的作為，等等。我們莫如說，後世儒家選取了某種委曲求全的路徑，首先是與皇權妥協，被動接受和參與皇權一統的社會體制和政治形態；沒有這個前提，儒家就不可能在皇權帝國中生存，更不要說在諸子百家中獨占鰲頭，扮演某種官方意識形態。可是，上邊說到的也只是問題的一個方面；從另一方面講，歷代大儒仍然期圖通過某種途徑（無論是神秘主義的災異、福瑞、「天人感應」、「讖緯」，還是「正心誠意」一類的道德勸勉），對於至上皇權有所約束。道統與政統之間的張力，蓋源於此。就是說，法家成就了中國版本的君主專制，並且始終扮演支配皇權政治的內在法則、規則（「陽儒陰法」主要適用於皇權政治的層面），而儒家思想（特別是原始儒家）本質上即有與君主專制離心離德的方面，雖然後世儒家沒有膽量也沒有能力對於專制皇權腳下使絆，扯扯衣襟倒也是經常發生的。無論如何，兩千年通行的（法家式的）皇權至上和權謀政治，當然不可能是儒家理想的「王道」「仁政」；儒家的「王道」「仁政」屬於理想性的層面，並且構成儒家從事於某種社會批判（通常是非常軟弱無力的）的理念和支點，這也是歷代儒家言必稱「三代」的根本原因。

　　法家化的闡釋意味著在很大程度上把儒家重新捆綁於皇權政治，認為儒家的成敗得失端在於與皇權政治的親密關係和參與程

度，[9] 而儒家的使命和可能的貢獻也首先在於參與和完善皇權至上
的政治結構，其中包括維護「家天下」之血緣法統的神聖性。[10] 這
一立場，當然與致力於拆解儒家與皇權之間的牟、唐、徐等台港新
儒家根本不同，也自然會醞釀出對於台港新儒家「民主開出論」的
激烈批評。這類批評已然與80、90年代的相關討論發生顛覆性的逆
轉，牟宗三等台港新儒家居然被描述為某類懷抱本應當棄之如敝屨
的西方民主而沾沾自喜的冬烘；而牟、唐、徐等人的愚昧似乎首先
在於：他們居然認定存在某種較比歷史上中華帝國更完美的政治體
制和社會！還有，台港新儒家孜孜於心性闡釋和形上義理的路數也
不免太過小家子氣，[11] 全然忘卻儒家應當兩眼盯緊紫禁城，以躋身
廟堂之高作為終極關懷的宏大抱負。作為最先參與引進牟宗三等台
港新儒家思想，並且從事相關闡釋和涉足相關論辯的學人，筆者不
能不對於近年來的某種銳轉頗感驚異。

　　這裡，筆者希望進一步具體分疏所謂儒學闡釋之「法家化」的
意涵所指：

　　1. 從宏觀思想史脈絡而言，儒學闡釋的「法家化」屬於現時代
中國版本國家主義宏闊路徑的一個分支。儘管前者高舉儒家「聖賢」

9　蔣慶認為，歷史上儒家的成敗得失端在於能否「進入權力中心」。
　　蔣慶〈關於重建中國儒教的構想〉，《愛思想：學習型社會領航者》，
　　2009年7月3日，https://www.aisixiang.com/data/28639.html。

10　蔣慶：「君主制的基本原則與正面價值就是血緣繼承原則，這一原
　　則是因血緣而獲得政治權力的原則。」蔣慶，《再論政治儒學》，
　　頁78。

11　蔣慶一再譏諷牟宗三等台港新儒家胸無大志，腹無良謀，放棄權力
　　的追求，只是滿足於充當一個「偏安於學院之中」的「哲學上的小
　　流派」。蔣慶，《政治儒學》（北京：生活・讀書・新知三聯書店，
　　2003年5月），頁15。

標牌，可是其思想主張及其實質毋寧說端在於自上而下的權力秩序
及其統治。相關論說仍然以傳統儒家「內聖外王」相招搖，而其思
想觀念的結穴處和落腳點，卻毋寧說是有權力無真理，有政統無道
統；或者說政統就是道統，皇權法統就是道統，並且是人類歷史上
最光燦的「道統」。這當然只能夠是延續法家路線所開啟的、以力
服人的「霸道」政治，儘管這些學人們口口聲聲標榜「王道」政治。

2. 批牟（宗三）、唐（君毅），也反宋明（理學），主張以經
學之儒取代理學之儒，上接《白虎通義》的帝王儒學脈絡，同時又
矛盾百出地宣講陽明學——歷史上經學脈絡有某種自我（家法）限
定，經學家是釋經和傳經者，即便是今文經闡釋者也並不以聖賢自
居（這一點在康有為那裡已然破戒）。法家化的儒家者流推崇經學，
卻似乎無意於注、疏、集解一類學問，而只是看重於經學（特別是
漢代經學）躋身廟堂、輔佐皇權、規範俗眾的社會歷史功能。畢竟
歷史上經學已然經歷長時段的史學化（清代考據學亦可以理解為某
種經學的史學化），康有為以下，攪動和號令天下者多是發跡於和
得益於陽明學意志論。毛澤東具足帝王氣象的〈沁園春·雪〉，其
思想基調也只能夠從傳統心學脈絡得到解釋。法家化的儒家者流一
面心儀於歷史上經學與皇權法統曾經打拼為一——這也特別體現於高
度法家化的《白虎通義》；另一方面，又欣羨於陽明學脈絡「良知當
下現成」（王龍溪）的登高一呼和揮灑自如。於是，法家化的儒學闡
釋便成為某種經學、心學（理學）和法家思想之間有些雜亂的混合體。

3. 法家化儒學闡釋極力宣揚法家的「民惡論」。天朝學人們絮
絮叨叨地討論儒、法之間的性善、性惡。而實際上，法家並不是主
張自然人性論意義上的性惡論，而是主張「民惡論」。這其中實質
性的區別在於：西方近代普遍主義的自然人性論，乃上承基督教「罪
人」說，其核心指向在於如何限制權力和權力者；而法家的「民惡

論」則指向制民、愚民、弱民的統治策略。不幸的是,「民智之不
可用」,「民智之不足用」,「為政而期適民,皆亂之端,未可與
為治也」,[12]也似乎成為當下天朝思想學術的主流基調,士人群體
爭相以精英自居,以激烈反對一人一票的平民政治相標榜。而法家
化的儒家者流則訴諸儒家傳統「聖賢政治」,斥責西方民主政治為
「小人政治」,只能夠導致社會平庸化和引發「喻於利」的「凡人
小人」(蔣慶語,指普羅大眾)們的無聊狂歡。他們更以當代「聖
賢」相期許。且相對於如許聖賢,不是「良知坎陷」,而是良知沛
然「呈現」;並且他們要憑藉時時處處沛然呈現的「良知」上演一
幕規劃國族前景,調教芸芸眾生的「內聖外王」大戲。筆者曾經在
文章中多次指出:牟先生「良知坎陷」說的實質,乃在於指出不可
以依憑於自己的主觀領悟強求於世人(公眾),除非良知的內在價
值客觀化為(吸納、承接、融攝於)某種尊重個體平等和保護個體
權利的憲政民主。應該說,此方面余英時先生等對於牟先生「良知
坎陷」說的批評,也有根本的誤解。

4. 法家化的儒學闡釋是權力中心和以「王」統「聖」的。這實
際上是與「秦制」相關聯的社會結構和文化心理結構的現實凝結和
折射。他們所關注的無非是兩個問題:一是,權力和社會資源應當
無保留地向他們所扮演的「聖賢」角色傾斜;二是,他們理應重新
獲取歷史上依附於皇權政治對於普羅大眾實施強制性「教化」(訓
誡、規訓、「以理殺人」)的權柄。

首先應當指出,法家化儒學闡釋者的核心欲求,包含有某種疏

12　《韓非子‧顯學》,《韓非子集解》,(清)王先謙撰(北京:中
　　華書局,1998年7月),頁456。

於理解歷史演化所導致的根本性偏誤。在中國傳統社會中，作為「四民」之首的士人階層可以說扮演某種類似於祭司的角色。士人及其教化的權威性並不只是（或者說主要的不是）來自政治權力，而是與士人們作為（唯一）「知識階級」所掌控、傳播、講論的「知識」之特殊性有關：[13]那全然是一種規範的（而非技術的或描述的）知識，介乎於倫理與宗教之間，聚焦於倫理秩序、行為規範、是非善惡尺度和人生價值信念。此種知識及其擁有、負載、傳承此種知識的士人階層的權威性，亦廣泛地訴諸傳統、聖人（聖賢）意象及其崇拜、經典體系的確立、政治的參與、血緣家族共同體的形成等等複雜的因素，這個過程直至北宋才告完成，士人階層的「權威性」也達到巔峰。進入現時代，傳統士人階層消解，取而代之的是讀書人、知識人（這裡姑且迴避歧義的「知識分子」概念），他們是知識、觀念、思想的研習、傳播和生產者，其中也包括今天似乎已然稱得上浩浩蕩蕩的儒家知識和思想研習、傳播和闡釋群體。由於歷史上儒家及其知識體系並不訴諸執持於某種超越信仰的「方之外」身分，也就必須直面和承受社會歷史層面的種種變化，這也特別關涉到社會結構和知識體系的分化，意識形態話語的改變，訴諸現代革命法統之利益集團的崛起及其權力結構等等，儒家（知識）思想已經全然喪失歷史上的權威性和規範性；相關的，儒學研習、講論者當然也與其他領域的專家學人全無二致。那麼，「祖上曾經闊過」的緬懷真的可以轉化為某種現實的資質或遺產嗎？我很懷疑！

13　歷史上士人的地位與其所掌控的「知識」的特殊性不無關係，可以參見費孝通，〈論「知識階級」〉，亦可以參見王汎森，〈近代知識分子自我形象的轉變〉。均輯入許紀霖編，《20世紀中國知識分子史論》（北京：新星出版社，2005年4月）。

　　某種意義上，蔣慶先生的「政治儒學」亦無妨稱之為「皇權儒學」或「帝王儒學」。在蔣先生看來，全部問題的關鍵端在於儒家者流如何回到「與權力共舞」的時代。他的相關論述在針對西方民主政治（平民政治）的否定性意涵上是明確的，並且匯聚於中國版本國家主義的洶湧潮流，也非常契合於現時代學人們似乎普遍尋求（自我）精英化包裝和定位的主流基調。至於建設性的層面，蔣先生已經直言描繪他們的理想性社會景觀：首先當然是攫取權力或者達成與權力者結盟的現實權勢。然後呢？大概需要再來一次罷黜百家，清除種種異端邪說，依靠權力和權勢使得儒家者流所研習、闡發、講論的「知識」重新成為「規範的」，並且是不可以異議、疑義的；監控和整肅大概也是不可以或缺的。蔣先生曾經畫龍點睛地把所謂「政治儒學」的理想性社會景觀切要地表述為：通過「聖賢教化」達成「思想專制」。[14] 無須諱言，歷史上的思想專制關涉到儒、法共謀。原則上，秦制版本的制度文化更需要法家意義上皇權（君權）之下「人人平等」（普遍奴隸制）的「普遍主義」，而儒家注重宗法血緣和宗族社群的特殊主義與皇權一統的制度安排之間不無張力。依據商鞅，民眾只是某種可以利用獎懲機制施加刺激的「動物」，其間並不存在「教化」；而韓非子一再提醒君王們，君臣之間只是某種相互利用和各取所需的利益關係，切不可以相信某種子虛烏有的「忠誠」。我們毋寧說，「移孝作忠」乃關涉到儒家的特殊貢獻，這也特別關涉到血緣宗法之特殊主義向皇權一統之「普遍主義」的擺渡。這個「忠」字了得！皇權不只是要求臣民的服從，而且要求臣民的「忠誠」，這一點朱明王朝以下表現得更為突出，最終演繹出50年代後「靈魂深處爆發革命」的誅心血戰和「三忠於

14　蔣慶，《再論政治儒學》，頁366-367。

四無限」、「忠字舞」一類的歷史鬧劇。「焚書坑儒」只是關涉到
「防民之口」的社會控制,「移孝作忠」、「忠孝一體」則關涉到
情感、意念等內在性層面的整肅,中國版本的思想專制也特別關涉
到兩個層面的疊加。無論如何,蔣慶先生直截了當地把「聖賢教化」
與「思想專制」相關聯,這與其說是「陽儒陰法」,毋寧說是儒、
法連袂登場亮相。

二、儒、法分歧及其實質:傳統與現代之間

　　《朱子語類》載朱子答弟子問「秦法」:「黃仁卿問:『自秦
始皇變法之後,後世人君皆不能易之,何也?』曰:『秦之法,盡是尊
君卑臣之事,所以後世不肯變。且如三皇稱『皇』,五帝稱『帝』,三
王稱『王』,秦則兼『皇帝』之號。只此一事,後世如何肯變?』」[15]
此問答的深刻性在於:顯然,秦漢以下通行的乃為「秦法」「秦制」,
理學家及其弟子們已經了然於胸,並不待後人說出。理學家也只是
「身在屋簷下」,奈何不得君權獨尊而已。同時,也標顯出理學之
儒與經學之儒的根本區別:朱夫子根本不同於董仲舒。理學家對於
法家式皇權政治的批評,隨處可見,程顥說:「三代之治,順理者
也。兩漢以下,皆把持天下者也。」[16] 歷代大儒也無不是在貶損後
世「秦制」的意義上,極力推崇(美化)「三代之治」。在一些大
是大非問題上,理學家們遠遠高出某些窺測時勢而尋求自我調整的
現時代學人們。

　　關於「秦法」、「秦制」,無論是縱向還是斷代研究,都已經

15　《朱子語類》卷一三四。
16　《程氏遺書》卷一一。

不乏上乘論著。只是筆者還有一問：「秦制」的根本特徵究竟何在？
縱觀人類發展史，只要你跳出那些既定的語詞概念和思考架構，就
會發現：「秦制」乃是一種非常特殊的政治體制和政治形態，它的
特異之處也並不是（引進西方）「君主專制」一語所可以標顯和了
斷的。某種意義上可以說，秦始皇創造了一個奇蹟，這個奇蹟關涉
到打開了「權力」的潘朵拉盒子，權力不再接受任何限定，無論是
超越的、世俗的，宗教的、道德的。最高權力完全可以成為脫韁野
馬，橫衝直撞，為所欲為。應該說，此種情形在其他民族的政治演
化及其政治形態中是不曾出現的，這也特別與缺少超越性的宗教傳
統及其相應建制有關。[17]所謂「君權至上」，就是說君權不受約於
任何可能的因素和限定，這構成兩千多年中國政治結構和政治形態
最本質的環節。顯然，朱子及其門人已然清晰地認識到這屬於延續
秦王朝的「秦法」、「秦制」，他們完全無意於美化皇權專制，也
不可能如同現今某些言論濤濤的學人們，認定皇權專制就是儒家理
想的「王道」「仁政」。朱夫子說的實在而透徹：「後世人君」獲
益、得意、暢快於「皇權至上」的「秦法」、「秦制」，他們當然
不希望改變，也不可能改變。至於如何才能夠改變，這已然超出理
學家們的視域。

秦漢以下的政治體制和皇權政治乃是因循於始皇帝的法家路
數，於是也就產生一個問題：儒家的作用何在？漢以後，儒家要生
存發展就必須接受至上皇權，並且對於皇權一統的帝國有所貢獻。

---

17 福山：「西方、印度、穆斯林世界有一套受宗教庇蔭的既存法律，
   並獲得教士等級制度的捍衛。它獨立於國家，其歷史比國家更長。
   與當前統治者相比，這套法律更古老、更高級、更合法，因此對統
   治者也具有約束力。」福山，《政治秩序的起源：從前人類時代到
   法國大革命》，頁119。

這在漢儒那裡表現得最為清晰：如何獲取聖上青睞，立官學，招弟子，擴充聲名和勢力，當然也包括人前顯貴和財富。可是，另一方面，就總體而言，某些大儒、真儒又總是企圖給權力（特別是皇權）這匹已然脫韁的野馬套上道德的籠頭，這方面他們甚至常常表現出某種自不量力。[18] 這屬於一種執著的理想性追求，因為試圖以柔軟的「道德」約束剛性的「權力」，正應了那句俗語：「秀才遇到兵」。可是，以道德約束權力也並非全然屬於某種一廂情願的空想或假道學的宣傳。毫無疑問，歷史上儒家道德（道統）對於已然釋放出潘朵拉盒子的皇權野馬起到某種制衡作用。此種制衡不可能改變皇權專制的性質，卻在一定程度上舒緩了皇權專制所可能導致的慘烈。「三代」禮制特別是周代禮制乃是直接訴諸（自然）血緣基礎，而漢帝國以下的「禮法之治」毋寧說首先是某種適應大一統帝國及其社會形態的人為建構，其間的實質性差異常常為論者們所忽略。和周王朝貫通社會不同層面的血緣宗法及其倫理不同，後世皇權帝國的「禮法之治」乃是儒、法之間相互融合的產物，認為一邊是儒家的「禮」，另一邊是法家或法家化的「刑（律）」，未免太簡單化了。所謂儒、法融合也包含有（皇權）政治與（儒家）道德之間的妥協。例如：禮典固然古已有之（最早的文獻記載見於《尚書・堯典》），可是漢以下禮典的核心首先在於凸顯皇權獨尊，這關涉到

18　《漢書・董仲舒傳》：「仲舒治國，以《春秋》災異之變推陰陽所以錯行，故求雨，閉諸陽，縱諸陰，其止雨反是；行之一國，未嘗不得所欲。中廢為中大夫。先是遼東高廟、長陵高園殿災，仲舒居家推說其意，草稿未上，主父偃候仲舒，私見，嫉之，竊其書而奏焉。上召視諸儒，仲舒弟子呂步舒不知其師書，以為大愚。於是下仲舒吏，當死，詔赦之，仲舒遂不敢復言災異。」《二十四史・漢書》（上海：漢語大詞典出版社，2004），頁1209。這是說董仲舒以災異諫勉朝政，險遭殺身之禍，遂不敢再行造次。

在儒家禮儀中吸納和體現某種法家理念。《商君書‧更法》：「伏羲、神農教而不誅，黃帝、堯、舜誅而不怒，及至文、武，各當時而立法，因事而制禮。禮、法以時而定，制、令各順其宜。」[19] 法家是主張因時而進，因時制宜的。可是「禮法」一旦確立和因循，便會成為具有某種約束力的傳統，皇權至上的「秦制」就是一個大傳統，而儒家禮制屬於這個傳統中的一個相成而相反的重要側面，這是說禮制對於皇權獨尊有迎合也有限定。有趣的是，所謂「秦皇漢武」、「唐宗宋祖」，大概也只有漢武帝上位和禮制扯得上關係。儒家道德的「籠頭」對於皇權野馬是否發揮影響和功效以及在多大程度上發揮影響和功效，取決於不同時代的歷史情境，特別是君王的個人秉性。「人治」需要「好人」，而掌控不受限制的至上權力的「好人」實在稀缺，並且是可遇而不可求的。

五四時期啟蒙思想家把孔夫子和往代帝王們捆綁在一起抽打，80年代「新啟蒙」，有學者把中國傳統政治的癥結歸結於「道德主義」，這都屬於全然的錯置。我們毋寧說中國傳統政治體制及其形態的要害，正是在於「權力」，特別是至上權力始終都在盡力擺脫和拒絕來自「道德」的束縛，這體現出某種矛盾的組合：一方面漢以下法家化的政治體制和權力結構要求儒家意識形態的包裝，另一方面此種政治體制和權力結構在本質上又是與儒家學說（特別是孔、孟儒學）相悖謬的。於是，儒家的「仁義禮智」、「正心誠意」等等，對於皇權政治往往只是虛假的宣傳，可是這並不排除儒家仁義教化在「化民成俗」的層面成效顯著。「繪事後素」。[20] 百姓是淳樸的，有接受「教化」的質地，而期望在已然被權力的貪欲攪動

19　《商君書》（北京：中華書局，2011年9月），頁6。

20　《論語‧八佾》。

得亂七八糟的畫面上塗抹「倫理」的色調，談何容易？皇宮乃是世界上最汙穢的角落，不僅驕奢淫逸屬於題中應有之義，亂倫、屠戮父兄子侄等等也屬於權謀政治的尋常事。

中國現代有持續的「反傳統」。如果借用林毓生先生的說法，五四時期的反傳統屬於「整體主義的反傳統主義」，[21]不過套用這個觀念詮釋50年代後的「反傳統」，則屬於混淆。在筆者看來，50年代後的「反傳統」本質上屬於以法家反儒家，70年代中期的「評法批儒」運動乃是毛時代的點睛之筆。毛澤東晚年的〈七律‧讀《封建論》呈郭老〉，言「百代都行秦政法」，把郭（沫若）老嚇得不輕，因為這裡表述的不是過去完成時態，而是現在完成進行時態，「偉大領袖」多次表示自己是「秦始皇加馬克思」。於是郭老噩夢連連中一百八十度急轉，說秦始皇「焚書坑儒」「實有必要」。[22]「革命不是請客吃飯，不是做文章，不是繪畫繡花，不能那樣雅致，那樣從容不迫，文質彬彬，那樣溫良恭儉讓。革命是暴動，是一個階級推翻一個階級的暴烈的行動。」[23]「雅致」「文質彬彬」「溫良恭儉讓」等等，無疑是儒家所推崇的。上述說法並不只是針對暴力革命的陳述，這裡所謂「革命」也是「權力」和「專政」的代名詞，此種「權力」和「專政」的要旨首先就在於使得統治權力擺脫一切羈

21　參見林毓生，《中國意識的危機：五四時期激烈的反傳統主義》，楊貞德等譯（新北：聯經，2020年9月）。

22　郭沫若：「以焚書而言，其用意在整齊思想，統一文字，在當時實有必要。」〈讀《隨園詩話》劄記‧論秦始皇〉，《郭沫若全集》文學編，第十六卷（北京：人民文學出版社，1989年12月），頁315。郭老飽讀詩書，著述等身，且文豪之屬。他50年代後的做派，具有代表性，對於衡論歷史上「儒臣」一類，亦不無參照。

23　毛澤東，〈湖南農民運動考察報告〉，《毛澤東選集》第一卷（北京：人民出版社，1951年10月），頁17。

縛。一切溫情脈脈包括家庭倫理親情，都必須撕得粉碎，需要的只
是自上而下的、剛性的權力支配結構。這層意思《商君書》、《韓
非子》已經表述的很清楚，只是徹底性較比毛時代稍嫌遜色。

　　無論如何，秦王朝的短命似乎令法家「臭了街」，後世沒有學
人以法家相倡導，可是法家思想的核心特別是君權獨尊和權謀政治的
因素，已然深入人心。這一點前人有清醒的認識，明代趙用賢說：「三
代而後，申、韓之說常勝。世之言治者，操其術而恒諱其跡。」[24] 中
國社會所經歷的秦、漢之際的轉折，通常被表述為法、儒之間，於
是有「儒教中國」「儒家中國」一類稱謂。而實際上，漢以下社會
的發展又經歷了思想形態的儒、法融合（儒家思想「法家化」）[25] 和
政治形態重新趨於「法家化」的過程。漢承秦制。而「秦制」本屬
於法家的標本製作，漢以下只是要求儒家倫理的包裝。這包裝也並
非僅只是具有表面的意義，它在君臣之間、君王與子民之間，都抵
制秦王朝模式的赤裸裸的、無所顧忌的權力支配、壓迫和驅使關係。
此種抵制的思想資源主要來自先秦儒家的某些理念。

24　陳奇猷，〈韓非子集釋附錄〉，《管韓合刻四十四卷》（北京：中
　　華書局，1964），頁1197。
25　蒙文通先生說：「戰國末期，百家之學術漸趨於匯合，綜百家之長
　　而去其短者為雜家，《呂覽》為之始，而《淮南》繼之。惟雜家以
　　道德為中心，故偏於玄言，不切世用，繼雜家而起者為經術，為儒
　　家……故先漢儒學一以制度為中心，石渠、白虎集五經諸儒講論同
　　異，端在是也。」蒙文通，〈經史抉原〉，《蒙文通文集》第三卷
　　（成都：巴蜀書社，1995年9月），頁152。應該說對於後世思想影
　　響深遠的是綜合於儒、法之間，這開始於荀子（通過李斯、韓非子
　　而影響秦嬴政），而完成於東漢《白虎通義》。被視為儒家典籍的
　　《白虎通義》，關於政治（權力）與思想之間的取捨和規範性原則，
　　毋寧說是全然法家的。其間，不只是武帝時代董仲舒，包括文帝時
　　代的賈誼、晁錯等等，都體現出綜合儒、法的取向。

　　儒家思想的「法家化」主要體現為從董仲舒到《白虎通義》的演化。董仲舒的首要貢獻在於環繞「大一統」的理論闡釋，[26]缺少這個環節，儒家就很難成為皇權一統之大漢帝國的意識形態。說到「秦法」「秦制」，朱子特別點出「君尊臣卑」四個字。中國士人歷來看重君臣關係，因為歷史上有些臉面的士人大都有或曾經有臣子身分，所以對於君臣關係體會得最為深切。太史公言：「法家不別親疏，不殊貴賤，一斷於法，則親親尊尊之恩絕矣。可以行一時之計，而不可長用也，故曰『嚴而少恩』。若尊主卑臣，明分職不得相逾越，雖百家弗能改也。」[27]《韓非子》的核心意思講的就是「尊主卑臣」以及如何在權力布局和權謀政治方面提防「大臣得威，左右擅勢」。[28]此乃中國傳統政治的重中之重，要中之要，直至50年代後不斷整治「反黨集團」，仍然屬於這條線索的延續。君臣關係也的確可以視為某種象徵，如果貴為人臣者都不具有絲毫尊嚴和獨立性，黃臉草民的境遇也就可想而知。董仲舒首先是把孔子那裡的家—國、父—君秩序轉變為國—家、君—父秩序。[29]與此相關聯，

26　筆者始終認為，原始儒家的社會理念屬於「小國寡民」分封制，而非「大一統」。孔子所謂「禮樂征伐自天子出」不可以視為主張「大一統」的論據。當時的「天子」概念與後世不同，具有某種諸侯「盟主」的涵義。「禮樂征伐自天子出」講的是分封體制下的禮制，而非「大一統」。

27　司馬遷，《史記》卷一百三十，列傳第七十〈太史公自序〉（上海：漢語大詞典出版社，2004年1月），頁1553。

28　《韓非子・人主》，《韓非子集解》，頁468。

29　《韓非子・五蠹》：「魯人從君戰，三戰三北。仲尼問其故，對曰：『吾有老父，身死莫之養也。』仲尼以為孝，舉而上之。」《韓非子集解》，頁446。這個故事的真假無關緊要，重要的在於它所講述的符合於孔子所主張的，父重於君，家重於國，這在董仲舒和《白虎通義》以下的「三綱」儒家那裡是通不過的。「三綱」原本就是

要求責任與義務相關聯的、相互性的、名副其實（正名）的「君君，
臣臣，父父，子子」，便轉變為「體不可以不順，臣不可以不忠」、
[30]「臣不奉君命，雖善以叛」、[31]「君之所好，民必從之」、[32]「民
之從主也，如草木之應四時也」。[33] 這當然是典型的法家思想，而
與原始儒家格格不入。至於「民本」還是「君本」，更是清楚明瞭。
而「三綱」作為意識形態的核心是通過漢章帝主持的白虎觀「全國
宣傳工作會議」正式確定的；《白虎通義》雖然是經由班固整理寫
作，卻具有欽定「紅頭文件」的性質。白虎觀會議與佛滅後弟子們
的「結集」不同，也與康士坦丁主持的尼西亞會議根本不同，因為
說到底，白虎觀會議所要解決的並不是信仰信念層面的問題，而是
政治意識形態和社會建制（典章制度）方面的問題。它當然具有「政
教合一」的特徵，不過以「政」統「教」的，漢章帝扮演的角色
既是君主，也是教皇——原則上，他也是不受任何教理約束的教皇。
儒教「國教化」首先是通過白虎觀會議完成的，而《白虎通義》乃
是皇權欽定的儒家教義。

筆者認為，元明清時代「法家化」邁向新的階梯，直至50年代
後的紅色法家。我們還是舉君臣關係為例。元代在民間管控方面遠
不及朱明王朝暴烈，不過關於秦制下的君臣關係，卻有新的進境，

（續）————————————

　　　法家貨色。《韓非子·忠孝》：「臣事君，子事父，妻事夫，三者
　　　順則天下治，三者逆則天下亂，此天下之常道也。」《韓非子集解》，
　　　頁464。

30　董仲舒，《春秋繁露·天地之行》（北京：中華書局，2012年6月），
　　　頁634。

31　董仲舒，《春秋繁露·順命》，頁559。

32　董仲舒，《春秋繁露·為人者天》，頁403。

33　董仲舒，《春秋繁露·威德所生》，頁638。

所謂「普天率土，盡是皇帝之怯憐口」。[34] 這等於說所有人（包括大臣們）都是皇帝的家奴。明以下此方面基本上是承接元制。「廷杖之刑，亦自太祖矣。」[35] 明代朝臣死於廷杖者亦不在少數。清人原有議政王大臣會議，可是發展到雍正年間皇帝通過軍機處而獨攬朝政，君主專制已然表現出「青出於藍而勝於藍」的態勢。元代以下，「士可殺不可辱」這句話只是空談。只要你貪戀那份榮華富貴，或者說，下決心淌權力這池渾水，人格尊嚴等等都只能是虛言。這條線索影響深遠，當初在延安已經失勢可是仍然身居高位的張國燾在大庭廣眾下被一位下級軍官痛抽臉頰，更不要說劉少奇等人的遭遇。

　　秦漢之間固然意味著某種「轉折」，特別是漢武帝「罷黜百家，獨尊儒術」意味著儒家在典籍文化方面的決定性勝利，意識形態方面的正統地位也自此不可以撼動。可是，在制度文化層面，不只是「秦制」始終延續，而且環繞「皇權至上」的升級加碼也有跡可循。竊以為，秦始皇完成一統霸業後，有兩項政令具有重要象徵意義：一是，「徙天下豪富於咸陽十二萬戶」的遷徙令；二是，「收天下兵，聚之咸陽，銷以為鐘鐻，金人十二，重各千石，置廷宮中。」[36] 後者可以說是人類歷史上最早的「禁槍令」，豪富遷徙令更是標誌出一個歷史新時期的開端。豪富十二萬戶中應當有相當部分是僥倖保住腦袋的六國貴族。「貴族」是與「封地」聯繫在一起的，遷徙去咸陽，貴族便淪落為庶民，至多也只是有幾個臭錢兒的庶民，並

34　（元）鄭介夫，《上奏一綱二十目·怯薛》，《元代奏議集錄》（下），陳得芝、邱樹森、何兆吉輯點（杭州：浙江古籍出版社，1998），頁109。

35　《明史》卷九十五，〈刑法三〉（北京：中華書局，1974），頁2329。

36　司馬遷，《史記》第一冊，〈秦始皇本紀〉（上海：漢語大詞典出版社，2004年1月），頁76。

且皇帝及其爪牙對於他們是予取予奪的。這個遷徙令為中國封建貴族制劃上了一個完整的句號，天朝社會進入「平等」時代：皇權面前人人平等；奴役面前人人平等。任何階層、族群、集團、身分，都不再構成保護的「屏障」。至於後世特別具有標誌性的歷史細節，可以舉出朱明王朝創始的廷杖和70年代中期的「評法批儒」。朝廷之上對於大臣們動輒實施扒褲子打屁股，乃至於廷杖致死，意在表明即便是朝廷重臣，乃至於位極人臣，似乎狐假虎威，威風八面，在皇帝面前也和最卑賤的奴僕全無二致，可以任意凌辱殺戮之，這當然是始皇帝當年沒有做也做不出的。上世紀70年代中期的「評法批儒」，一方面意在剷除任何「地方主義」的趨向

和苗頭，另一方面則關涉到徹底肅清與儒家傳統相關聯的宗法倫理與親情，所以鼓勵親屬相互告發具有重要象徵意義。

秦王朝打破傳統貴族身分等級的「平民化」，對於後世社會究竟產生了怎樣的影響？「秦制」視域下所謂的「平民化」社會究竟是怎樣的社會？第二個問題也關涉到法家的社會理想或曰理想社會究竟如何？落實地說，法家的理想社會是沙漠化社會或社會沙漠化。什麼是沙漠化社會或社會沙漠化？每個人都是散沙般的零散個體，此所謂「個體」又不成其為個體，因為個體的權利和意志得不到任何衛護，也不允許任何形式的表達。無論如何，沙漠化根本不同於「個體本位」。個體本位關涉到個體權利的保障和個性的伸張，同時也必然關涉到個體之間的有機關聯。兩千年「秦制」始終如一的努力在於：如何使得每一個人都是作為孤零零的原子物件而直接隸屬於自上而下的統治權力，削弱、阻塞乃至於禁絕原子化個人與任何（自上而下的統治權力以外）其他社會組織形式的橫向關聯。沙漠化社會的個體必須是沒有任何個性色彩和千篇一律的，因為任何個性都屬於偏離和罪惡。你也可以由此理解上世紀50年代後國朝滿街

（服裝）都是藍、黑色（「文革」期間又增加了軍裝的黃色）。沙漠化社會對應的一定是全能的且無遠弗屆、籠罩一切的權力統治，散沙般的「個體」只能夠（或者說只可以）服從、順從、屈從於某種至高無上的權力意志，只是至高權力用來排列組合、堆砌的「質料」。

三、儒學闡釋與新世紀宏觀思想史脈絡：晚近被「收編」的儒學

這裡所謂「收編」一語是特指為狂熱民族主義浪潮所裹挾。

我們回到現時代的思想脈絡。在筆者看來，「法家化」可以表述中國現代思想的某種基調。法家和「法家化」的核心特徵在於最高權力的獨尊和自上而下官僚等級制的社會控制。「紅色法家」較比任何主義和學說都更能夠表述毛時代的基本特徵。新世紀以民族主義狂熱為背景的中國版本國家主義，亦具有鮮明的法家特徵，這主要表現為其理論重心與其說在於國家權力對於社會經濟的宏觀調控，不如說在於權力自上而下的支配關係。「專政」學說在施密特主義的包裝下重新販賣，有權力無對錯居然成為某種時髦說法。[37]

有趣的是，在有關當代中國思想史浮光掠影的表述中，當代儒學的演化脈絡及其功用，完全被誤解和誤判。儘管上世紀90年代中

37　「政治的首要問題是分清敵人與朋友。在敵人與朋友之間，不存在自由的問題，只有暴力和征服。這就是政治的實質，自由主義者往往不敢面對的實質。」強世功，〈烏克蘭憲政危機與政治決斷〉，《21世紀經濟報導》，2004年12月15日。「政治問題的關鍵不是對與錯的問題，而是服從與不服從的問題。只要不服從政治權威，『說你錯，你就錯，做對也錯』。」強世功，〈烏克蘭轉型中的憲政權威〉，《21世紀經濟報導》，2004年12月08日。

期，就有所謂批「國學熱」的鼓噪——當時還屬於「老左」（毛左）
的一種近乎本能的反應，可是落實地說，儒學闡釋脈絡被狂熱民族
主義收編，乃是比較晚近的事情，大概是發生在近十幾年間；並且，
與人們想當然的以為「儒學復興」乃是扮演狂熱民族主義之原初推
手一類看法迥異，我們毋寧說，儒學闡釋是遲至晚近才被狂熱民族
主義收編的一個脈絡。作為極端民族主義理論形態的中國版本的「國
家主義」，關涉到「左翼」右轉（由為民請命到全力衛護自上而下、
集中統一的權力支配關係）和「右翼」（某些自由主義者或所謂自
由主義者）左轉的合流，這是在新世紀初期的十幾年間完成的。與
人們的想當然不同，從90年代到世紀之交，儒學闡釋（儒學復興）
既不是民族主義狂熱的始作俑者，也不是主要推手。80年代末期開
始的當代（現代）新儒學研究和台港新儒家引進是一條重要線索，
這主要還不在於一個學派和一種思想脈絡的梳理（筆者歷來不那麼
看重「學派」意識），而在於研究方法和視野的衝擊。應該說，曾
經的「新儒學研究熱」（大批學人特別是博碩研究生曾經蜂擁到這
個領域），並沒有助長而是在相當程度上抑制了儒學闡釋的非理性
化，究其原因，應該是與馮友蘭、熊十力和牟宗三等人都是採取某
種「普遍主義」的方法和視野詮釋儒學不無關係，這也特別與引進
一套西方哲學概念和規範詮釋儒學有關；蔣慶等人「新皇權主義」
在儒學闡釋方面嶄露頭角，也只是近十幾年間的事情。至少在所謂
「後學」當道以前，「哲學」當然屬於與普遍性（真理、理念、存
在、實在、形式等等）關聯最緊密的學科。儒學的「哲學化」闡釋
在某種意義和某種程度上，也就意味著在儒家思想典籍中發掘某種
普遍性思想內涵和價值，這也是當代新儒學的邏輯起點。如果說馮
友蘭的努力更多的只是關涉到形式上的普遍化，亦即希望把儒家思
想學術脈絡中的「道」、「理」、「氣」等等重要範疇改造為某種

剔除經驗性內涵（馮稱之為「拖泥帶水」）的邏輯範疇，他認為由
此才可以達致某種哲學所追求的「空靈」境界；那麼，牟宗三先生
的努力則關涉到儒家思想內涵的「普遍化」，這也特別與引進康德
哲學詮釋儒學有關，其中一個最鮮明的例證就是引進康德「自律」
觀念詮釋孟子學。筆者並不完全認同以康德「自律」觀念詮釋儒家
倫理特別是孟子學的理路，不過牟先生相關闡釋所意圖彰顯的是：
儒家思想同樣可以引申出某種普遍主義倫理（包括康德類型的形式
主義倫理），而並不只是彰顯某種特殊生活情境中的「情感」和「經
驗」。把台港新儒學與所謂「大陸新儒學」的分歧歸納為「心性儒
學」與「政治儒學」的分歧，當然屬於某種誤判。[38] 毫無疑問，台
港新儒家有強烈的政治關懷和相關的理論闡釋，可是此種關懷並不
是「歷史的」，而是「哲學的」：就是說，他們並不認為可以從過
往民族歷史中引申出某種理想的政治形態或理念，而是基於某種歷
史哲學的理解和闡釋，認為政治形態有某種普遍性的演化過程，由
君主專制到民主憲政體現某種必然趨勢。新儒家政治哲學及其相關
討論，首先是在張君勱那裡取得某種現代視野和形態，而後在台港
新儒家牟、唐、徐那裡有系統闡釋。牟先生討論歷史上的政治形態，
更有「政道」與「治道」的明確區分，認為「政道」（政統）意義上
的政治合法性，是中國歷史上始終沒有解決的問題。杜維明則強調，
歷史上儒家的政治角色主要是針對君主專制的「異議」者。在此種意
義上，台港和海外新儒家均屬於某種「進步」主義者。

38　鄭家棟：「幾年前發生的兩岸『新儒學』之間喧鬧的爭辯，其焦點
　　並不在於（學人們所認定的）『心性儒學』與『政治儒學』之間，
　　而在於『新外王』和『老外王』之間。」鄭家棟，〈心性與道體：
　　「中國哲學」詮釋的兩種路向──從楊儒賓《五行原論》談起〉，
　　《漢學研究》，第39卷第4期，2021年12月，頁262。

　　應該說，大陸肇始於80年代末期的（現代）當代新儒學研究學術脈絡中，一個最重要的環節就是牟宗三思想的引進。這主要在三個層面發生影響：一是，某些明確揭示和陳述儒家（特別是宋明儒家）心性義理之哲學意涵的概念範疇，這是注重個體「體悟」的「中國哲學」面向和參與現時代世界哲學公共話語系統不可缺少的一個環節；二是，以「內在超越」詮表中國思想文化精神義理及其核心特徵，從而突破早年梁漱溟先生「意欲」說和上世紀80年代李澤厚先生「樂感文化」等經驗性比較模式，其中也特別關涉到儒家思想面向基督教、康德哲學、德國唯心論以及海德格思想的比較研究和自我貞定；[39] 三是，以「內聖外王」架構融攝民主、科學。

　　從思想史方面說，牟先生和台港新儒家的「民主、科學開出論」之意義，首先在於取代直接因循傳統的，且已然淪為空泛和意義含混的，盲無歸著的「經世致用」說。上世紀80年代中期，處於思想創作高峰的李澤厚出版《中國古代思想史論》，書中接續討論宋明理學的篇目便是〈經世觀念隨筆〉。他重申「經世致用」觀念，推重永康、永嘉學派和明末清初三大儒，以及柳宗元、王安石、張居正等。80、90年代和新世紀初葉，大陸學術界都有很多關於「經世致用」的闡釋，精神實質大致不出李澤厚的論辯範圍。「經世致用」一類說法，也是50年代後強勢反傳統政治意識形態背景下得以保全和通行的極少數傳統語彙之一，它的真實涵義已然演化為一切都環繞和服務於（並且只能夠服務於）現實政治及其意識形態，我們也只能夠從這個角度去理解何以50年代後居然肯定具有某種「啟蒙」精神的明末清初思想家。50年代後，「啟蒙」也始終是一個主流意

39　關於牟先生「內在超越」觀念的深入闡釋，可以參見鄭家棟，〈牟宗三・海德格・傳統儒家〉，新北：《思想》44期，2022年1月。

識形態認可並且可以通行的正面語彙，此所謂「啟蒙」具有特殊含義，其具體內涵乃是特指反儒學，特別是反宋明理學，這與否定任何超越性倫理價值的政治意識形態是統一的，也與紅色法家斬斷一切溫情和倫理脈絡的血腥「專政」相契合。毋寧說，此種「啟蒙」的實質恰恰是徹底「反啟蒙」的。當年，大批經歷五四洗禮的知識人奔赴延安，他們面臨嚴酷的思想改造和痛苦的自我調整，[40]這首先關涉到必須在「五四」旗號下清除五四餘毒──衝破家族和家族主義的羅網是值得肯定的（這屬於中國式「啟蒙」的一條重要線索，特別在文學創作方面有集中反映，例如巴金的《家》等等），因為唯一需要保留和強制遵循的就是「下級服從上級」的權力支配關係。而所謂「經世致用」現代表述的極致，當屬上世紀60、70年代「紅寶書」的「活學活用，立竿見影」。李澤厚的相關論述當然不屬於上述脈絡。可是，他文章的基調是延續陳亮、葉適和幾位明末清初思想家對於宋明理學的批評，認為宋明理學的問題主要在於「心性論談高於治平方略，聖賢位置勝過世俗功勳」，[41]「顏、曾、孟、程朱、陸王這些不講事功的『粹然醇儒』」的傳承正統亦有嚴重偏誤，[42]等等。

　　應該說，「經世致用」的討論範式，也只有在經學占有支配地位並且主導主流意識形態的歷史情境中，才是有效且適用的；而在「後經學」時代，相關議論毋寧說是意義含混且不著邊際的，因為

40　前提是他們得以保全性命，「延安整風」期間大批由國統區奔赴延安的學生青年被康生等人以「特務」罪名整肅處決。依據於後來陸續公布的歷史資料，他們當中沒有一個是特務。

41　李澤厚，《中國古代思想史論》（北京：人民出版社，1985），頁273。

42　同上註，頁277。

論者們常常並沒有釐定也無意於釐定「經」什麼「世」，「致」什麼「用」，以及以什麼「經世」，以什麼「致用」，諸如此類。相關討論也只是含混地展示學人們不甘寂寞的現實關懷而已。牟先生等「民主開出論」的指向是清晰的：現時代學人們的歷史和現實關懷，不應當體現為某種意義含混的所謂「經世致用」或「事功」，而應當首先聚焦於尋求政治客觀化的民主憲政。當然，牟先生民主開出論也全然不可以套用「經世致用」加以闡釋，因為所謂「經世致用」的背後預設了傳統哲學的「體用」範式，牟先生思想卻完全不屬於傳統「體用」範式，這也是他與熊先生的根本區別。這是某些論者常常混淆的。

環繞牟先生和當代新儒學的「民主、科學開出論」（特別是「民主開出論」），80、90年代臺灣和海外都有一些論辯，其主流傾向是檢討和批評性的。大陸學界90年代至新世紀初葉，亦有很多相關論述，不過就相關主題而言，應該說大陸方面並沒有突破性的建樹。可是，著眼於宏觀思想史視野，有一點是重要的：直至新世紀初葉的十幾年間，台港新儒家的「民主開出論」仍然在相當程度上主導著儒學詮釋脈絡中環繞所謂「現代化」主題的論說。如果你清楚上世紀末有所謂「新左派與自由主義論戰」，世紀之交民族主義開始甚囂塵上（和南斯拉夫使館事件有直接關係），以及隨之出現的中國版本「國家主義」趨向，你或許會驚訝儒學闡釋群體的主流形態似乎仍然堅定地擁抱民主、科學的普世價值。針對「三統開出」說的批評也罷，擁躉也罷，顯然都是以肯定民主價值和關注社會政治演進為前提的。林毓生上世紀90年代中期發表的〈「西體中用」論與「儒學開出民主」說評析〉，是一篇論述過於簡化的文字，不過其中有一段陳述可以說是歪打正著：「新儒家們對民主的評價，相當天真，幾乎完全是正面的。牟先生說：民主政治表現『正義公道』。

從這個觀點出發，不易正視民主的問題並提出在一定程度之內解決的辦法。」[43] 這無異於說，「民主」對於牟先生等新儒家，也屬於某種信念，並且是某種過於樂觀的信念；至於新儒家完全沒有能夠在社會歷史層面貢獻任何可行的方案，也是不爭的事實。這提醒我們，相關論述往往誇大了所謂自由主義與保守主義的分歧，就台港新儒家而言，他們同樣屬於寬泛的啟蒙脈絡。筆者經歷了80年代的所謂「新啟蒙」，我也從來不認為新儒學思想研究和闡釋的意義屬於針對「新啟蒙」脈絡的某種根本性扭轉，而毋寧說是將「啟蒙」主題推進到傳統思想內部的某種深化——對於筆者而言，此所謂「深化」的內涵首先在於：儒學闡釋如何真實地面對個體生存及其境遇，尋求某種意義安頓和走出虛無主義的路徑，而非只是附庸於高度政治化和假道學的政治倫理陳述。現如今「啟蒙」似乎已然成為某種負面語詞，正如「普世價值」成為負面語詞一樣，可是對於一個始終難以擺脫以皇權獨尊為籠罩的思想傳統而言，又為什麼不可以談「啟蒙」和「普世價值」？

　　歷史上的儒、法關係是一個非常複雜的問題。李澤厚在我們上文提到的那篇文章中指出：

　　法家思想在先秦和西漢早被儒家所不斷地而又分階段地吸收溶化，作為獨立的法家學派不但早已無存，而且作為法家思想內容如明賞罰、講功利、重軍事等等，也早已成為儒家的東西。因之，自宋代以來的所謂法家或重視功利、主張變革的現實思想家、政治家所真正面臨的「法家」內容，毋寧是一個日趨走

43　林毓生，《中國傳統的創造性轉化》（北京：生活・讀書・新知三
　　聯書店，2011年5月），頁465。

向近代的新歷史課題。[44]

　　先秦儒家對於法家的吸收，應該是指荀子；而兩漢對於法家思想的吸收，應該主要是體現於董仲舒和《白虎通義》。李澤厚陳述的前半段無疑是正確的，可是他把法家思想的實質簡單而錯謬地歸結為「重視功利、主張變革」、「明賞罰、講功利、重軍事」，這方面最傑出者當然是秦始皇，「事功」最大者也是秦始皇，無論是在社會體制的變易方面還是修長城、築馳道等等。這個世俗化的民族從來不缺乏「功利」意識，可是對於皇權階層而言，「功利」最大者乃是如何有利於維持和鞏固自己的權力秩序，「重農抑商」等等便是基於上述考量（此在朱明王朝初期和50年代後的紅色法家時代達到極致，毛時代農民賣幾個土豆都要遭遇抓捕和批鬥，名為「砍資本主義尾巴」）。李澤厚居然認為延續法家的路徑可以「走向近代的新歷史」？！50年代成長起來的李澤厚，居然沒有意識到毛時代是不折不扣的並且推向極端的新法家時代，所謂「秦始皇加馬克思」的時代（前者是社會體制及其結構，後者是意識形態）？！和上一點相聯繫，李澤厚文章開列小標題，在「治人」與「治法」的架構中討論宋明理學的過失，其中也特別關涉到接續黃宗羲的論題。應該說，傳統儒家社會並不缺少「治法」，不僅有因循於秦法而損益的（卷帙浩繁的）成文法，更有「禮法之治」相關的種種不可違逆的「規矩」。「治法」的本義是「治民之法」，其實質在於控制、宰制而非「公正」。李澤厚文中多次提到王安石及其變法。王安石乃是思想史上一個複雜的例證，他一方面是文學、經學大家，「荊公新學」在當時當世的影響超過今天人們所稱頌的大儒們。我們

44　李澤厚，《中國古代思想史論》，頁279-280。

且不說王安石變法並沒有使得民眾獲取實際利益，[45]其中保甲法當然屬於法家路數的強化皇權對於基層社會的控制，此對於後世明清社會都產生深遠影響，並且在現代紅色法家那裡得到最響亮的回聲。

從80年代以後中國傳統思想闡釋營壘內部說，有兩個因素與當前儒家思想「法家化」的轉向不無關係：一是李澤厚先生對於宋明理學仍不免有些簡單化的批判和對於漢儒以下所謂「外王事功」的一味褒揚；二是錢穆先生的著作。當然，這其中有長時段的演化過程與諸多曲折。李澤厚先生歷來被歸屬於「啟蒙」脈絡，可是他的許多表述是相互矛盾和意義含混的。例如他直到晚年始終在批判中國形態的「政教合一」，卻同時又落腳於「天地國（君）親師」。「天地君親師」毋寧說典型地體現了政教合一的統合脈絡，[46]把「君」

---

45 我們舉王安石變法的「青苗法」為例。道理上，青苗法是利國利民的：由國家低息放貸給青黃不接的農戶，抑制豪強大戶的高利貸，一方面增加國家的財政收入，另一方面則可以幫助農戶度過季節性難關。可是，實行起來則面目全非：一方面，由於和官僚們的政績掛鈎，所以百姓按需的借貸便成為官府的強制攤派；另一方面，各級官僚從中盤剝漁利，「蓋名則二分之息，而實有八分之息。」（宋）晁說之〈元符三年應詔封事〉，《景迂生集》卷一（長春：吉林出版集團有限責任公司，2005年5月）。結果是農戶們未取其利，反遭其禍。這也是從古到今每天都重複上演的一幕。

46 通常認為「天地君親師」的表述源出荀子，錢穆、李澤厚等均如此說（錢穆，《晚學盲言》〔桂林：廣西師範大學出版社，2004年6月〕，頁242；李澤厚，《論語今讀》，頁9）。實際上，這也只是大概的說法。《荀子・禮論》：「禮有三本：天地者，生之本也；先祖者，類之本也；君師者，治之本也。無天地惡生？無先祖惡出？無君師惡治？三者偏亡焉，無安人。故禮上事天，下事地，尊先祖而隆君師，是禮之三本也。」《荀子》（北京：中華書局，2011年3月），頁303。顯然，荀子是先「先祖」而後「君師」的，「天地君親師」的排序只可能出現在東漢以後，是以皇權為中心的。東漢順帝年間《太平經》有「天地君父師」的表述。

字更改為「國」字，在思想形態和思維模式方面絲毫也沒有改變什麼，[47] 這也可以理解他晚年提出的「和諧高於正義」，以及「關係主義」等等。[48] 他重新回到傳統脈絡安置自然、社會和個體的關係，而「關係」再一次被異化為某種不可移易的等級序列──「天地君親師」意義上的「關係」，是以「子民」觀念為前提的。《春秋繁露‧王道通三》：「人主立於生殺之位，與天共持變化之勢。」[49]《荀子‧禮論》：「君之喪，所以取三年，何也？曰：君者，治辨之主也，文理之原也，情貌之盡也，相率而致隆之，不亦可乎？⋯⋯父能生之，不能養之；母能食之，不能教誨之；君者，已能食之矣，又善教誨之者也。」[50] 說「君者，已能食之矣，又善教誨之者也」，就是說君父─子民關係，不只是在統治和訓誡（「教誨」）的意義上講，而且是在「食之」「養之」的意義上講。這是非常奇怪的邏輯和說法，並且後世成為儒、法共持的主流觀念（孔、孟儒家那裡找不到此類說法），50年代後得到進一步強化。民眾終生勞苦，君

---

47 蔣慶說：「古代還有一個『君』，現在叫『國』⋯⋯從荀子以來儒家都強調一個社會要生存，就必須有秩序，沒有秩序，連基本的物質生活條件都不存在。怎麼會有秩序？秩序從何而來？當然是君主帶來秩序。」蔣慶、張新民，〈今天還應再供奉「天地君親師」牌位〉，北京：《儒家網》，2016年1月4日。

48 李澤厚說：「我用『關係主義』（Guanxism）這詞，則是與『情本體』相聯繫，並以之區別於『個體主義』和『集體主義』。人們常用『集體主義』或『整體主義』來講中國，我以為很不準確。」李澤厚，《回應桑德爾及其他》（北京：生活‧讀書‧新知三聯書店，2014年8月），頁24。李先生一廂情願地認為他所謂「關係主義」可以超越和平衡於「個體主義」與「集體主義」／「整體主義」之間。

49 董仲舒，《春秋繁露》，頁426-427。

50 《荀子》，頁320-321。

王和權勢者們依靠搜刮、掠奪、盤剝民眾而得以驕奢淫逸，鬧了歸齊，民眾卻被說成是依靠君主「食之」「養之」。

錢穆先生著作的大規模引進，要早於牟先生等。這特別與90年代內地思想脈絡的所謂「學術化」（在某種意義上是「史學化」）轉向有關。關於儒、法之間，錢穆先生有一個有些特異的說法：

> 魏文侯是先秦政治界一大怪傑。文侯實為春秋轉變戰國的一大關鍵。文侯手下有子貢弟子田子方，子夏及其弟子李悝、段干木，又曾子之子曾申的弟子吳起等。曾子、子遊、有子等在積弱的魯國，只好講些儀文小節的禮，幸虧得李悝、吳起等在魏從事政治活動，始將儒道發揚光大。故孔子死後，儒家形成魯魏兩派⋯⋯法家乃是從儒家出來的。儒家在初時只講禮，只講政治活動，到後來曾子等人卻退化來講儀文小節。但傳到魏國去的一派卻仍然從事政治活動，遂把儒家原來的宗旨發揚光大。通常總認曾子、孟子一派為後來儒家的正宗，其實就儒家的本旨論，法家毋寧算是儒家的正宗，曾子孟子等在魯國的一支反而是別派。[51]

我們也可以從這個角度理解余英時先生所極力推崇的：錢先生是以「整個文化大傳統即是道統」。[52] 顯然這個「整個文化大傳統」的核心只能夠是皇權正統（政統），[53] 從這個角度講，不只是孟子，

---

51 錢穆，《老子辨》（上海：大華書局，1935年12月），頁110。

52 余英時，《現代儒學論》（上海：上海人民出版社，2010年9月），頁190-191。

53 這方面佐證多多。錢先生說：「中國傳統政治，早不是君主專制。因全國人民參政，都由政府法律規定，皇帝也不能任意修改。」錢

恐怕孔子也須要讓賢讓聖，因為錢先生所談「政治」，當然根本不同於孔子所言「『孝乎！惟孝，友於兄弟，施於有政。』是亦為政，奚其為為政？」[54] 蔣慶的很多說法，都與錢先生論著有著某種若隱若現的關聯。

四、沒有受到清算的法家制度文化

本部分可以視為上述討論思想史背景的補充。

黃宗羲對於中國特色皇權專制（不同於歐洲意義上的「君主專制」）的揭露和批判是深刻並且卓有見地的。他指出：專制君主乃是「以為天下利害之權皆出於我，我以天下之利盡歸於己，以天下之害盡歸於人，亦無不可；使天下之人，不敢自私，不敢自利，以我之大私為天下之大公。」這揭示出一種政治和權力關係的根本性顛倒：不是皇權隸屬於「天下」（「江山社稷」、國族、民眾），而是「天下」皆隸屬於、歸屬於唯一且獨尊的專制皇權。正是此種根本性顛倒構成中國歷史上皇權專制（秦制）的實質。黃宗羲的《明

（續）————————————

　穆，《中國文化史導論》，《錢賓四先生全集》29，頁252。恕筆者孤陋，的確不曉得這塊土地上居然出現過「全國人民參政」那回事兒？原則上科舉體制下，仕途似乎向士人們開放，可是由讀書而做官，特別是能夠在官場混得風生水起者，畢竟還是極少數。在唐、宋的某些時段，我們的確可以例舉出君臣共治的事例。可是就總體而言，那些經由科舉取士而躋身朝政者，絕大多數不過是帝王的應聲蟲，一方面瑟縮於皇帝的淫威，另一方面對於平民百姓則多是兇殘暴虐。你只要看看靖康之難中那些多是進士出身的朝臣們的醜惡行徑（也並非全無氣節者，一兩位而已）便全然清楚了。要知道，北宋是中國文人最得意的時代。後人不免太看重讀書人從皇權那裡得到的好處。

54　《論語·為政》。

夷待訪錄》也是歷史上唯一的試圖通過訴諸孔孟原始儒家和「三代」理念，對於儒家思想在後世現實權力結構中的種種扭曲（實為「法家化」）做出系統清算的文字，此種清算也特別關涉到皇權專制在不同側面和層面的運作，以及以皇權政治為中心的制度文化。

　　20世紀我們似乎有持續的反傳統運動。不過，此所謂「反傳統」乃是特指反孔子儒家，並且主要是集中在（宗法）倫理和典籍文化的層面，幾乎沒有深層觸及傳統制度文化，特別是沒有對於主導皇權政治的法家「道統」做出清算；相反，商鞅、秦始皇的幽靈在現代中國歷史演化中乃是如影隨形。20世紀的不同思想文化派別，固然都揭舉反「皇權專制」的旗幟，可是此所謂皇權專制主要指的是君主世襲的「家天下」；而皇權專制的實質乃在於最高統治者的個人意志（包括主觀好惡）凌駕於社會整體之上，這一點不僅沒有被觸及，而且借助現代意義上的語詞包裝還有資訊、傳媒、監控手段等等，達到了前所未有的強度和高度：首先是以共同體的名義全面剝奪個體的權利，而共同體的人格化象徵又操控和凌駕於共同體所有成員之上，於是乎對於共同體的無條件服從和倡導為共同體犧牲便轉化為服從、獻身於作為共同體人格象徵的「偉大領袖」、「導師」、「救星」。

　　如果說漢以後儒家在典籍文化方面占據主導地位，那麼兩千多年秦制特別是皇權政治及其運作，骨子裡奉行的始終是法家思想原則和權謀法術，而統合、服務於皇權政治的儒家，與其說是孔孟原始儒家，不如說是經由董仲舒和《白虎通義》法家化改造的儒家。進入風雲激盪的20世紀，儒家典籍文化被邊緣化，乃至於棄之如敝屨。可是，歷史上以法家思想原則為主導的，並且有法家化的儒家參與共謀的，源遠流長且根深柢固的傳統制度文化，不僅沒有受到任何清算，而且始終構成中國現代社會思想發展的一條潛隱而粗大

的背景脈絡，並且最終主導了社會歷史的演化。1932-1934年主要以
《獨立評論》為平臺展開的「民主與獨裁」論戰表明，至少到了30
年代，「國家主義」已經占據中國現代思想主流，論戰中胡適、張
佛泉等「民主」派學人不免顯得形單影隻——此前有世紀初梁啟超
倡言伯倫知理的國家主義，20年代有醒獅派，40年代則有戰國策派，
等等。論戰中的「獨裁」派囊括當時絕大部分知識精英（大多有留
學英美的背景）。論戰表明，知識群體關注的重心已然由五四時期
的政治（政統）合法性（民主），轉向統治的有效性。應該說這個
轉向是實質性的和意味深長的。「獨裁」派的議論固然可以歸屬於
現代話語包裝的國家主義，後人論及論戰的背景通常列舉出歐洲法
西斯主義的強勢崛起，前蘇聯的極權體制，或者還扯得上羅斯福的
戰時新政，等等。不過在筆者看來，構成論戰隱而不顯之畫布底色
的，毋寧說是兩千多年的法家秦制傳統及其制度文化，儘管當年論
戰者和後來研究者都不曾經提及這一點。以皇權專制為中心的秦制
及其制度文化，貫通秦漢以下中國社會的演化進程，同時也深度地
規範中國知識人的社會想像及其空間，此社會想像自覺或不自覺地
與皇權、威權、極權有著某種親緣關係。「民族救亡」的背景說到
底也只是提供某種客觀時勢方面的機緣、助緣而已，否則的話我們
又如何解讀50年代後的中國政治？歷經兩千多年因循積澱的秦制及
其制度文化，在所謂「後帝制」時代仍然擁有某種強大的統攝力和
規範性，這在某種意義上是超越於「主義」和黨爭的。時間上稍晚
於國統區知識精英「民主與獨裁」論戰，在另一個似乎有些偏遠的
角落，商鞅、秦始皇的法家幽靈更是導演出一幕緊鑼密鼓的大戲，
這就是中共的「延安整風」。主導中共所謂延安整風的思想資源當
然不是什麼列寧主義，而毋寧說正是某種傳統的法家制度文化。整
風運動的血雨腥風中仍然侈談「發揚『五四』精神」，那是特指批

判儒家宗法倫理──毛澤東給秦邦憲的信中指出：「農民的家庭是必然要破壞的。」[55] 這為後來的「爹親娘親不如毛主席親」埋下了伏筆。人們需要徹底掃蕩宗法、宗族、家庭意識，無保留地獻身於一個整體的和無所不包的權力結構，其中構成關鍵的首在於對於最高權力的忠誠，此種忠誠是要求「金有足赤」的，容不得半點含混。其次呢？無條件地「下級服從上級」，這也是50年代後準軍事化權力結構的雛形。個人的一切（包括女性的婚嫁）都是自上而下的權力結構任意支配和調取的資源。王明「本本主義」的馬列主義在實踐型的（且運用之妙存乎一心的）法家制度文化面前，可以說是一觸即敗。

　　上世紀50年代後出現一個有趣的現象。秦王朝短命後，雖然後世皇權政治及其制度文化歷來是以法家思想原則和權謀法術為主導的，說出來的卻是儒家「仁政愛民」的一套。法家扮演「影子」存在，「做的不說，說的不做」也始終構成中國皇權政治的一大特色。進入毛時代，法家的「匿名」窘境似乎開始破解。自50年代開始，毛一再聲稱自己就是「現代秦始皇」或「秦始皇加馬克思」；「百代都行秦政法」亦屬於漢以下歷代君王難得的實話實說。此種「亮劍」亦體現出一種前所未有的、大權在握且無遮無擋的底氣（這也特別與「黨指揮槍」的數百萬軍隊有關）。新政權是在批儒崇法的意義上取得合法性，當然是以階級、國家、人民的名義。到70年代中期，所謂「評法批儒」運動中法家人物全部粉墨登場，走到歷史聚光燈下，接受人們的歡呼和敬拜。歷史繞了一個巨大的圓圈，其間並沒有實質性的改變，所不同的是：絕對專制或許只有依憑於現

---

55 毛澤東，〈致秦邦憲〉（1944年8月31日），《毛澤東書信選集》（北京：人民出版社，1983年12月），頁237。

時代的交通和資訊等等，才有可能延續。[56]

　　依據通常的敘述，「五四」以下有長期的反傳統，經歷80年代的「文化討論」，90年代走向傳統復興特別是儒學復興，這也特別標誌著對於70年代「評法批儒」運動之激烈反傳統的否定。而事實上，上世紀的「評法批儒」運動並不是一般意義上的「反傳統」，而只是反儒家。我們毋寧說，「評法批儒」體現對於傳統的另類書寫，此種書寫具有相當的真實性。跳出儒家典籍文化和主要受到儒家影響的日常生活倫理的視域，應該說「評法批儒」運動不惟不是「反傳統」的，而且是另類「傳統（制度）文化復興」運動，是「法家原教旨主義」運動──要求徹底清除殘存的儒家文化對於法家制度文化的某種浸染，清除各種有可能仍然發生影響的橫向社會關係網路，以及宗法倫理（包括家庭倫理和家庭意識），與血緣、鄉緣、地緣相關聯的各類小共同體意識，等等；特別是要根除一切對於高度集中統一的權力（首先是最高權力）有可能形成某種偏離的「地方主義」根芽。這與60年代末期「葵花朵朵向太陽」的「忠字舞」運動等等，是一脈相承的。「評法批儒」也實現了「專政」意識形態的「民族化」：壓迫、整肅不再是訴諸馬、恩、列、斯，而是訴諸法家制度文化意義上的皇權至上和皇權一統，任何質疑、違逆、挑戰皇權一統的言行都是在「分裂」國家與民族，都是千古罪人。「陰謀篡黨奪權」者（被認為覬覦最高權力者）不只是黨內痛加整肅的罪人，而且也是民族罪人，甚而是人類公敵。歷史上的法家意識形態從來沒有企及如此高度。

　　「評法批儒」運動也使得50代後「法家社會主義」的實質性特

56　如果有發達的資訊和交通，秦王朝可以數日內調集大軍投入戰鬥，那麼所謂陳勝、吳廣起義當然只能夠是飛蛾撲火。

徵明朗化了，這包括（不限於）：「死上」[57]——《商君書》用語，百姓生存及其繁衍生息之核心價值，端在於為最高權力者及其利益集團無保留地奉獻乃至犧牲生命。不過，《商君書》認為百姓「死上」之社會氛圍的達成只能夠訴諸獎懲刺激，此與50年代後的強力意識形態灌輸不同；重農抑商。社會主體只可以是從事「耕戰」的農與兵，並且應當確保他們不受到「知識」的汙染，知識人遭受貶抑乃至於關閉大學等等，都是題中應有之義；出於政權安全和監控便利的考量，禁絕任何意義上的社會流動。延續法家的「編戶齊民」發展出人類歷史上最嚴苛的戶口和聯保制度。即便是走去臨近村落，也必須手持蓋有紅色公章的「介紹信」（朱元璋時代稱為「路引」），否則就有可能遭遇抓捕和拷打；[58]鼓勵「告奸」。《商君書》：「故王者刑用於將過，則大邪不生；賞施於告奸，則細過不失。治民能使大邪不生、細過不失，則國治。國治必強。」[59]自商鞅變法，「告奸」作為一種制度特別是在朱明王朝和50年代後毛時代扮演重要角色。朱元璋時代有強令人人當特務的「知丁之法」，權力暴發戶朱某曾經欣喜道：「有父母親送子至官者，有妻舅、母舅、伯、叔、兄、弟送至京者多矣。」[60]這類動人景觀50年代後特別是文革期間，亦屬一般平常；從糧食「統購統銷」到一切都歸屬國家壟斷官營，即便是農民賣幾個土豆也要遭遇抓捕批鬥；思想文

57　《商君書·去強》，頁41。「死上」是秦制下意識形態的核心觀念，只是表述上不同而已。

58　此方面似乎尚不及《商君書》徹底，後者乾脆主張「廢逆旅」，亦即關閉所有旅館客舍，《商君書·墾令第二》，同上書，頁14。《商君書·開塞》，同上書，頁74。

60　〈禦製大誥三編·逃囚〉，《皇明制書》（上海：上海古籍出版社，1995）。

化領域超大規模的「焚書坑儒」和連綿不絕的整肅運動；「以吏為師」。任何掌控權力者都同時獲取訓誡（「教育」）屬下群眾的權柄和資質。學者、作家和科學家們召開會議，必須恭請黨委書記（市委、省委亦或其他級別的「書記」）作報告，發布指導性的訓誡，等等。這些在歷史上特別是《商君書》裡都有跡可循，只是在制度和制度文化的意義上被推向極端。「評法批儒」運動中環繞柳宗元〈封建論〉和西漢《鹽鐵論》的討論，都具有非常直接而具體的現實指向。有趣的是，「評法批儒」運動不只是50年代以後，也是西漢以下歷朝王朝唯一的一次「實話實說」，法家不再是躲避在陰影處或者「猶抱琵琶半遮面」，而是大踏步走到前臺，在歷史聚光燈下表演全幅武功，喝彩之聲震天動地。並且，現實政治斷然撇開「舶來」的虛假宣傳，直接回到傳統法家脈絡尋求合法性。當然，其中有一個可笑的且根本性的矛盾之處：「批儒」的文字都特別關涉到揭露歷史上的儒家都是不光彩地服務於皇權政治的；而「評法」的文字則旨在說明中國社會的發展全然歸功於秦始皇和後世帝王們的皇權至上和皇權一統，誰挑戰皇權一統就罪該萬死，所以始皇帝「焚書坑儒」實在是英明之舉。

「法家社會主義」源遠流長，至少商鞅變法已然形構出某種雛形。認真閱讀《商君書》，你會吃驚地發現商鞅變法的逐項政令和舉措幾乎都可以在上世紀50年代後的政策政令中找到對應的選項。「法家社會主義」的核心首先在於君權（最高權力）的擴張與安全。某種意義上，80年代的改革開放意味著法家社會主義的破產。在「有了政權就有了一切」（毛澤東語，此完全可以轉述為「有了權力就有了一切」）的社會歷史文化情境中，把政權安全置於首位似乎也不難理解，可是百姓是不是也有生存和生活最基本的權利？值得注意的是，歷史上的法家制度文化及其現代遺產始終並沒有受到清

算。筆者這樣講並不是指學人們沒有相關論著，而是說對於法家制度文化及其現代遺產的清算從來沒有成為現時代思想文化的一個焦點。80年代文化討論中，「河殤」派以「藍色」與「黃色」兩種文明對揭，可是他們沒有認識到真正構成象徵的並不是作為防禦體系的「長城」，而是掩埋在長城下邊的累累白骨和白骨後邊一個單純依憑權力和武力無條件地奴隸、役使民眾的皇權機制，這即便不是絕無僅有，在其他民族的歷史進程中也是決然少見的。「河殤」的主導觀念仍然可以歸屬於歷史上法家脈絡的所謂「富國強兵」。李澤厚是80年代「新啟蒙」的主要代表人物之一，他居然認為延續法家的路徑可以「走向近代的新歷史」。與所謂學術史、思想史轉向有關，90年代錢穆先生的著作在內地的影響範圍較比牟、唐、徐等新儒家寬泛。錢先生的觀點是一以貫之的，他那裡不存在儒、法之間的劃界。馮友蘭思想的影響似乎在上世紀90年代中期又出現一個峰谷。就社會歷史層面而言，馮先生始終沒有完全擺脫傳統制度文化的底色（可以參見他40年代的《新事論》），直到晚年還講什麼「只有聖人，最宜於做王。」[61]

　　新世紀特別是近十幾年間，法家思想已然迎來「評法批儒」運動後的第二春。只要把政治單純理解為統治秩序和社會動員的功效、績效，法家「上位」乃題中應有之義。春秋戰國時期秦國兼併戰爭期間，幾乎把全部壯丁驅趕上戰場，「舉國而責之於兵。……民之見戰也，如餓狼之見肉。……父遺其子，兄遺其弟，妻遺其夫，皆曰：『不得，無返。』又曰：『失法離令，若死我死，鄉治之。行間無所逃，遷徙無所入。』行間之治，連以五，辨之以章，束之

---

61 馮友蘭，《三松堂全集》第五卷（鄭州：河南人民出版社，2001年
　　1月），頁137。

以今，拙無所處，罷無所生。是以三軍之眾，從令如流，死而不旋
踵。」[62]使「民」成為嗜血動物和戰爭野獸的背後是一整套制度的
保證和威懾：送丈夫子弟赴戰場的親人們都叮囑只能夠得勝而歸（不
得，無返）；特別是不可以有違反紀律、違抗命令的行為，那樣會
牽連家人掉腦袋（若死我死）；軍隊中也建立起連坐制度（行間之
治，連以五），以便相互監督（這一套連坐制度在50年代後「紅色
法家」那裡得到繼承發揮，包括戰場被俘者的家人也要遭受牽連）。
2000萬人口的秦王朝，徵用40萬勞力修長城，70萬修始皇陵，70萬
修阿房宮，還有戍五嶺，築馳道……。這種最高權力無遮無擋，號
令一切，調動一切，剝奪一切，命令的、奴役的、驅趕的、碾壓式
的社會動員，當然是任何其他社會體制（包括歐洲式的君主專制）
所不可以想像的。這些壓根兒就不可以稱之為「社會治理」，正如
上世紀50年代號令全國人民砸碎家裡的鐵鍋等鐵製器皿，挑燈夜戰
大煉鋼鐵，不可以稱之為「社會治理」一般。

　　說法家「依法治國」「公正」等等，屬於「中國特色」的解讀。
更有甚者，還有「先秦法家的和諧意識」，以及「愛民、利民、惠
民、富民」，諸如此類，簡直匪夷所思。這也提醒我們，現時代叫
嚷的「和諧」，常常是在「以同裨同」（「同而非「和」）的意義
上講的，依然很難擺脫50年代後因循下來的，把每個個體都只是視
為某種服務於集中統一的統治秩序和社會動員的、純粹建築質料
（「革命一塊磚」）意義上的「和諧」。對於法家無限上綱的吹捧，
已然匯聚成主流意識形態和仍然試圖以某種民間面目出現的「家」
與「派」（包括「新左派」）的合奏曲。中國特色的國家主義，本
質上屬於法家版本的國家主義，首先和首要的，是以統治秩序和政

62　《商君書：畫策》，頁132。

權安全為導向。儒家思想的法家化詮釋，也只是這個時代奏鳴曲中的一支曲調而已。

　　上文提及的李澤厚現象，關涉到一個根本性的問題：傳統思想文化的現時代闡釋是否可以止步於儒、法之間的搖擺、取捨和雜糅？或者說中國思想文化能否真正突破和走出儒、法之間的格局？在政治意識形態似乎越來越傾向於訴諸傳統尋求合法性的歷史情境中，這個問題更顯重要。筆者看重牟宗三先生的「良知坎陷」，並不是認為可以遵循「良知坎陷」開出民主科學的路徑解決中國現時代的社會歷史問題，那是不可能的。「良知坎陷」說的真實意義毋寧說在於它的否定性意涵：徹底劃開「盡倫」與「盡制」的界線，撇開所謂「聖君賢相」的傳統路徑，宣布所有歷史人物在現代「政統」的視域下「俱往矣」，中國現代政治別無他途，只能夠依循客觀化和制度化的路徑。牟先生是堅定的民主憲政論者，他較比師輩張君勱等人都更堅定，甚至於也從來沒有流露出胡適20年代中期對於蘇俄的那種好感。[63] 另一個方面也是重要的：延續牟先生的路徑，大概不可能再度滑落於傳統法家制度文化的窠臼（如李澤厚然）。牟先生思想的影響主要體現在儒家心性論闡釋方面。就內地而言，影響的高峰在世紀之交和新世紀的十餘年間。牟先生的路徑屬於宋明儒學的現代形態，他由孟子而陸王而胡五峰、劉蕺山，而在「聖」

63　胡適的「好感」是與出國歸途在蘇俄停留，蘇俄方面安排「擺拍」的參觀有關。「擺拍」是極權政治不可以缺少的環節。50年代末60年代初的「三年大饑荒」，每天有數以萬計十萬計的民眾饑餒而死（官僚階層有特供券），監獄裡更是每天早上都需要安排充足的人力運送屍體，供「外國友人」參觀的北京第一監獄，卻白米飯管夠吃，總理談笑風生地向各國政要展示和講述社會主義的無比優越性。

「王」之間的表述方面則由宋明心學的「良知呈現」轉而為「良知坎陷」，由「直通」轉為「曲通」，此所以牟先生基本上沒有宋明儒意義上的「聖王」意識。這裡出現一個弔詭：歷史上的儒家凡追求由「聖」而「王」的制度化落實，幾乎必然體現出「法家化」趨向，大儒王陽明推行《南贛鄉約》可為例證。宋熙寧年間有兩條線索：即官方的王安石保甲法和民間的《呂氏鄉約》，《南贛鄉約》把兩方面統合起來，而實際上是以保甲法為主導，其區別於《呂氏鄉約》的最突出之點在於：《南贛鄉約》並非基於自願，而是訴諸強制，[64] 其核心意旨毋寧說在於維護和強化社會統治秩序，這與王陽明率兵鎮壓農民暴亂的職分相吻合，它在某種意義上也體現出皇權秩序向鄉土中國的延伸，因而也特別與朱明王朝高度專制的大背景有關。這也提醒我們，傳統思想中制度和制度文化方面的資源主要體現在法家方面，這也可以解釋何以上世紀80年代曾經扮演某種啟蒙旗手的李澤厚，一旦講到所謂「經世致用」，便重新蹈入歷史上法家所謂「富國強兵」的路徑。

　　儒家倫理，法家政治，中國傳統社會文化便關涉到兩方面的統合。儒者希望瓜分權力的蛋糕，就必須接受法家政治；而皇權政治要遮掩自己的嚴苛和貪婪，則必須披掛儒家倫理。「陽儒陰法」主要說的是皇權政治的層面，而實際上儒、法又各有其尊奉的原則，問題在於儒家的親親差等和法家的「貴貴而尊官」，究竟何者居於支配地位？我們毋寧說，雖然皇權崇拜和官本位是構成民族文化心理最普遍的因素之一，可是在民間社會的層面，儒家親親差等仍然

64　「會期以月之望，若有疾病事故不及赴者，許先期遣人告知約；無故不赴者，以過惡書，仍罰銀一兩公用。」《王陽明全集》卷十七，（上海：上海古籍出版社，1992年12月），頁600。

是居於主導地位的，而在皇權政治及其所輻射的社會中間層，貫通和決定一切的乃是「惟上是從」的權力隸屬關係及其種種骯髒的利益交換；知識人似乎徘徊於二者之間。就思想實質而言，法家思想當然較比儒家思想更切近中國版本的「社會主義」。儒家看重宗法倫理與親親血緣的小共同體和差等秩序，這與高度集權的社會主義類型當然有衝突的一面。福山指出：「秦的建國者清楚看到，早期的親戚人脈網路是中央集權的障礙，為了取而代之，特意實施把個人與國家綁在一起的新制度。這些原則被稱作法家思想。」[65] 歷史上著意打破宗族、家庭的藩籬和憑護，首先當然是商鞅變法和秦王朝，然後就是朱明王朝，高峰則在上世紀50年代以後，所謂「親不親，階級分」，是說每個人只能夠隸屬於一個自上而下的權力結構，其他任何橫向關係，包括家庭意識和親情倫理，均在掃蕩之列。學界目前關於儒家與社會主義親和性的論證，基本上只是止步於某些抽象觀念，例如「均平」等等（「均平」從來不是儒家典籍文化的核心概念）。值得注意的是曾經出現於德意志語境的右翼社會主義脈絡，桑巴特的德意志社會主義，斯賓格勒的普魯士社會主義，直到希特勒的民族（種族）社會主義，其共同點乃在於以「共同體」排斥「（自由主義的）市民社會」。在當下種種拼接儒家與社會主義的論述中，我們全然看不到「人民」及其「主動性」的出場。

　　還有一種說法也值得特別警惕，亦即認為現世完美化的追求（大同世界）可以構成儒家與（中國版本）社會主義的契合點，與此相關的是環繞康有為《大同書》的炒作。儒家固然追求現世的改良，卻並沒有「大同世界」的構想。人們環繞《禮記‧禮運》「大道之行也，天下為公。選賢與能，講信修睦，故人不獨親其親，不獨子

65　福山，《政治秩序的起源：從前人類時代到法國大革命》，頁115。

其子，使老有所終，壯有所用，少有所長，鰥寡孤獨廢疾者，皆有
所養」的解讀，多屬錯謬。歷史上「天下為公。選賢與能，講信修
睦」，講的是與後世「家天下」相區別的禪讓政治，不過就精神實
質而言，「天下為公」「選賢與能」當然也只有在現代民主體制下
才可能得到具體而真實地落實，並且已然得到具體而真實地落實，
又如何可以類比於康有為玄幻而怪誕的「大同世界」？並且，著眼
於當代人類的文明進展，「人不獨親其親，不獨子其子，使老有所
終，壯有所用，少有所長，鰥寡孤獨廢疾者，皆有所養」，已然成
為或者部分成為現時代文明社會的社會現實和基本訴求，這也特別
關涉到對於弱勢群體的制度化保障，因而也同樣不可以簡單地歸屬
於「大同」理想或空想。我們經歷過這樣的時代，高懸一個所謂「大
同理想」，藉此合理化人民所遭受的現實苦難，用一張「大同世界」
的空頭支票賺取人民的饑餓、勞苦，種種「人作孽」的磨難，乃至
於百萬計千萬計的生命，難道這類慘劇還要重演？！在筆者看來，
儒家的政治智慧恰恰體現在另一個方面或另一種形態，借用（只是
借用）施特勞斯的說辭，此種政治智慧主要是體現為權量和中道，
歷史上儒家堅定地奉行「各親其親，各子其子」、「禮義以為紀」的
「小康之治」，便鮮明地體現出這一點。今天被學人們說濫了的「內
聖外王」，實際上並無涉於（學人們所批評或讚頌的）道德烏托邦，
毋寧說它是基於兩種非常現實的考量：一是對於已然存在並且似乎
無可改變的（至少歷代儒家學人無力改變也壓根兒不知曉如何改變
的）專制皇權提出某種（柔性的／道統的）限制；二是對於士人群
體特別是擁擠於「入仕為官」狹路上的士子們提出某種道德品性方
面的要求。就絕大多數的歷史時段而言，可以說這兩方面都說不上
成功。在現時代，儒家權量與中道的政治智慧是否可以幫助我們在
彰顯個體權利（仍然遙遙無期）的同時，亦尋求個體與群體、權利

與義務之間的某種平衡？此為後話。

　　竊以為，牟先生所謂「曲通」或可以做出某種積極的闡釋，前提是切割於「曲通」與「民主開出論」之間：「開出論」的出發點是某種本質主義的預設，「曲通」觀念卻可能導向某種開放的攝受與綜合。在幾大文明形態中，中國文化與文明最顯明的特色就在於「直通」：神人之間、天人之間、「聖」「王」之間的「直通」。與此相關聯，其間也不存在「伊甸園裡的墮落」一類的曲折。而基督教文明則體現為典型的「曲通」形態。伊甸園裡的故事設定了一個根源性的「曲折」：神、人之間的疏離與隔截，神、人「和好」需要訴諸漫長的信仰和歷史旅程。應該說，歐美文化與文明的任何重大進展都體現為某種「曲通」，此所謂曲通意味著開顯出某種轉折和新的面向。「約」的觀念首先是通過神聖經典深入人心，《聖經》乃是神、人之間的神聖盟約。而西方近代社會思想的發端，也與「約」的觀念切切相關，這可以囊括17世紀霍布斯和和洛克代表的兩條思想脈絡：兩者之間似乎很不相同，卻都承認權力的合法性只能夠基於某種「社會契約」；洛克契約論則開闢了西方自由主義的長河大流。由《聖經》神、人之間的盟約到近代人與人之間的盟約，這屬於典型的「曲通」範式：「盟約」及其神聖性得以延續，卻拓展出新的視野和路徑。如果我們執守中國傳統思想的「直通」範式，似乎只能夠徘徊於所謂內聖心性與外王事功之間，二者之間的輕重緩急也曾經構成所謂「兩岸儒學紛爭」的焦點。而關涉到外王事功的層面，幾乎無一例外地淪陷於法家制度文化的窠臼，並且以不同的語詞包裝召喚商鞅、秦始皇的亡靈。應該說，「曲通」並不意味著如何基於儒家道德良知「開出」民主科學，那等於又回復到「直通」的路徑，這也是相關論辯的含混之處。把康德的理論架構統攝於黑格爾式的目的論，這限制了牟先生歷史哲學的視野。「曲

通」也不可以理解為「退後一步」的權宜，而毋寧說有待於在根源處開顯出某種轉折、轉向，拓展出可以融攝新的文化因素和成果的視野與空間，並且承認超越理念（聖）與歷史發展（王）之間存在永遠不可能全然化解的張力，從而也阻塞由「聖王」理論通向皇權合法性的論證——此類論證實際上預設了專制帝王可以（可能）成為「聖王」，雖然現實層面或許存在這樣或那樣的（量的）缺陷。這也關涉到現時代「新皇權主義」理論的內在邏輯。由傳統文化的「直通」轉而為「曲通」，意味著某種「走出去」的路徑，承認我們自身文化的某種匱乏，擺脫儒、法之間的自我循環，吸收（外來）人類文明成果。這也只能夠理解為某種融會、融通、攝受，是綜合的而非「分析的」。

我們回到黃宗羲的激烈表述：「君為天下之大害」。這亦可以轉述為：不受限制的權力「為天下之大害」。黃宗羲當然不可能找尋到限制權力特別是最高權力的路徑，他所設想的以學校干預乃至主導政治，乃是儒家原教旨主義和道德主義的空想。由商鞅變法而秦王朝，權力的野馬一舉沖決潘朵拉盒子，此後兩千多年間，少數大儒始終力圖給這匹野馬套上道德的籠頭，這雖然不能夠說全無效果，可是基本上是失敗的，否則就不會有「陽儒陰法」一類說法：道德說辭是表面而虛飾的，皇權獨斷、宰制和隨心所欲則是內在而真實的。到了現時代，意識形態化的道德說教也只能夠成為粉飾權力和權力者的偽裝。今天，真的還有人相信內聖心性可以限制剛性的權力嗎？如果回答是否定的，那麼仍然言之滔滔的「內聖外王」（無論是道德主義的還是新皇權主義的）又有什麼意義？當然，相關言說似乎仍然可以發揮某種聖化權力和權力者的功效。我們不得不承認，民族歷史傳統在制度和制度文化方面源遠流長且精工細作的累積和資源，主要是體現為一整套「威權」脈絡和譜系；「民為

邦本」「民貴君輕」不僅完全不可能在制度方面落實，而且在秦漢以下制度文化的層面也壓根兒排不上座次，流民出身的朱元璋恨恨地刪改《孟子》絕非偶然。「人民」似乎始終被設想為理應高度「自律」且謙卑、恭順的，現時代「新皇權主義」者們的千言萬語也無非是要表述和強調這一點。

鄭家棟，曾任中國社會科學院研究員、中國哲學研究室主任，現為多倫多大學訪問教授、「亞洲神學」中心研究員。主要學術方向為儒學與中國哲學的現代闡釋、儒家思想轉型與重構、儒家與基督教對話、中西哲學比較等。著作有《斷裂中的傳統：信念與理性之間》、《當代新儒學論衡》、《牟宗三》等。近年來多有反思中國當代思想文化趨向和動態的文論發表，諸如：〈「儒學復興」：何謂？何為？〉，〈何謂法家：儒、法之間與傳統「政道」——一種反思當代傳統思想闡釋的視域〉等等。

辨析「中華民國」

思考中華民國

楊儒賓——著

作為知識事件的《思考中華民國》：
專輯序言

莫加南

　　前幾年一份楊儒賓所著的書稿在台灣內外開始傳播。知識分子之間互相分享稿子，彼此鼓勵打開檔案，閱讀此獨特的作品。不久後，一系列的國內外論壇出現了，討論此稿所探索的一系列概念：情境主體、支援意識、文化風土、中華文化傳統、兩岸性等。[1] 雖然題名簡樸——《思考中華民國》，內容的深度與廣度卻是令人驚訝。書稿重新解讀中國五四新文化運動，挖掘從戊戌變法前後開始的儒家新文化工程，與後來缺乏中華傳統文化養分的自由主義及階

1　如紫藤文化協會主辦，趨勢教育基金會協辦之「紫藤廬40週年『大台灣史觀』論壇系列1《思考中華民國》（2020/11/14-2021/01/16）：https://youtu.be/xqP9ku1bSXI?si=NS4bIMTpSNi1o1e-）；國立中山大學主辦之「《思考中華民國》國際論壇」（08/23/2021-09/06/2021）：https://youtu.be/GN6_aYlYMRw?si=xxigwrwku5-NGP0K；政治大學華人文化主體性研究中心主辦，「《思考中華民國》與台灣新時代的認同感」（2021/11/19-21）：http://www.ccstw.nccu.edu.tw/sites/ccs2021annual/）。相關之英文學術討論，見 Mark McConaghy, "'Thinking the Republic of China": An International Symposium,' *The International Journal of Taiwan Studies*, 7（2024）173-187; Kun-Jiang Chang, "Book Review: *Thinking the Republic of China* by Yang Rur-bin," *The International Journal of Taiwan Studies*（online first 2024），30 May, 2024, https://doi.org/10.1163/24688800-20241330。

級鬥爭的社會主義思潮不同，提供看似迂迴，實則更為穩健的現代轉型模式。現代儒家士紳也擁護「主權在民」的民主憲政理念，在儒家歷史內部，早在黃宗羲的《明夷待訪錄》中便提出對王朝專制體系的批評。對楊儒賓而言，中華民國不僅僅是一個政體，它也是一個理念，而這理念恰好符合中國混合現代轉型的構想，既融合了來自西方「主權在民」的民主憲政，也從中華文化的大土壤不斷吸收道德與認識論上的養分，並賦予現代公民道德上的判斷能力與「天人合一」的形而上視野。

重新詮釋中國新文化運動是項大工程，但是楊儒賓的視野更廣泛，他所論述的故事的範圍遠遠超越中國大陸，最後落實到寶島台灣本身。中華民國的政權在大陸被社會主義革命打敗了，撤退到台灣之後，因錯綜複雜的歷史條件，獲得重新出發的機會。在楊儒賓的筆下，台灣擁有的華夏寶島特色，就是島嶼漢人中華文化的生活世界，提供了豐富的平台，讓中華民國在寶島上能夠成功地落實它所代表的中西混合現代性模式。楊氏尤其強調，連在日治時期，台灣抗日運動的先賢如林獻堂、連橫、蔣渭水等都有深刻的中華文化認同，從來沒有將台灣從大中華的範疇抽離出來。楊氏此論述對本土派從後設角度將台灣民族主義思想投射到日治時期的台灣先賢的身上，提出了重要的回應。在楊氏眼裡，正因為台灣有此豐富的中華文化風土，1949年之後的寶島不僅僅能夠接受中華民國大量的文化教育資源與文物，也能夠成為新儒家知識分子如牟宗三、唐君毅與徐復觀等人的避風港，與本土士紳培養出真摯的友情，不僅僅傳承中華文教、也用間接與直接的方式對黨國政權提出民主化的要求。楊氏所論述的中華民國在台灣的故事拒絕「外來政權」的說法，也不接受中華民國的民主化過程僅來自於台灣本土勢力的抗議與行動的想像。恰恰相反，「主權在民」是中華民國內部的理念，其民

主化過程涵納，也仰賴台灣本省與外省族群的共同參與。同時，內在於台灣的中華性也使島嶼成為中華文教傳統的傳承之地。因為寶島與彼岸中華大地的歷史息息相關，如果抽離了兩岸連動的視角，台灣從明鄭到民國的生活世界恐怕無法被充分理解。如此，我們今天所認識的民主之島、華夏之島、共生之島也就無法逐步顯現。

　　楊氏對既有的五四歷史和台灣本土歷史典範，提出的顛覆性的視角，此事已經引起台灣學術界與社會的深刻反思，導致《思考中華民國》成為台灣稀罕的知識事件。無論與之認同抑或對之搖頭，這本書在這幾年成為公眾討論的焦點。筆者相信，楊儒賓劈開魯迅在文化啟蒙中的寂寞：「凡有一人的主張，得了贊和，是促其前進的；得了反對，是促其奮鬥的；獨有叫喊於生人中，而生人並無反應，既非贊同，也無反對，如置身毫無邊際的荒原，無可措手的了。」[2]

　　此專輯收集了兩岸三地、東亞與北美對《思考中華民國》一書的思考與討論。文章有贊同的聲音，也有反對的聲音，很明顯此書不存在於無邊際的荒原，而是鑲嵌於台灣知識生活的核心。作者群之內有大陸籍的文化研究學者（王曉明）、香港籍民國史學家（許啟軒）、出生大陸而在美國任教的民國史學家（鄭小威）、在美國任教，有深厚島嶼背景的台灣史學家（楊孟軒）、長於加拿大在台灣任教的中國現代文學研究者（莫加南）、中華民國籍的資深歷史學家（張崑將）與年輕哲學家（李雨鍾）以及兩位日本籍的哲學家與文藝研究者（石井剛與鈴木將久）。兩岸三地、東亞、北美學術界的聲音都涵納其中，展現本書跨越地理與學術領域的吸引力。作者們從方法論、歷史論證，哲學概念、認識論框架等各種角度切入

2　魯迅，〈自序〉，《吶喊：插圖本》（北京：人民文學出版社），頁3。

楊氏的大作，為了掌握、反思或挑戰它的基本論點。雖然本專輯未能收錄韓國和東南亞等地學者的討論，但相關的思考已然展開，楊著的日文版與英文版也正在翻譯之中，相信不久之後會捲動更廣泛而深入的回響與辯詰。

當代全球右派思潮崛起的今天是王曉明閱讀《思考中華民國》的語境，對王氏而言，世界各地的人民多半「陷入了一種更普遍的消極的心態……看不懂今天的複雜的社會結構、不相信有辦法解決現實的困難、不信任現有的主流秩序、也看不清未來大致會如何」。在此環境中，王氏贊成楊氏努力去挖掘中國現代性的理念，並展現這些理念在歷史中如何改造現實。此方法可以給今天消極群眾重要的知識與精神上的啟發，讓他們感受到理念之於現代化工程的重要性，而且此一工程尚未完成。除了體驗先賢在困難、失望、奮鬥與挫折中對理念的不斷投入，今人更當以批判之眼檢驗理念所造成的現實。鄭小威表示楊氏著作對他最大的觸動來自於它所展現的年代意識：「生長在台灣兩蔣父子威權統治時代的老師們的思想資源比現在的台灣要多元與複雜，他們深知『兩岸性』對於台灣政治性格塑造的重要，但他們卻也在慢慢老去，而新一代的思想資源卻趨於單一。」鄭氏的想法挑戰了我們習以為常的線性論述，對台灣主流的論述，即解嚴之後台灣在思想上一定比兩蔣時代更為多元的想法，提出耐人尋味的重估。

莫加南的文章給予《思考中華民國》最高的評價，認為它提出了「新中華共識」（New Sino-Consensus）的哲學與史論基礎，有望成為是兩岸關係的定海神針，引領我們往「中華邦聯」的方向前進。在中華文化作為支援意識的前提下，兩岸共生之道成為可能。兩岸社會雖然無法大同，但是至少在思維與情感上可以打通，構造民間充分交流與彼此關懷的基礎。不過如何調和中華民國新儒家的

傳統主義與大陸最近幾年所推動的中華傳統文化復興，在唯心與唯物論的思想之間找到有效的對話方式，將是兩岸知識分子接下來要努力的方向。

楊孟軒對《思考中華民國》提出方法論與實證上的批判，指出本書雖然花了大量的篇幅論中華民國的理念、新儒家的價值觀等，說到底，著作的論述為「單一面向」，反映了「國民黨戒嚴時期歷史教育，用大中國主義思維的濾鏡」詮釋兩岸歷史，而低估台灣本土主體的複雜性。楊孟軒尤其介意楊儒賓對日治時期的解讀，即楊儒賓強調台灣現代士紳的中華認同。關於1949年之後在台灣新儒家對台灣民主化的貢獻，楊孟軒也保持保留的態度：「儒家學者會直言不諱的批評當局不民主，他們反對蔣介石違憲連任總統，但是他們的軟性批判與諫言並沒有起多大的作用，反倒是後來台灣一般民眾的大型街頭抗爭，開始有效地逼迫政府讓步」。如何理解新儒家對台灣民主化的具體貢獻會是未來台灣漢學界的重要研究方向之一，學者諫言與街頭抗爭之於社會改造的良窳也將會是學術、政治與思想思辯的重要議題。

許啟軒從左派的角度閱讀《思考中華民國》，批評「中華民國」在其政治建構上根本反對「人民」概念所代表的階級意識。他指出：

> 「人民」在中華民國的話語系統下不常見，多以「國民」呈現，凸顯「國家」與「民眾」互為隸屬的特性……〈民生主義〉主張農村方面平均地權，城市經濟則節制資本，靠不受列強、資本家束縛的國家統籌資本、生產資料、勞工進行生產，在這個意義上，人民被賦予被動的角色。

中國社會主義思潮與展呈此理念的中國人民共和國對「人民」

顯現了完全不一樣的態度。許啟軒寫道：「當人民演變成不斷詰問
國內資本家的工農組織，發動罷工、起義，偏離『國民』的角色，
甚至把這些行動跟對抗帝國主義連在一起，『民國』的理念便面臨
挑戰。」人民是否為被動的訓政客體還是構造社會的行動主體者是
國共之間最大的矛盾，也是中國現代化路線分歧最基本的問題。因
此，許氏留給楊儒賓一種耐人尋味的挑戰：「長年『民國』對工人
運動的態度，很難稱得為友善。」中華民國在歷史上是否曾經有效
地回應階級不平等，是否在薪水過低，房價飆高的當代台灣也能有
效地回應貧富差距，是接下來「思考中華民國者」要面對的議題。

在哲學議題上，李雨鍾也對楊氏提出重要的反思與質疑。李氏
指出楊氏的論述的核心概念為情境主題與風土論。受到海德格與和
辻哲郎的啟發，楊氏將生活世界設定為先於個人意識的「深層文化
背景因素，縱然人們可以明確反對或贊同這種背景，但……其行為
無法完全孤立於背景，而是或明或暗地為其所滲透。」此哲學框架
對思考兩岸關係有非常明確的含義，如李氏所寫的：「在楊儒賓眼
中，中華文化傳統恰恰構成了這種囊括兩岸的文化風土……無論是
猛烈批判還是堅持擁護傳統，都不能動搖這更為深層的、構成兩岸
生活世界基底的文化傳統」。但是誰決定生活世界的範圍？為什麼
台灣這個置於日本、中國大陸、東南亞、南島語系與太平洋無數島
鏈之間的樞紐島嶼（axial island）一定要選「中華」來鎖定自己的主
體性？這確實是一個值得思考的問題，也指向了兩岸風土當中層疊
交錯的文化、種族與歷史複雜性。李氏因此建議楊儒賓離開海德格
的生活世界，走進漢娜・鄂蘭主張的「公共世界」（public world），
因為後者比前者更「具有脆弱性與改變性」。他擔心，如果沒有此
彈性的話，楊氏的思考模式恐怕會掉入文化本質主義的陷阱，落入
了「某種決定個體命運的文化背景」，而不是導向仰賴諸眾的公共

行動所維持的「公共世界」。

　　鈴木將久、張崑將與石井剛將楊氏的思考從兩岸中華性的範圍跨越到更廣泛的東亞，甚至星球性的問題意識。鈴木將久在贊成楊氏思考「理念」與「現實」的辯證性關係之後，提出對此討論的展望：「我們可以運用楊儒賓的知識方法重新討論東亞的歷史經驗。在楊儒賓開拓的思想視野下，如何想像東亞的歷史和未來，這是接下來我們要探索的思想課題」。情境主體、風土論等在「思考東亞」上應該展現不一樣的內涵，畢竟兩岸共生並不完全是兩岸內部的問題，而是牽涉東亞複雜的現代歷史。張崑將提醒讀者「何謂中華」此問題除了從兩岸歷史的角度著眼，也可以置於明朝崩潰之後中國周邊國家對「中華」的想像與重構。如張氏所寫的：

> 在17世紀以後出現「一個中華，各自表述」或「一個東亞，各自表述」的文化與政治現象籠罩了東亞世界……「一中各表」，其實在過去近代以前的中華秩序下，特別是17世紀以後的東亞世界，早就開始了，並且這套中華秩序有著宋代儒者以降對「道統」的文化傳統是否存續的終極關懷。如果撇開各種情境脈絡，「一中各表」其實要表達的簡單意思是「你是中華，我也是中華」的「複數中華」概念……這種中華的多元性是過去東亞所隱而不顯的現象，也是過去中華認同在周邊國家長期累積醞釀下的結果。「一中各表」呈現出朝鮮的「大／小中華」或臺灣明鄭的「正統／正統中華」或是日本最後「以皇道取代王道」等等的模式，就像一個迴圈，無論怎麼繞，均還脫離不了對中華秩序的追求。

　　在東亞19世紀後半葉之後現代民族主義成為主流的思維方式，

影響了中國周邊國家如何思考主權、邊界、語言、文學、「民族文化」等核心概念。在「文言一致」的單一國語文學的號召下、在主權分明而互不隸屬的反帝國的氛圍中，張氏所論述的前現代「複數中華」的東亞版圖不易被看見，甚至從現代視野中消失。東亞在歷史上的「中華意識」與當代東亞的主權國家思考有很明顯的區別，這也是值得進一步討論的議題。

耐人尋味的是，石井剛鼓勵讀者思考比「中華」還普遍的價值觀，提醒我們在面對跨文明的挑戰（如氣候變遷、全球病毒、民主危機等）的今天，訴諸單一的文化傳統，不管此傳統是多麼燦爛的，是萬萬不夠的：「任何一種地方性的文明理念，無論是歐洲的、亞洲的，還是基督教的、伊斯蘭教的抑或是佛教的等等，都不可能也不應該成為唯一的普遍性理念」。石井剛希望將我們的視野從兩岸擴散到東亞，然後再擴散到星球性的範圍去，因為對他而言，真正的問題「不是中國文化傳統在世界上如何重要，如何可以拯救西方文明的弊端，而是我們以人類共生的高度珍惜世界上無數個本土性精神財富，集思廣益共同尋求世界共生之道」。一種從中華民國出發的哲學反思如何蛻變成跨文明的星球性思考，星球性的哲學基礎何在，是接下來思考「共生之道」的重要問題。石井剛提醒我們，被民族國家束縛的思考無法動員跨國的思想運動：「問題應該是中國或者楊儒賓所說的『中華性』如何要擺脫民族性符號的地位，進而成為引領世界的普遍價值。」

以上對《思考中華民國》的反應，無論是反對還是贊成，都彰顯出楊著的活力。今天海峽兩岸、東亞、中美等格局八面碰壁，衝突頻仍，知識分子看似無奈且無力。但是無論多麼困難，多麼曲折，理念提出時，不管是多麼渺小或邊緣，對現實還是有某種力量。民國學人陳寅恪在家國動亂與眼疾纏身的雙重威脅下，仍憤力疾書，

留下「痛哭古人，留待來者」的悲願，在多年之後有大儒跨海承接，形成文化熱潮，即是一例。有人站起來，為理念提供了完整的論述，必然會引起他人之感悟，開拓思維與胸襟，甚至繼承這份思想的資產。同為民國學人的魯迅，身處理念看似失敗，文字無力的黑暗時代，對此道理有深刻的體會：「希望是無本所謂有，無所謂無的。這正如地上的路；其實地上本沒有路，走的人多了，也變成了路」。[3]《思考中華民國》就是這樣的鋪路工程。走的人多不多，要看未來圍繞此著作的討論、翻譯與教育如何發展。民國理念之成敗，兩岸社會的共生共榮，也繫之於茲。

最後，楊儒賓拜讀了諸位學者的書評之後，也應本刊之邀提出自己的回應，以〈彷彿有光，因憂而寫〉作為題目，提供完整的讀後感。楊氏進一步闡釋他對台灣與兩岸的現勢的具體判斷，也說明此判斷段背後的危機意識與使命感。〈彷彿有光，因憂而寫〉一定會被讀者看成為《思考中華民國》的重要附錄，是楊儒賓到目前為止最直接，也最強而有力對台灣民族主義與中國左派史觀的反駁。對前者，楊氏再次提供台灣需要從「兩岸性」著眼此立場的重要辯護，提醒讀者：

> 「兩岸性」……這種敘述首先就是對於一種壟斷、排他而內捲的台灣史觀點的反撥，這種內捲化觀點下的台灣歷史乃是「把大陸風土一一拋棄的歷史」，也可以說是把大陸性格轉化成海島性格的去中保台的過程。我不是認為台灣四百年沒有重要的在台灣內部發生並發展的歷史，我和一般人民有同樣的一雙眼

3　魯迅，〈故鄉〉，收錄在魯迅《吶喊：插圖本》（北京：人民文學出版社），頁83。

睛。我所以對這種主張有所保留，乃因這種主張將兩岸問題提
升到國家建構的層級時，它要同時面臨歷史的有效解釋以及理
論的倫理效果的問題。

楊氏希望島嶼內部關於主權問題的討論可以回到更嚴肅的思考
範圍，正視島嶼之外的兩岸、東亞與世界格局，而非一廂情願內捲
於單一的主體性塑造。只有這樣我們才能夠回應以上的「歷史的有
效解釋」與「倫理效果」問題。楊氏進一步強調：

目前的兩岸的爭議並沒有脫離1949年遺留下來的格局。我們不
能說台灣脫離大陸中國的統治已久，按國民主權的依據，台灣
就自然獨立了，對岸的政府與人民對兩岸問題便沒有發言權。
好像台灣分化出去，就像小家庭從大家庭中分化出去，台灣即
擁有唯一且排他的主權，好像主權的宣誓不需要考慮歷史傳承
的歷史主權的因素，兩岸的問題在本質上不是政治性的問題一
般。

換句話來說，台灣的未來恐怕不是台灣內部勢力能夠單一決
定，而只有在1949年遺留下來的格局才能夠磨合兩岸雙方共生之
道。在今天的台灣，正視此現實意味著回到中華民國的問題意識，
重新思考島嶼與大陸的文化與政治上的關係。

關於左派對中國現代歷史的詮釋，尤其關於「階級」此概念要
如何在中國現代歷史中被了解，楊氏也一點都不退讓。他提醒讀者
雖然共產主義思潮在中國的興起的重要因素之一是世界第一大戰之
後知識分子對民主體系的失望，當時還有一批儒家識分子如梁漱溟
與梁啟超不願意放棄對民主的堅持，對列寧式革命所帶來的暴力提

出從傳統文化土壤上的批判。1949年之後的海外新儒家們對民主的堅持一樣堅定。不管列寧式的革命看似多麼的魅力，穿越20世紀的儒家傳統主義者基本上都維持清晰的判斷能力，不願意接受社會主義先鋒政黨的專政傾向。作為此思想傳統的繼承者，楊氏對左派學者提供耐人尋味的挑戰：

> 不論階級與人的資格結合得多深，或曾發揮多大的歷史作用，如徐啟軒指出的「人民」，而非「國民」曾發揮的巨大的歷史動力，我們還是不免要問在共產革命的道途中，階級鬥爭的旗幟下，為何如此暴力？流了如此多的血？即使「階級性」有人性中的依據，我仍不會把它當成人的本質，也不認為階級鬥爭可以視為推動歷史的主要動力。

楊氏不願意將人的「本質」縮小為一種政治鬥爭的身分，此立場背後的倫理關懷為孟子所開創的「良知-心學」傳統。如何想像與實現一種紮根於文化風土、與世界共在、擁有深厚的道德潛力的主體性是儒家哲學的核心。此關懷是楊儒賓解讀中國現代歷史的切入點：「我要在中華的道之傳統、中華民國的理念以及現實中華民國三者之間找到起承轉合的機制，並在已初步體現儒家現代性方案的現實的中華民國身上，找到深化它、昇華它，保護它，並且可以切入兩岸互動的空間。」深化、昇華、保護中華民國所代表的混合現代性意味著拒絕將文化傳統的自我斷裂當作現代化必然的條件。恰恰相反，中華民國證明現代轉型能夠在文明的連續性上進行，而此連續性不得不帶著對存有論的重要意義：

> 在當代這個多元複雜而又全體關聯的世界，任何思考儒家思想

在當代世界的意義的學者，他如沒有帶著「道（天）的普遍性」、「理的必然性」以及「仁的相互性」，也就是他的思考如果沒有「來自土地（中原、中國）而又轉化土地（中原、中國）的意義」之前提，他的論述都需要受到嚴格的質疑的。

作為中華之道的現代載體，「中華民國」發揮的規範性作用不僅僅牽涉的政治體制的問題，也牽涉到以上的普遍性、必然性、相互性的存有論問題。換句話說，它不是單一派別、單一行政體系、甚至單一民族的資產。透過楊氏的重估，它已經能夠「通向帶有世界主義精神的中華文化」的面貌，對如何做人、為何做人的最基本的人生觀問題提出充滿想像力的答案，對世界各地的人民提供存有論的資源。

誰敢輕易放棄它？放棄它之後，兩岸共生前途尚可問耶？世界性的中華文化前途尚可問耶？

莫加南（Mark McConaghy），國立中山大學中國文學系副教授，「跨文化共生國際漢學」研究中心主任。研究領域為現代中國和台灣文學史和思想史，著作發表在該領域的領先期刊上，包括*China Information*、*Modern China*、*International Journal of Taiwan Studies*、*Asian Studies Review*、*The Journal of Asian Studies*等。他也是*Voices from the Chinese Century: Public Intellectual Debate from Contemporary China*（New York: Columbia University Press, 2019）和汪暉的*The Rise of Modern Chinese Thought*（Cambridge, MA: Harvard University Press, 2023）等書的特約譯者。

面對「怎麼做」的大問號：

《思考中華民國》的心路

王曉明

　　楊儒賓先生的《思考中華民國》是一本值得細讀的書。我還沒有細讀完全書，只先說一點讀前三章的心得，作者的另一些更為深切的關懷，只能留待以後再體會了。

　　從楊先生對五四新文化運動[1]和中華民國的「國父」問題的辨析，看得出他是有一點「新儒家」式的站位的。我對儒家思想僅有粗淺的瞭解，完全沒有資格評論他這個站位，但是，他因此──至少是部分因此──而形成的若干明顯有別於國共兩黨的主流論述的論斷，卻讓我禁不住點頭稱是。

　　比如，他將著重是檢討五四新文化運動的第一章，直接題名為「儒家的現代化別裁：另一種新文化運動」，雖然也肯定以《新青年》雜誌同人為核心的那一群知識分子在這個運動中的突出作用，他卻將燈光更多地打在了那些被他所稱的自由主義和共產主義論述都無視或貶抑的知識分子身上。

　　他認為，以《學衡》雜誌同人為核心的學衡派並非新文化運動

1　此書所稱的「五四新文化運動」，是包括了一般認為是由《新青年》
　　引發的新文化運動與1919年的五四學生抗議運動，並不著意區分二
　　者的。

的反對方，在大的文化取向上，這個群體其實與陳獨秀、胡適他們相當近似：它同樣肯定民主、科學和新的「人」的觀念——在楊先生看來，這是新文化運動的三個核心觀念或目標，只不過「對這些概念的內涵，或達到這些目標的途徑，另有看法罷了。」因此，他將學衡派定性為對《新青年》派的同一方向上的「修正」派。（頁68）

他還認為，比《新青年》創刊更早的《東方雜誌》上的許多論述，尤其是主編杜亞泉的諸多努力，也構成了新文化運動的一股重要的推動力量，杜亞泉等人在推廣科學教育方面的貢獻，尤其不容低估。

他接著說，在為中國開創新文化這件事情上，杜亞泉與早些時候的康有為、梁啟超等人相類，都「不採取斷裂新生的手段，而主張接續、轉化的功能」，因此堪稱「廣義的同志」（頁70）。[2] 循著這條「同志」的線索，他不但強調梁啟超對於新文化運動的意義，認為其「更重要的功能乃在引發五四運動做更深刻的挖掘，也就是五四運動從愛國的意義轉變為新文化運動的意義」（頁72）；更舉出梁啟超的《歐遊心影錄》和梁漱溟的《東西文明及其哲學》，認為這兩本書共同充任了新文化運動的「另一條」「路線的地標」（頁73）。

楊先生屢屢自謙，說這本書的論述都「卑之無甚高論」，但這並不能掩住他用這些一般學人並不陌生的史實來構建更大的論斷的用心。具體到對新文化運動的論述，一個關鍵的詞就是「另一條路線」：新文化運動並非只有《新青年》同人所代表的那一條激烈反傳統的路線，還有另一條努力將西方的現代觀念與中國的傳統文化結合起來、以圖為新文化培植深厚基礎的路線；這條路線的發軔時間甚至還早於前者，因為它承繼了儒家文明（頁56）回應西方現代

2　本處及以下以括弧標明的頁數，見楊儒賓，《思考中華民國》（新北：聯經，2023）。

文明的動力，是儒家文明在19世紀晚期即已形成的現代轉型的動力在20世紀初的一次勃發。

正因此，楊先生徑直用「儒家」來命名新文化運動的那「另一條路線」，並且指梁啟超為這條路線的重要的代表。他斷言，如果「抽離掉」梁啟超所代表的這一群「儒家知識人」的作用，無視他們所展開的新文化運動的「儒家路線」，今人是難以理解這個運動及其所屬的整個「文化氛圍」的（頁77）。顯然，這是從根本上改寫了新文化運動的故事，所論甚大。

再比如他對「國父」問題的辨析。孫中山辭世的當時，就有若干祭文以「國父」相稱，但這個敬稱最後成為一個官定諡號，卻是經由國民黨的持續宣傳，乃至政府訓令（1940年），才做到家喻戶曉、人人習慣的。在細緻地描述了這一「領袖聖化」的過程之後，楊先生掉轉筆頭，舉出與孫中山同為清末革命派領袖的黃興和章太炎，以及與革命派一同肇造民國的立憲派的領袖梁啟超，歷數他們對於結束滿清、建立民國的功績，然後問道：「如果孫中山的同志和信徒心胸寬廣的話，何不並列孫、梁為國父，或更多的國父們？」（頁155）

這自然是合理之問。凡是稍微重大一點的事情，都是多種因素合力造成的，即便某一勢力起主導的作用，也一定是靠其群體的力量才能成功的。因此，將建國這樣的大業歸之於某一個人，無論其如何傑出，總是有違實情的。至於將這人喻稱為「父」，使得「國」如同其兒女一般，就更是不倫不類，徒然暴露了家天下的修辭和意義傳統的作祟。

這更是明知故問。他前文早已經講了，國民黨之所以要聖化孫中山，一個重要的原因，就在如此聖化了的孫中山身上的光彩，能連帶著給國民黨和黨國補光，給其現任的領袖補光。至於為什麼只能設一位國父，而不能如譬如義大利的建國論述那樣並列「三傑」，原

因也很可理解：孫中山的獨一的國父地位，既方便國民黨理直氣壯地
獨擅肇造民國的偉業，也連帶著做實了將民國改造為黨國的正當性。

當然，他要這麼問，主要還是為了引出後面的討論。他借用唐
君毅的「中國早已存在，國不能有生之父故」的名言，說：「我們
如果考慮中華民國的長久前途，想到『民國』這個新國體的悠久『中
華』體質，它不是一家一黨之國體，傳統的家天下既已過去，帶有
家天下隱喻的『國父』一詞仍延續『太祖』、『祖宗家法』的語言
而來，此稱呼顯然不甚合理……」（頁156）。

話說得相當客氣，指出的問題卻殊為重大。他以「國體」稱呼
「民國」，應該是考慮到了如英文country和state那樣的區分，可即
便如此，作為一個政治體制或政治結構的state，也是不能脫離它覆
蓋或結構的那個人群和地域，或者說，那個社會，而獨自成立的。
倘說現代的國家（country）通常以社會和國體（state）為兩個主要
的部分，這二者的關係，卻是前者為主，後者為次，前者為基礎，
後者為派生的。具體到中華民國，可以有「中華」而無「民國」，
但若沒有「中華」，則「民國」就無從談起了。因此，任何一個能
站住腳的新國體，一定是對所屬社會的歷史和文化有所繼承、有所
依恃的。像《西遊記》裡的孫猴子那樣從石頭縫裡蹦出來，無中生
有，通體嶄新的東西，只是小說的虛構而已。如果這國體還想要長
久維持，更必得努力對歷史和傳統去蕪存菁、求取足夠的文化和精
神資源。120年前，嚴復這麼描繪他所期望的新的中國人：「必將闊
視遠想，統新故而視其通，包中外而計其全，而後得之」。[3] 人如
此，國家又何嘗不是如此？

---

3   嚴復，〈與外交報主人論教育書〉，周振甫選注，收錄於《嚴復詩
     文選》（北京：人民文學出版社，1959），頁143。

這些都是一加一等於二的常識，之所以還要這麼囉嗦，是因為有人相信一加一等於十。再怎麼糟糕的「一家」或「一黨」，只要時日稍久，總會形成某種特別的政治和文化，但如果真要用這種政治和文化來統攝整個國家，「我」就是「新」和「中」，「故」、「外」通通不要，就「我」一個足矣，那卻太無知了：歷史早已顯示明白，這不過是自殘，沒有哪個國體能例外的。

當然，引得我更大幅度地點頭的，是楊先生寫作這本書的基本思路——也可以說是方法：將「中華民國」首先看成一個抽象的政治理念，而非只是那些具體的政治實踐及其制度結果。他在本書的開頭就明確說，他所講的「中華民國」，既非那個如今在中國大陸早已成為「過去式」了的政權，也非1949年以後依託於「台澎金馬」的那個他稱之為的「現實政治」，而是一個至遲在1900年前後即已開始壯大的建國理念。他用17個字來概括這個理念：「立基於中華文化風土上的立憲民主政體」（16頁），相當簡潔，也穩穩當當。

這讓我想起了德國思想家哈貝馬斯1980年的那篇有名的演講：〈現代性：一個未完成的方案〉，當「現代化」鋪滿全球、暴露出形形色色的片面和野蠻意味的時候，他卻用區分理念——或他所稱的「方案」——與其實踐過程、進而強調理念／方案的「未完成性」這個方法，來肯定「現代」這一社會變遷的方向。我甚至想起了前些年在中國大陸一度聲量頗高的俗稱「毛左」的聲音，它對1970年代末期以後就一直被稱為「十年浩劫」的文化大革命，也採取了類似的做法：它承認文革的過程有諸多荒唐和野蠻之處，但堅持說，文革的基本理念——「無產階級專政下的繼續革命」，卻值得肯定和追求。

我自然不贊成這個聲音。不只是因為它的做法過於單面：舉凡規模較大的社會運動，都不會只有理念引導行動、方案指揮實踐的這一面，一定也同時有行動改變理念、實踐修改方案的另一面。理

念的初衷再美好，它的實際的內涵，卻是在行動和實踐中才最後定型的。更是因為，我實在無法贊同它所褒揚的那個理念。這說起來話長，也與楊先生這本書沒有太大的關係，就寫一句罷：說文革期間的那個「專政」是屬於「無產階級」的，未免太背離實際了。

　　為什麼對楊先生這種似乎也是將理念與其實踐區分開來的做法，我卻點頭稱是？兩個原因。首先，他把民國的政治理念從其實踐過程中抽象出來以後，並非就圍著它只做觀念的分析了，相反，他是用它來成就一個新的視角，以便更好地檢視民國的興衰過程，或者借用本書另一處的說法，他是要辨析這個理念如何在現代中國的歷史變遷中展現其「本質」。他顯然相信，經過了這樣的歷史的辨析，是可以有效地確認民國的政治理念的內涵的，而他最終要提出的問題，也就在這個將理念與實踐合二為一的確認的過程中，順理成章地形成了：從這一百多年的歷史中「呈現」出來的中華民國的理念，能否在未來繼續保有促動實踐的意義？這就不是前面說的那種單面的做法所可比擬的了。

　　其次，他這本書觸動了我這幾年的一個困惑。這個困惑不小，牽涉到很多方面，這裡只能粗糙地說個大概：

　　進入21世紀以後，我們這個世界的兩個主要的系統，越來越明顯地失能了：一個是資本主義的全球經濟系統，它難以維持原先的那種「增崗的增長」（growth with job growth）的運轉模式，不得不轉入「減崗的增長」（growth by job reduction）的模式，將越來越多的人貶抑為人力市場上的「多餘人口」；另一個是民主政制，在很多國家，它都難以化解社會內部的族群緊張；在全球層面，它也常常難以組織足夠的國際合作，共同對付全球性的挑戰和危機。

　　在這種情況下，二戰以後形成的社會進步的主潮──開放、流動、自由、民主／自治、平等、融合，等等──明顯地減緩了流速，

甚至在很多地方嚴重地受阻。與此同時，在全球範圍內，尤其在那些生存狀況持續惡化的社會群體中，一種反向的趨勢開始形成了：社會日益容忍、甚至贊許非民主的治理和體制。

即便面對那些毫不掩飾的集權專制，許多人的態度也有了轉變，以前都是明確地反對，現在卻開始有條件地接受了。這並不意味著對集權專制的不滿已經消失；在許多方面，它差不多還是和以前一樣強烈。但是，人們現在陷入了一種更普遍的消極的心態，正是這種心態壓倒了對專制集權的不滿，以及在背後支撐這個不滿的積極的社會心態。這消極的心態至少包括如下方面：看不懂今天的複雜的社會結構、不相信有辦法解決現實的困難、不信任現有的主流秩序、也看不清未來大致會如何……。

正是這種被迫承認自己不過是一個無知無力的小螞蟻的惡劣心緒，把越來越多的人推向了明顯不同於前述的社會進步的主潮、甚至與之相反的方向：別管那麼多了，進步的理想雖然好，但它不能幫助我擺脫此刻的苦難，民主政體這麼無能，那就試試其他的治理方式和政治道路吧，說不定它們比較有效？

我住在上海，對這一切自然有切身之感，但這狀況顯然不只是形成於上海，也不只是形成於中國。越是看清楚它是一種全球現象，正有非常多的經濟、文化、社會——更不要說政治——的情勢，從不同的角度激引和助長它，我的困惑就越大了：難道大家就這麼退回叢林法則，推崇強力，只盯著眼前的利益，其他都不顧了？如果我們不甘心這麼窩囊，想要掙扎著繼續往前走，那怎麼做呢？單只是重申那些進步的理念，顯然是不夠了，美好的理念，如果缺乏人的切身經驗的呼應，是很容易淪為空洞的高調，甚至被利用為裝飾醜陋現實的花邊的。

回想起來，二十多年前，正是在這個「怎麼做」的大問號的逼

迫下，我不但從中國現代文學研究轉向了文化研究，而且重新去閱讀現代早期的中國思想。⁴這些年讀下來，嚴復、章太炎那一代人的許多論述，和其學生輩——陳獨秀和魯迅那一代人——的許多論述，的確培養了我一些正面去回答那個大問號的底氣。但是，在瞭解了這兩代人是怎麼想、怎麼說之後，進一步去瞭解這些「想」和「說」如何推動包括他們在內的更多的人奮勇去做，這個「做」又在多大的程度上確定或驗證了那「想」和「說」的涵義與效應：這個工作我還沒有充分展開。這個沒有展開，要正面去說「怎麼辦」，我是免不了有點心虛的。

　　這就是楊先生這本書對我的觸動了。他在這本書裡做的，正是我也想要對那兩代人做的：不只是看歷史如何逼出了他們救國救世的方案，更要看這些方案如何介入和改變歷史，並如何在這介入和改變中最後成形。我出生的時候，作為政治實體的「中華民國」已經是過去式了，我其實不容易體會楊先生對「民國」的感情；對中國的「文教傳統」（頁56）的理解，我大概也和他有所不同，比如，商鞅韓非式的法家思想，和與之配合的秦式政制，對這「文教傳統」的實際的代表意義，恐怕並不比一般所謂的「三教」小到哪裡去，甚至是有足夠的資格，與儒家爭一下首席代表的位置的。但此刻這些都不重要。這本書示範了一種感人的努力：通過有效地重述現代歷史的若干重要時刻，籲請讀者掙脫支配性的思維方式——例如那種以功利成敗定是非的習性——的桎梏，去發現歷史記憶的那些足可重新理解的面向：這才是楊先生所論中最為重要的地方吧。

　　這當然不只是涉及歷史記憶，對我們的現實經驗更應當如此。

4　雖然集權主義的全球性的回潮，是這些年才明顯起來的，但有些地方，它的操演早已經開始，對人形成極大的壓迫了。

「怎麼辦」的關鍵的第一步，恐怕就該是重新解讀我們的切身經驗，只要能打破支配性的經驗解讀系統——這可是支配性的社會結構的最厲害的手段——的束縛，我們就會發現，無論過往的記憶，還是此刻的經驗，都不只是顯示了民主的無能、進步的虛幻、野蠻叢林的無處不在……它同樣顯示了自由和解放之望的難以壓抑，顯示了善意和是非之心的生生不息。不但楊先生矚目的那些歷史時刻，能生動地呼應人民做主、社會進步的理念，我們今天的日常生活的許許多多經驗，也都在做著這樣的呼應。人類既已經部分地走出了叢林世界，應該是不會再整個地退回去的，因為今天的「現實」正以極大的強度，激勵我們往繼續進步的方向去求取未來。當然，這激勵的方式遠非都令人愉悅，它包括了引發我們的憤怒和悲觀，甚至引發我們的幻滅和絕望：說不定，我們的前人之所以那麼決絕地要掙脫叢林法則，多半也正是經由這樣的心路吧。

王曉明，上海大學中文系教授、博士生導師。曾任上海大學文化研究系、中國當代文化研究中心主任。主要從事20世紀中國文學研究和當代中國都市文化研究，兼及中國近、現代思想史研究。著有《無法直面的人生：魯迅傳》、《潛流與旋渦：論二十世紀中國小說家的創作心理障礙》、《半張臉的神話》和《在思想與文學之間》等。

生長在儒家文化中的政治現代化方案

鄭小威

一、背景

　　2023年9月與10月間，因為一同在北京大學文研院駐訪的機緣，我認識了來自台灣的黃克武教授，第一次近距離接觸台灣學者，傾聽他們的關懷，了解他們的學術傳承。生於1957年的黃克武教授是楊儒賓教授的同齡人，所生長的時代是兩蔣父子威權統治的時代。正如黃克武教授所說的：在他成長的過程中，一直有兩股文化力量在他心中衝擊：

> **第一股力量是錢穆、唐君毅和牟宗三等新儒家的學說。**一如錢穆先生所說，我們應對中國歷史文化保持一種「溫情與敬意」。我們從小要讀儒家經典，要背誦《大學》、《中庸》、《論語》、《孟子》。我記得中小學時我父親在我放假期間，就叫我背誦《唐詩》、《古文觀止》等。
>
> 一直到現在，我還能感覺到《論語》中的一些句子在我心裡還占據了非常重要的地位。我在面臨困難時想到的是「天生德於

予，桓魋其如予何」、「君子不憂不懼」。這些話給了我精神的安撫與無比的激勵。《唐詩》、《古文觀止》則讓我感受到中文文字之美。

這種感受當然跟錢穆、牟宗三等學者對中國傳統的提倡與詮釋有關，也跟蔣介石的教育立場是一致的。蔣介石十分欣賞陽明學，對他來說，牟宗三和錢穆都是國師級的人物。**那時我們的教育裡洋溢著一種對中國傳統的溫情與敬意。**

第二個部分是北大和「五四」的傳統。這個傳統的代表人物是胡適……胡適先生是「五四」運動的健將，畢生提倡「科學」、「民主」與白話文運動。1949年之後胡適是台灣文化界的領袖。從胡適引領出一系列的政治與文化運動，繼承了「五四」傳統對於中國文化的反省、對專制政權的批判。當時有不少人受他影響，最典型的代表是李敖。李敖可以說是「五四」的產物。他對於民主與科學的禮贊、對於自由主義的提倡，對於中國傳統的批判，於對「老年人與棒子」的反省，在台灣都是非常有名的。

所以，對於我們年輕人來說，李敖的作品非常有吸引力，他是我們的魯迅。當然，除了李敖之外，還有其他許多深受「五四」精神影響的學者，像我的老師張朋園先生即深受「五四」思想影響，畢生研究中國現代化過程中的改革與革命、民主與憲政的歷史。

這兩個傳統在我們那個年代長大的學生心中是兩股相互拉扯的力量。這個拉扯其實是很有意義的。一方面我們看到傳統的優點，另一方面也感到這個傳統的確有一些問題。那要怎麼去修改這個傳統呢？這一個議題是「五四」跟新儒家的共同議題。我們要怎麼樣面對中國傳統？又如何將中國的傳統接引到西方

的民主、科學？這也是台灣學界一直在努力思索與追求的方向。[1]

正如黃教授所言，在他心中一直以來有兩個人格典範：一個是錢穆，一個是胡適。問題是：這兩個人物典範怎麼結合在一起？

作為黃先生的同齡人，楊儒賓先生也成長於一個對中國歷史文化具有強烈關懷的環境中，最關心的也是如何將中國傳統接引到現代民主憲政上的這個課題。在《思考中華民國》一書中，聚焦在政治現代化這個議題上，楊先生討論了中國文化與民主憲政的結合以及「中華民國」這一概念可能為台灣的未來提供的規範性價值。楊先生希望通過自己對「中華民國」的審思與想像，表明在處理中國文化與現代政治的關係上，除了1949年後在大陸實行的一套做法，或許可能有另一種選擇。

二、論點

楊先生明確表示：首先，沒有異於憲政民主之外的東方式民主或中國式的民主，中國要的是真正的民主即憲政民主，儒家不會選擇其他的方案。其次，民主的生活應當不能只靠制度的安排加以解決，它需要廣闊的文化大地、合理的制度與公民的修養作為支撐的力量。

對於第一點，楊先生進一步明確，認為劃分新舊中國的重要標誌當是中國現代化的問題，而中國現代化問題的主要內容當是國家

1　黃克武，〈回首來時路〉，壹卷YeBook（2020年03月28日）https://mp.weixin.qq.com/s/ZqCKKnu7_AFIy9WVQblEtg

主權的歸屬問題：「『主權在民』可以說是旋乾轉坤的核心概念，
而建立在『憲法基礎上的民主制度」更可說是貫穿中國現代政治史
最重要的觀念」（頁77）。

　　楊先生認為，「憲政民主」之說在19世紀之前的中國史上是看
不到的，此一提案出現於19、20世紀之交的中國，其時機和當時立
憲、革命兩派大量印刷發行《明夷待訪錄》大約同一時期。「立憲
民主」之說可以視為對〈原君〉、〈原臣〉、〈原法〉諸文的回應，
我們有理由相信「憲政民主」和近世中國隱約的公共意志是相符的，
它是20世紀開明儒者所企盼的答案。此說確實也形成20世紀中國政
治運動的主流，而梁啟超是這股思潮的啟動者。

　　在20世紀破曉時分，梁啟超提出了新秩序的構想，其中憲法與
民權同時而來，不可偏失；國家組成成員中的君、臣、民各有權限，
不相逾越；而憲政民主一成立後，它即是千秋萬世的偉業，不可再
變更。梁啟超的立憲理念在他過世之後，還持續影響爾後中國政治
的行程。同樣在1911年，梁啟超到臺灣來，又把立憲的構想帶給日
治時期臺灣的反日抗議志士，因而有林獻堂的「臺灣議會設置請願
運動」之舉，前後進行了14次。

　　對於第二點，楊先生主張：梁啟超、牟宗三他們當年都提過了
民主脆弱這樣的現象，而他們所主張的混合中西現代性的模式恰好
是針對這樣可預期的亂象而發，他們都相信憲政民主是最終的體
制，但需要好的生活世界加以配合。

　　而在好的生活世界中，陽明學對於道德與良心的強調，以及強
調道德與良心對建立新的秩序所能產生的正面作用，則是儒家文化
能給現代政治帶來的極有價值的東西。從號召「憲政民主」的梁啟
超與對於私德重視的梁啟超，從宣揚憲政理念的張君勱到參與人生
觀論戰的張君勱，再從海外新儒家對民主、科學採取的「返本開新」

的態度，特別是其中最著名的代表牟宗三的「開出說」，都可以看到這些學者的思想中所存在的儒家文化與現代世界的連結。

楊先生的論點駁雜，其論證方式並非實證的學術書籍寫作的方式，作為史學研究出身的我有時會覺得沒有足夠歷史材料的支持。在我自己關於民權政治與辛亥革命的研究中，我認為：以主權在民為核心的政治正當性的建立是辛亥革命中最重要的大事發生。在我的《民權政治與辛亥革命》（*The Politics of Rights and the 1911 Revolution*）一書中，我追溯了這一理念的具體內容與思想來源，追溯了梁啟超及立憲派在具體文本中如何中國化這一理念，追溯了依據這一理念形成的具體的革命話語及其傳播途徑，以及這些具體的革命話語在辛亥革命運動中所扮演的發動人心的重要作用。我以梁啟超與立憲派為主軸，看到思想的普及，其在運動中發生的力量，以及這種新的政治文化對整個20世紀中國革命的意義。

如果我來寫楊先生的這個議題，從思想史的角度而言，我可能會從一個一個的文本出發，細讀文本，仔細考察戊戌時期康、梁對於「民主憲政」的具體論述為何，20世紀初立憲、革命兩派大量印刷發行的「民主憲政」的方案究竟為何，是否可以用「民主憲政」簡單概括？如果這是外在於中國傳統而與世界上浩浩蕩蕩的民主潮流連結在一起的，那麼世界上的現代民主的核心究竟為何？其與古代民主的古今之變在哪裡？其政治哲學的基礎為何？到底是哪一些具體的思想和事件塑造了現代民主的核心？其與黃宗羲以及孟子的民本理論具體在哪個地方是呼應的？其相似與不同具體在哪裏？其背後的思維方式和政治生活究竟為何？這樣，我才能說清楚「憲政民主」之說在19世紀之前的中國史上是看不到的這一點。

如果我來寫楊先生的這個議題，從概念史的角度而言，我大概會首先定義並疏理「國體」的概念，並且指出這是一個經由日本形

成的新的政治概念，與現代國家的主權概念相關聯。我也會仔細疏
理「中華民國」這一概念的意涵，疏理其如何具體地出現與發生。
同樣，我會把對「中華民國」的這一敘述的視線拉到更廣闊的世界
中去。很重要的一點在於，在概念上說清楚民國，是需要把民國與
共和國的概念辨析清楚的。我們看到，有「中華民國」與「中華人
民共和國」的說法，在東亞的鄰居中，也有「大韓民國」與「朝鮮
人民民主主義共和國」的說法，兩者都是republic：共和與民國的關
係是怎樣的？只有辨析清楚民國與共和的關係，我們才能真正理解
1949年之後兩岸政治實踐的共通性與區別性。

　　作為一名多年以來關注政治現代化的歷史學者而言，我理解這
部作品不能完全作為一部實證的學術作品來看。儘管學術背景不
同，訓練不同，當我把自己的身分從一名實證史學者抽離出來，作
為一名對於憲政民主同樣嚮往的同好再來看這部作品時，我則從楊
先生大開大闔的寫作中得到很大的鼓勵與感動，時常會覺得心有戚
戚焉。

　　如楊先生所說，他這本書的論點或許「卑之無甚高論，但每個
人對自己認同的價值理念難免有更深的情執，也希望能提供另一種
理解我們共享的生活世界的視野」（頁2）。對此，我十分尊重，並
且為之動容。在台灣面臨武統與獨立雙重壓力下日益急迫的當下，
他的發聲也就日益緊迫與重要。

三、收穫

　　作為出生在中國大陸而現在工作在北美的學者，我可能沒有辦
法切身體會到楊先生當下在台灣感受到的國體危機。在我看來，「中
華民國」這一辛亥革命建立起來的國體並沒有失去其重要的價值。

20世紀的中國革命都是沿續政治現代化的脈絡進行的，沿著主權在民這一脈絡演進的。主權在民的政治正當性的建立是一個重要的範式變化，之後的人民當家做主都必須要在這一基礎上才能建立起來，只是把誰是「民」的問題階級化了。同樣，主權在民並非只是進入了民國的憲法，也進入了中華人民共和國的憲法。在最近的亞洲年會上，我呼籲說要擴展中國革命的理論背景，找到盧梭與馬克思當中內在的理念和理路連結，為中國革命研究創造一個更加廣闊的理論背景。[2]

　　楊先生的書給我的第一個感動與衝擊，是我看到作為一位生活在台灣、對中國歷史文化具有強烈關懷的學者在兩面夾擊的重壓之下，對「中華」（儒家文化）與「民國」（立憲民主）的追求與執念。

　　我欽佩並認同他希望結合兩者，為未來生長在台灣的人民建立一個思考框架的願望，理解他為實現真正的民主憲政而強調其與好的生活世界加以配合的訴求。生長在台灣兩蔣父子威權統治時代的老師們的思想資源比現在的台灣要多元與複雜，他們深知「兩岸性」對於台灣政治性格塑造的重要，但他們卻也在慢慢老去，而新一代的思想資源卻趨於單一。在北美教授東亞歷史的過去十年中，我大量接觸到的大都是新一代的台灣學生。楊先生他們的聲音值得被傾聽。而我也會在今後對台灣未來的思考中關注這些聲音以及他們思想的潛力與可能。這是我閱讀本書的第一大收穫。

　　我的第二個收穫是知識上的獲得，即楊先生所闡釋的儒家。楊

2　見2024美國亞洲研究學會（ASA）年度會議手冊：https://www.asianstudies.org/wp-content/uploads/2024-AAS-Annual-Conference-PDF-R1.pdf Session H 009 。最後定稿的題目是"Reimagining the Chinese Revolution: Liberalism, Modernity, and History"。

先生詮釋說，儒家的「教」有人間秩序的原理之意；儒家關注人的
主體性、道德、良知，強調「教化」能帶來好的人間秩序。

　　楊先生特別指出，中國文化傳統的價值體系不只是作為支援系
統的背景知識而已，我們還須考慮儒家作為「教」的特殊性質。《中
庸》云：「修道之謂教」，朱子注云：「禮樂刑政之屬是也」。[3] 禮
樂如果說是社會秩序原理，刑政則可說是政治秩序原理，兩者合觀，
亦即儒家的「教」有人間秩序的原理之意。

　　楊先生同時指出，在儒家傳統中，「人人皆可成為聖人」的道
德平等是重要的主張。孟子主張性善，人人享有道德機會的平等，
此義成為理學各家各派共同接受的前提。到了理學後半段的明中葉
時期，孟子的心性論主張遂一轉而為陽明學的良知學，良知是「性
善」說的具體化。良知學在清末的流行和日本在甲午戰爭中擊敗滿
清，而明治維新又被當時的知識人解釋成和陽明學的復興有關。但
不論是從時代背景或是從思想理路立論，明代良知學參與清末民初
的中國現代化工程是條不能忽略的線索。

　　楊先生認為，那些受到儒學教育的思想者（包括梁啟超、嚴復、
章太炎、張君勱、梁漱溟、牟宗三等）在辛亥之後對公民資格與良
知主體都有特別的強調。比如牟宗三先生，在解釋民主政治的主體
時，曾提出引發激烈討論的「良知坎陷說」，認為「良知」與政治
主體的關係是曲通而不是直通的。良知原則上也當是法政主體的依
據，在政治與道德之間有共通的超越的依據，儘管也有現實的差異
的依據。

　　用楊先生的話說，「本書認為其大者即在作為人人道德平等依

3　朱熹，《四書集注‧中庸章句》（台北：鵝湖出版社，1984），頁
　　17。

據的良知與作為人人政治平等依據的公民主體的轉化關係」（頁27）。特別是梁啟超，楊先生認為他「指出了人人道德平等與人人政治平等之間的人性之依據是可以相通的，他的一生其實有條良知學的演變脈絡」（頁27）。[4]

對於我這樣一位沒有受過儒學洗禮而同樣也在研究梁啟超思想的學者而言，閱讀這本書幫助我把視野從對於西方概念的翻譯的繁瑣考證中解放出來，迫使我再一次看到作為社會生活基礎的文化傳統的作用以及儒家（特別是陽明學）的重要。台灣學者對於傳統文化的認識，使得他們比我更貼近梁啟超，而楊先生的詮釋也會對我之後研究梁啟超有所幫助。在研究晚清與民國的歷史中，我也要更加重視儒家思考方式對思想者的影響，理解儒家作為「教」的性質以及良知學的影響。這是我閱讀本書的第二大收穫。

除此之外，我也從楊先生在前言中對Michael Polanyi的關於知識生產學說的介譯中獲得啟發。結合戊戌時期的例子，楊先生強調具體的知識需要以廣大的生活世界的文化背景作支撐，知識的獲得需要有問題意識化的焦點意識與焦點意識背後的支援意識作支撐，知識才可獲得。這些對於知識的個人性質的強調、對支援意識在知識獲得中的作用的強調，都給予我對於戊戌時代的民權觀念的研究以重要啟發。

4　參見黃克武，〈梁啟超與儒家傳統——以清末王學為中心之考察〉，收入李喜所主編，《梁啟超與近代中國社會》，p. 141-153；黃克武，《文字奇功：梁啟超與中國學術思想的現代詮釋》（桂林：廣西師範大學出版社，2024），第三章〈宋明理學的現代詮釋：梁啟超的陽明學〉，頁66-99。

四、期待

　　閱讀完這本書，作為同樣關心中華文化與民主憲政問題的思考者，我真誠期盼能夠和對此問題關心的處在不同國家與地區的各地學者、不同學科領域的學者（思想史，概念史，政治哲學，法理學，儒學）有更多地交流，把各自領域中的新的研究帶到對話中去，為分處海峽兩岸卻都依然生活在「中華民國」延長線下的我們提供想像與思考的依據，一同思考主權在民的「民國」的未來。[5]

　　鄭小威，加州大學聖塔芭芭拉校區歷史學系副教授。研究方向為中國近代社會史、辛亥革命史、思想文化史。2009年獲加州大學聖地牙哥校區博士學位。出版專著 *The Politics of Rights and the 1911 Revolution*（Stanford University Press 2018），並發表中、英、日、德文學術文章二十餘篇。

5　這裡僅舉幾個例子，用來說明不同領域、不同國家的（日、美、中國大陸）學者都在思考關注這一問題：中村元哉，《中國、香港、臺灣におけるリベラリズムの系譜》（有志舍，2018）；Peter Zarrow, *After Empire: The Conceptual Transformation of the Chinese State, 1885-1924* (Stanford University Press, 2012); 林來梵，〈國體概念史：跨國移植與演變〉，《中國社會科學》2013年第3期（p. 65-84）；Wang Hui, "The Transformation of Culture and Politics: War, Revolution, and the 'Thought Warfare' of the 1910s," *Twentieth-Century China*, 38.1（2013）：5-33；羅志田，《再造文明的嘗試：胡適傳（1891-1929）》（北京：中華書局，2006）；周月峰，《另一場新文化運動：五四前後「梁啟超系」再造新文明的努力》（北京：北京大學出版社，2023）。

思考華夏寶島：

「中華民國」的認識論時刻終於到了

莫加南

　　在海外的漢學界、台灣的本土史學界以及大陸的近代史學界，「中華民國」通常從「失敗」的角度被思考與論述。眾所周知，在1949年之後，海外漢學家，尤其是美國漢學家，特別關心「國民黨為何失去了大陸」的問題。至少從Lloyd E. Eastman的著名文章 "Fascism in Kuomintang China: The Blue Shirts"（1972）以及Arif Dirlik的知名大作 "The Ideological Foundations of the New Life Movement: A Study in Counterrevolution"（1975）起，海外漢學家強調1930年代的國民黨政權有很明顯的法西斯面向，它所推動的「新生活」與「三民主義」意識形態無法脫離國家主義的獨裁陰影，反而提供右派的現代轉型模式，在勞動議題、婦女解放議題，以及在農民議題上，無法與政治經濟理論基礎更完整的社會主義思想進行有效的學術論戰，也因此無法掃除社會主義對年輕中國知識分子的吸引力。[1]在毛澤東的領導下，社會主義成功鑲嵌進中國社會最底層、最關鍵的層面：農民社會。最近幾年在海外發表的跟中華民國有關的關鍵

---

[1] Lloyd E. Eastman, "Fascism in Kuomintang China: The Blue Shirts," *The China Quarterly* 49（1972）: 1-31; Arif Dirlik, "The Ideological Foundations of the New Life Movement: A Study in Counterrevolution," *The Journal of Asian Studies* 34.4（1975）: 945-980.

著作深化了Eastman與Dirlik所開創的批評，尤其是Maggie Clinton的
Revolutionary Nativism: Fascism and Culture in China, 1925-1937
（2017）與Brian Tsui的*China's Conservative Revolution: The Quest for
a New Order, 1927-1949*（2018），都提供很有說服力的論述，證明
了1930年代國民政權的權力邏輯 （logic of power）與法西斯思想息
息相關。[2]

　　從台灣本土史學的角度而言，1949之後的「中華民國」是右派
獨裁的政權是毫無疑問的，白色恐怖政治氛圍下的無數受害案子證
明了此事實，對台灣社會（不分外省與本省族群）留下深刻的肉體
與精神上的創傷。對本土思想家如史明、陳芳明與陳培豐來說，中
華民國的「外來」性質不僅僅來自於它從1940年代末開始對本土語
言與台灣主體性的打壓，也是來自於它將一種已經在大陸被拒絕的
極右派政治模式進口到島嶼來，如陳芳明所強調，戰後中華民國對
言論自由、結社自由等基本權利的禁止，與政府所執行的「同化」
政策（如國語運動、三民主義的崇拜、異議分子的封鎖、政治敵人
的魔化等）一點都不輸皇民化時代的台灣。從台灣本土社會的觀點
而言，1949前後有一種極弔詭，卻也極深刻的連續性：政權對文化
的干涉，對公民社會的限縮，對本土意識的打壓。此即為陳芳明知
名的「台灣連續殖民論」的基礎。[3]

　　以大陸近代史觀而觀，無論南京時代上海的華夷之風、摩登的

2　*Maggie Clinton, Revolutionary Nativism: Fascism and Culture in
　　China, 1925-1937*（Durham: Duke University Press, 2017）; Brian Tsui,
　　*China's Conservative Revolution: The Quest for a New Order,
　　1927-1949*（Cambridge: Cambridge University Press, 2018）.

3　見陳芳明，《後殖民台灣：文學史論及其周邊》（台北：麥田出版，
　　2017），頁23-47。

都市文化，從後設角度看來多麼有趣，就整體格局而言，中華民國
在大陸是一場失敗的實驗，無法整合國家不同地區的軍閥，無法保
護國家的基本主權（日本侵華），更無法掃除清末中國所簽的不公
平條約以及對農民問題無法提供有效政策處置（尤其土改）。[4]加上
「新生活」運動所主張的保守性別關係，導致中華民國無法實現從
晚清何震所奠基的性別解放工程。[5]面對這樣的成績單，中共所領
導的革命，能夠打敗以地主與買辦階級為骨幹的中華民國的「保守
革命」，是合理的結果，不值得使用大量墨水去哀悼，更遑論浪漫

---

4 雖然國民黨在大陸時期也曾經實施「土地改革」，但真正有效的土
改卻是在台灣所實踐的，這背後有中共土改造成的壓力和歷史教
訓。關於國民政府在大陸時期對土地問題的看法，見Kate
Merkel-Hess, *The Rural Modern: Reconstructing Self and State in
Republican China*（Chicago: University of Chicago Press, 2016）, 101。
Merkel-Hess寫到："The task of modernizing agricultural production and
the rural economy seemed particularly urgent during the late 1920s and
1930s…GMD economists were interested in addressing rural poverty by
increasing nationwide agricultural productivity and the vibrancy and
resiliency of the rural economy, but policies that might have increased
rural productivity, such as expanding access to credit in rural areas and
redistributing land, were subject instead to slow and incomplete
implementation"（101）。關於國民政府遷台灣之後土改政策作為回
應共產主義對台灣人的吸引力的一種方式，見Brian Tsui, *China's
Conservative Revolution: The Quest for a New Order, 1927-1949*, p.
231；從經濟學的角度分析1949之後國民政府在臺所實行的土改政
策，見Anthony Y.C Koo, "Economic Consequences of Land Reform in
Taiwan," *Asian Survey*, 6:3（Mar.1966）, pp. 150-157.

5 關於何震開創性的女性主義思想，見Lydia H. Liu, Rebecca E. Karl,
and Dorothy Ko,eds., *The Birth of Chinese Feminism: Essential Texts in
Transnational Theory*（New York: Columbia University Press, 2013）.

化。[6]

　　面對海外漢學、台灣本土史學與大陸史學的各種對「中華民國」的挑戰，不得不說楊儒賓新揭櫫的大作《思考中華民國》是相當勇敢且高難度的學術挑戰：「中華民國」還能夠作為有說服力的「共業」（Common Project）嗎？如果要為中華民國提供一項正面的論述，該怎麼著手、如何畫出新的系譜，以及回應上述已成為主流的學術論述？

　　楊氏策略性地將焦點放在中華民國所代表的理念，而非以其名義所進行的實質政治。楊氏並不否認中華民國的歷史相當坎坷不平，犯了各種實質的錯誤，但是他也希望讀者能夠意識到，一種政治工程背後的理念可能很有價值，雖然在歷史上的某些時間點，它辜負了自己的理念，讓支持者大失所望。捍衛共產主義作為理念的左派知識分子對這種邏輯並不陌生，雖然共產主義理念在歷史中的載體並不理想（如蘇聯、毛澤東的中國），但是共產主義作為一種基本的認識論仍有不可取代的價值。失敗了一次，再次的失敗，於是可以學會如何更好地失敗，或是說從失敗中獲得更有意義的啟示。[7]

6　大陸史學界對國民黨革命的歷史判斷能夠追溯到毛澤東本人對國民黨的論述，如他在1949年9月的著名演說〈中國人民站起來〉中這樣形容國民黨：「中國人民在中國共產黨的領導之下，在三年多的時間內，很快地覺悟起來，並且把自己組織起來，形成了全國規模的反對帝國主義、封建主義、官僚資本主義及其集中的代表者國民黨反動政府的統一戰線，援助人民解放戰爭，基本上打倒了國民黨反動政府，推翻了帝國主義在中國的統治，恢復了政治協商會議。」見毛澤東，〈中國人從此站立起來了〉（1949年9月21日），收錄在《毛澤東文集》第5卷（北京：人民出版社，1996），頁343。

7　者可以參考著名左派哲學家Slavoj Žižek的著作 In Defense of Lost

　　楊氏的核心論點為：從清末起，中國現代知識分子思考中國現代轉型的時候，其實有三種不同的現代化路線：新傳統主義（清末民初的儒家思想家，如梁啟超、康有為、譚嗣同、梁漱溟以及新儒家的繼承者）、自由主義（胡適、傅斯年，五四時期的魯迅、周作人等）與社會主義（李大釗、陳獨秀、毛澤東等）。對楊氏而言，「中華民國」是一種從儒家文化土壤培養出來的現代政治理念，它追求「主權在民」的民主體制，以回應晚明黃宗羲對專政王朝體系的批評。但是在推動「主權在民」的理念時，「中華民國」也未遺忘「中華」概念本身的豐富性和連續性。與自由主義和社會主義相比的話，作為理念的「中華民國」從未否認中華傳統文化，尤其是儒家文化，能夠作為現代國家思想與道德上的資源。

　　在「賽先生」與「德先生」的號召下，自由主義路線所追求的是一種脫離傳統，追求普世價值的世界主義主體，本土性很弱，但與世界接軌的意願很強，如周作人在1918年所發表的〈人的文學〉寫到：「我們只能說時代，不能分中外」。[8] 對五四自由主義者而言，人道主義的精神基本上是在海外，中國傳統的人道主義很有限，如周氏在上述的文章裡所言：「中國文學中，人的文學本地極少。從儒教道教出來的文章，幾乎都不合格……幾類全是妨礙人性的生長，破壞人類的平和的東西，統應該排斥」。[9] 不過五四反傳統的自由主義論述發展了不到幾年，一種新的論述在中國思想界出現了，即社會主義，以階級意識的「無產主體 Proletarian Subject」來取代自由主義的「世界主體 Cosmopolitan Subject」，歷史並非追求

（續）

　　　Causes（London: Verso, 2017）。

8　周作人，〈人的文學〉，收錄在《周作人散文全集》一（桂林：廣西師範大學出版社，2009），頁93。

9　揭書，頁89。

抽象的人道啟蒙，而是透過階級鬥爭來決定生產模式與國家當權
者。[10]

　　對楊氏而言，自由主義路線與社會主義路線都是錯誤的，因為
都脫離儒家從孟子到王陽明所發展的性善論傳統，缺乏儒家溫良恭
儉讓的本體論。對楊氏而言，文化大革命下親戚之間、同學之間、
老百姓之間自相殘殺的暴力，都能追溯到五四之後唯物論的反傳統
路線，失去儒家所能夠提供「無用」之人文「大用」，破壞了中國
原本高度協調性的人道基礎。如楊氏所言：

> 共產主義在二十世紀的歐亞大陸更可說是帶來極大的災難，我
> 們也不能不思考其中的癥結何在。本書認為作為社會生活基礎
> 的文化傳統與新興思潮的扞格應該是主要的因素，如果新舊文
> 化在匯通的過程中，多有創造性的「格義」的過程，也就是多
> 有兩者相互銜接的過程，而不是反向格義的過程，也就是不是
> 以外來者強壓在接受者身上的竊奪行徑，以致殘酷地破壞了後
> 者的文化生態的話，結果應該會很不一樣。[11]

在這點上，楊氏與過往著名學者如林毓生、張灝與余英時都站在同
一個立場上，都視反傳統主義為中國共產主義暴力的濫觴。[12]

10　關於共產主義思想在中國之誕生與發展，見Arif Dirlik, *The Origins
　　of Chinese Communism*（New York: Oxford University Press, 1989）。

11　楊儒賓，〈導論：從原點出發的思考〉，《思考中華民國》（新北：
　　聯經，2023），頁32。

12　林毓生，《中國激進思潮的起源與後果》（新北：聯經，2019）；
　　張灝，《幽暗意識與民主傳統》（新北：聯經，1989）；余英時著，
　　"The Radicalization of China in the Twentieth Century," *Daedalus*
　　122.2（Spring 1993）: 125-150。

中華民國恰恰相反，因為它對「中華」的了解是繼承了梁啟超
與孫中山的現代儒家精神，傳統文教的使命感很強，沒有與傳統文
化完全斷裂，性善論作為社會背後的文化基礎仍有生命力。因此，
儒家的現代化路線雖然看起來迂迴而不切實際，在楊氏的眼裡有可
能是最穩定的，因為他符合立足於中華文化的「情境主體 Situated
Subjectivity」。如楊氏所寫的：

> 情境主體的概念可以解釋創建中華民國那一代儒者的思考方
> 式，「中華民國」的「中華」性質是這個概念的核心內涵，而
> 且是醞釀的母胎。「民國」則是吸收歐美政治思潮下的產物，
> 但它和儒家的孟子──黃宗羲傳統有理念及實質作用的連結。情
> 境主體這個概念是對主體的另一種理解，這種扎根於文化風土
> 上的主體概念可以說是人的本真狀態，對參與中國現代化轉型
> 工程的任何哲人都適用。百年來參與中國現代化方案的知識人
> 不論其政治主張為何，其生命形態或顯或隱都有這種土著性的
> 面向，包含魯迅在內。但就真正發揮人的本真狀態與新的國家
> 理念的連結者當是戊戌變法、辛亥革命那個時代的儒家知識
> 人……他們代表一條在中西思潮夾擊下的生命軸線貫穿了他們
> 一生的行事，實質上，中西混搭的時代氛圍反而形塑了他們中
> 西銜接的現代化模式。[13]

在史料中去挖掘與論述此以儒家思想為基礎的溫和現代化方
案，是楊氏大作的重要貢獻之一。不過讀者不禁想問：如果從20世
紀20年代末之後，共產主義的唯物論在神州蓬勃發展，終於成為意

13　楊儒賓，〈導論：從原點出發的思考〉，頁22。

識形態的主流，儒家現代化的路線在中華世界的哪個地方實現了呢？此問題帶我們到《思考中華民國》的另一重要面向：中華民國與台灣的關係。在第六章〈在水一方：日本殖民時期台灣反抗運動的中華文化元素〉，楊氏提供一種充滿說服力的論述，探索台灣反日本殖民的英雄人物如蔣渭水、連橫、林獻堂、甚至左派的王敏川等人的中華意識，說明台灣20世紀初最活潑的思想家與文化工作者在文化認同上離不開「中華」概念。雖然這看起來無甚高論，但是在本土意識很強烈的21世紀台灣，楊氏在此章節的主張非常重要。今天台灣本土主義者從後設角度將台灣民族主義思想投射到日治時期台灣文化人物的身上，留給當代台灣讀者一種印象，即「台灣民族意識」穿越了整個台灣現代的歷史，本島的歷史圍繞民族獨立的思考，與20世紀初更龐大的中華意識關係切割。[14] 楊氏用蔣渭水、林獻堂等人物的論述來回應此後設本土的投射。此章節證明了一個重要的事實：儘管日治時期的台灣在政治上與中國斷裂，在文化認同上，甚至在思想認識論上，中華文教傳統還是與島嶼生活世界息息相關。

　　著作的第五章〈時間開始了：1949年的兩場歷史巨變〉主張1949最重要的意義為：一種對中華文化有正面態度（Sino-Positive）的政權遷到寶島上，剛好與對岸反傳統高峰的唯物論政權產生強烈的對比。中華民國不只是帶了尖銳的反共意識到台灣，也帶來「中華」作為現代國家的文化土壤的堅持。政權的中華意識能夠成為與台灣本土社會重要連結的接榫，如徐復觀與台中學人透過儒家文化的探

---

14 如果讀者想要進一步體驗台灣本土史論，可以參考曾貴海，〈回應蔣渭水，形塑新文化〉，收錄在《臺灣文化臨床講義》（高雄：春暉出版社，2011），頁1-9 。當然，最著名的例子為史明，《臺灣人四百年史（漢文版）》（San Jose, Calif.：蓬島文化公司，1980）。

索培養出來的深刻感情連結（參考著作第七章〈兩岸共鳴的儒鐸聲：徐復觀與台中學人〉。 在楊氏的眼裡，1949政權的中華文教與寶島民間的漢文化經歷了重要的互助、互補與互惠的過程。此是1949的文化煉金術，產生我們今天所認識的中華民國—台灣，一體兩面的弔詭共同體，國家內涵只能透過島嶼來展現，但是因為島嶼繼承了辛亥革命所展開的中華民國理念、制度與符號，它也無法脫離了「中華」範疇，在文化與精神上，與王陽明、黃宗羲、梁啟超、孫中山等前賢有深刻的連續性。 因為孔子、孟子等諸子百家的前賢是中華文化的奠基者，華夏寶島當然也與它們有深刻的關聯，道貫古今，穿越澎金馬台。

由於楊氏的作品展現以上的視角與願景，它能夠在「內憂外患」的時代提供台灣一套定海神針的論述。如果台灣本土社會能夠接受台灣作為華夏寶島，繼承中華活生生的人道傳統，我們就能夠脫離極端本土派所推動的「去中華」傾向，可以大膽的表述：愛中華文化等同於愛台灣。台灣作為中華民國的載體有一種深刻的使命感：繼續深化「主權在民」的民主制度與中華文化的融合。在大陸還脫離不了列寧主義政權所打造的高壓政治氛圍的今天，華夏寶島的使命對兩岸三地的華人，甚至全世界華僑，意義非凡，不宜低估。中華民國在台灣證明：多元民主與儒家生活世界不僅僅是可以融合，而且後者能夠為前者提供重要的道德基礎與修養工夫。[15]

對兩岸的問題而言，楊氏的華夏寶島論述頗有可能性。 因為台灣代表了中華文化現代轉型的最溫和模式，寶島需要在「中華作為兩岸三地大文化屋宇」的前提下繼續與大陸進行交流，以「不即不

---

15 關於民主與儒家的連結，見蔣年豐，《海洋儒學與發證主體》（台北：桂冠，2005）。

離」的聯邦想像來思考兩岸關係。中共已經很清楚的表達立場：將
兩岸關係置於中華文化土壤中，什麼問題都可以談，包含彼此之前
的差異。[16] 但將兩岸關係從「中華」範疇抽離出來，跨越所有的文
化與政治的紅線，共生的基礎何在？將台灣置於龐大的中華文明現
代轉型的脈絡中，此岸與彼岸都能夠得到可以接受的認識論框架，
一個「一中多華」的「中華聯邦」圖景不難想像。因為如此，楊氏
的作品提供了兩岸「新中華共識」的理論與史論基礎，頗有前瞻性。

當然，楊氏的作品不乏可商榷之處。我這裡只提兩點。第一點：
筆者希望楊老師用多一點筆墨來分析現代中國歷史與性別議題。中
共革命不只是代表階級意識在神州的發展，它也將女性解放置於革
命的核心地位，中國20世紀著名的女性主義者，包含魯迅、丁玲與
本島的謝雪紅在內支持共產主義思想的重要原因之一，為它所提供
的性別解放的前瞻性。[17] 如著名中國現代史學家Rebecca Karl在論楊
儒賓的作品的時候所提到的，在三個主要的路線中（自由、傳統與
社會主義）， 社會主義路線是唯一對女性問題提供完整論述的思
想，也提供徹底解放的實踐，自由主義與傳統主義（尤其是後者）

16　見習近平，〈《告台灣同胞書》發表40週年紀念會在京隆重舉行 習
　　近平出席紀念會並發表重要講話〉，新華網（2019年2月1日）：
　　http://www.gwytb.gov.cn/zt/xijinping1/201901/t20190102_12128106.h
　　tm。

17　見 Christina Kelley Gilmartin, *Engendering the Chinese Revolution:
　　Radical Women, Communist Politics, and Mass Movements in the 1920s*
　　（Berkeley: University of California Press, 1995）; Amy D. Dooling,
　　Writing Women in Modern China: The Revolutionary Years, 1936-1976
　　（New York: Columbia University Press, 2005）; Tani Barlow, *The
　　Question of Women in Chinese Feminism*（Durham: Duke University
　　Press, 2004）; 陳芳明，《謝雪紅評傳（全新增訂版）》（台北：
　　麥田，2009）。

在性別議題上則沒有這樣的力量。[18]

　　性別議題的忽略牽涉到楊氏對「儒家傳統」的理解，即一種充滿道德風度的本體論、一個哲學傳統、一種人道精神、一套思考自我與世界萬物的方式。楊氏在作品裡比較少以「禮」的角度去思考儒家文化中極端父權的價值觀，在「無才便是德」的精神下授權中華文化長期對女性的壓抑與壓迫。如著名的中國前現代女性文學的學者Grace S. Fong所強調的，在前現代中國，中國女性活在「徹底打壓的結構中 a fundamental structure of occlusion 」。[19]我們在此也可以提到胡適耐人尋味的挑戰：「講了七八百年的理學，沒有一個理學聖賢起來指出裹小腳是不人道的野蠻行為」。[20]五四新思潮，無論是自由主義或社會主義，所批評的儒家不是其高度哲學水平的理學本體論，而是圍繞「禮」作為儒家社會制度，對女性肉體與精神所產生的暴力，如纏腳、包辦婚姻、缺乏教育權，以及宗法制度等問題。[21]總之，如果我們想要繼承與深化儒家的性善論，此論述

18　見 Rebecca Karl教授在《思考中華民國國際論壇》第五場上發言（2021年8月31日）：https://sinology.nsysu.edu.tw/forum/#forum-ap02。

19　Grace S. Fong, *Herself an Author: Gender, Agency, and Writing in Late Imperial China*（Honolulu: University of Hawaii Press, 2008）, 2. "Fundamental Structure(s) of Occlusion" 此概念不是Fong氏本人創造的，她在這裡引用了另外一位女性主義評論家的概念，見Peggy Kamuf, *Signature Pieces: On the Institution of Authorship*（Ithaca: Cornell University Press, 1988）, vii.

20　胡適的話轉載於林毓生著《中國激進思潮的起源與後果》（台北：聯經，2019），頁130。原文見胡適，〈信心與反省〉，收錄在《胡適論學近著》（上海：商務印書館，1935），頁483。

21　此女性主義的批判可以追溯到晚清何震的作品，見Lydia H. Liu, Rebecca E. Karl, and Dorothy Ko, eds., *The Birth of Chinese Feminism: Essential Texts in Transnational Theory*。

與中外現代性別歷史與理論需要進行對話，這個是未來台灣新儒家
學術界可以努力擴展的地方。

　　另外一個值得進一步討論的論點是：在著作裡楊氏對中共反傳
統路線提供了嚴屬的批評，但是今天的中共已不是毛澤東時代的中
共，尤其關於中國傳統文化，改革開放前後的官方論述天壤之別。今
天的大陸，無論是官方「中華民族偉大復興」的論述，或知識分子
如甘陽、許紀霖、趙汀陽、蔣慶等的新傳統主義，傳統文化不再是
一直不斷被批評的對象，恰恰相反，在目前的學術與官方論述裡，
傳統物質與非物質文明為中國現代化的重要資源，社會主義與傳統
主義的路線不再是敵人，而是互補的夥伴。[22] 怎麼讓目前大陸傳統
主義復興運動與楊儒賓所繼承的海外儒家傳統進行有建設性地對
話？如果「中華」真的是兩岸的共同資產，怎麼融合大陸在唯物論
基礎上所推動的中華傳統文化復興與中華民國所代表在唯心論基礎
上的新傳統主義？此也是台灣漢學界需要繼續努力的地方，讓中華
文化的復興成為兩岸交流的重要橋樑。

　　總之，一篇短短的小文無法盡述此作品涉及的各種複雜的學術

---

22 關於中國大陸正在進行中的傳統文化復興，請參考Albert Welter,
　 The Future of China's Past: Reflections on the Meaning of China's Rise
　 （Albany: SUNY Press, 2023）. 關於民族復興的官方論述，讀者可
　 以參考中共中央文獻研究室編，《習近平關於實現中華民族偉大復
　 興的中國夢論述摘編》（北京：中央文獻出版社，2013）；關於傳
　 統文化復興的知識背景，讀者也可以參考甘陽，《通三統》（北京：
　 生活·讀書·新知三聯書店：2007；許紀霖，〈天下主義／夷夏之
　 辨及其在近代的變異〉，《華東師範大學學報（哲學社會科學版）》
　 2012年第6期，頁66-75；趙汀陽，《天下的當代性：世界秩序的實
　 踐與想像》（北京：中信出版社，2016）；蔣慶，《政治儒學：當
　 代儒家的轉向、特質與發展》（修訂本）（福州：福建教育出版社，
　 2014）。

脈絡，以上的評論只能夠觸及表面。本書在歷史思想上的脈絡那麼錯綜複雜，本身即是一個文化平台，可以吸引不同領域，不同立場的學者來交流。在未來幾年，筆者期待寶島內外會繼續討論《思考中華民國》所展開的可能性。它不僅僅是歷史的回顧與理念的挖掘，也是未來兩岸新中華聯盟的理論基礎。如果台灣知識分子想要承擔「兩岸共生」的責任，幫兩岸社會避開戰爭，張開以文化為主的互補模式，本書所提供的方法論值得深思熟慮。兩岸雖然無法大同，至少能夠打通。

莫加南（Mark McConaghy），國立中山大學中國文學系副教授，也是該大學「跨文化共生國際漢學」研究中心主任。他的研究領域為現代中國和台灣文學史和思想史。他的著作發表在該領域的領先期刊上，包括 *China Information*、*Modern China*、*International Journal of Taiwan Studies*、*Asian Studies Review*、*The Journal of Asian Studies* 等。他也是 *Voices from the Chinese Century: Public Intellectual Debate from Contemporary China*（New York: Columbia University Press, 2019）和汪暉的 *The Rise of Modern Chinese Thought*（Cambridge, MA: Harvard University Press, 2023）等書的特約譯者。

民主憲政理念的跨界與跨世代實踐：
《思考中華民國》的再思考

楊孟軒

在陳述我對楊儒賓新書《思考中華民國》[1]的看法之前，我首先要感謝中山大學莫加南的邀稿與協助。同時也要向中山大學文學院與政治大學華人文化主體性研究中心致意。我很榮幸能參加人文學院2021年主辦的「《思考中華民國》國際論壇」與同年在政大舉辦的「《思考中華民國》與臺灣新世代的文化認同工作坊」。藉這些場合，能和儒賓老師與多位台灣以及國際學術界的前輩們，進行廣泛且深入的交流。個人希望藉由一些淺見發表，能讓更多人對這本書所提出來的論點，有更加深刻的理解與省思。本文對書中內容的反饋和褒貶，出於我自身的觀點，與其他人無關。我對《思考中華民國》的諸多負面評論，顯然受到了我個人成長經歷、世代、國家認同與著作中詮釋1949外省人流離創傷記憶的歷史之影響。意見公正與否，由讀者自行定奪。以下我會先評述書中有貢獻的部分，也就是我認為此書對重新定義與思考「中華民國」政治理念的啟發，然後再指出《思考中華民國》各章節歷史論述中的幾個問題。

作為一個接受了歐美教育和台灣民主化後成為社會主流的台灣主體性思考的歷史學者，我對「（傳統）儒家思想」和「中華文明」

1　楊儒賓，《思考中華民國》（新北：聯經，2023）。

背後所隱含的大中國主義、父權思維／性別歧視、定居殖民主義
（settler colonialism）與文化霸權意識，都站在批判和反省的立場。
因此，我並不能完全接受楊儒賓在書中提出的論點與他所揭示的知
識系譜脈絡，甚至認為書中許多章節的歷史敘事是片面且不完全
的。但這並不代表我對《思考中華民國》的評價都是負面的。相反，
我認為與我同齡、同世代的台派學者，還有比我年輕、民主化之後
成長的新世代，都需認真仔細地閱讀這一本書。

　　中華民國1912年在海峽對岸成立，歷經了30多個年頭，而立足
於台灣已經超過70年了。在某些層面及意義上來說，1949年之後中
華民國的發展與台灣二次世界大戰後的歷史高度重疊，這一點任誰
都無法否認，不論他們的政治立場或學術光譜為何，主張中華民國
是「外來殖民勢力」、「流亡政權」、「遷占者國家」、「中央政
府播遷來台」、「一個中國兩岸分治」、「中華人民共和國叛亂之
一省」或其他觀點。雖然台灣有國家認同的分歧，民眾對中華民國
的國號、憲法、象徵與其歷史有複雜且相互衝突矛盾的愛恨情感，
但中華民國並不完全等同於國民黨，或是專屬於任何的政治勢力，
或是如同對岸共產黨政權所論述的，在1949年就已經滅亡了不存在
了，這些說法都背離事實。中華民國在台灣的歷史要遠遠長過於其
在中國的歷史。因此，身處在21世紀的民主台灣，我們必需認真地
探究和省思，中華民國民主憲政理論之起源和發展。楊儒賓的《思考
中華民國》就是這樣的一個嘗試。試圖了解中華民國作為一個曾經在
中國存在、在1945年和1949年後渡海到台灣這片土地統治與扎根的政
體，其所代表的「主權在民」和「憲政民主」等概念的歷史演進與深
層社會文化意涵，對近代東亞政治史與兩岸關係而言，是一個饒富意
義且重大的議題，不管讀者是支持哪個政治立場或統獨理念。

　　具體來說《思考中華民國》是一本從儒家思想的視角，藉由檢

視幾位著名中華知識菁英的時代經歷、困境、辯證、思索與前人對話等圖像，來剖析近代中華政治知識系譜發展之論著。其內容跨越了歷史的長河，由從明清到民國的發展，從自強（洋務）運動、戊戌變法（百日維新）、辛亥革命到五四運動，再到1949年共產黨領導的中華人民共和國成立後，避秦海外的新儒家學者和移植台灣的國民黨政權的關係，還有新儒家學者徐復觀與在地台籍知識菁英之間的交流互動等諸多面向所構成。楊儒賓從明清之際傳統儒家學者，對中華王朝專制體制的反思，談到清末民初內憂外患雙重壓力下，改革立憲派與革命黨的競合中誕生的「中華民國憲政理念」，再分析五四運動時期從文學革命到革命文學的質變，進而論證馬克思階級唯物史觀在年輕知識分子中盛行的深層社會心理成因，然後再揭示1949年中共建政之後，選擇離開中國的新儒家學者，在流離中對民主憲政的主張和堅持。

　　綜觀全文，貫穿全書的中心思想為中華儒家價值體系對現代中國與台灣的民主化和現代化貢獻。楊儒賓在書中提倡的一個主要觀點，就是儒家學者與儒家思想，絕非一般認知的思想保守落伍或鐵板一塊。仔細探究的話，就會發現，儒家學者對「中華民國」的中心思想，即「主權在民」、「憲政民主」、「議會選舉」、「監督制衡」、「依法治國」等概念的落地生根、辯證、加持與維護，一直扮演著關鍵角色。換言之，楊儒賓認為，民國以降的部分儒家學者（新儒家）並非思想守舊、冥頑不靈、不問世事、退居山林、修身養性、明哲保身的腐儒。他們不是孔家店千年古墓的守靈人，而是把歐美普世人權價值與憲政體制思想，即美利堅合眾國、法蘭西共和國革命的經驗，嫁接到中華文明土地上的辛勤耕耘者。中華民國的政治理念，因為特定歷史時空的發展（即馬克思—列寧—毛澤東思想、階級唯物史觀與新民主主義／無產階級專政體制的實行），

在中國無法真正實現，但在20世紀末之際，終於在台灣開花結果，
而這樣的民主果實，應該成為現今台灣跟中國保持一種和睦連結關
係的重要基礎（頁315-321）。

此中心思想最大的貢獻和意義在於，其對民主憲政制度是歐美
歷史與文化的產物、甚至是資本與帝國主義的幫兇，不適用於中國
或其他非西方社會等類似的論述，從全球知識傳播、文化移植和在
地化的角度，提出了一個相當有力的反證。代議民主制度是從西方
傳播開的，但這並不代表其他國家和社會的人，不能在這些經驗的
基礎上，根據自己的歷史、文化傳統與國情，發展出適合自己的憲
政體制與代議模式，而本土知識精英扮演關鍵的嫁接角色，他們自
主性的反思與探索是重點。如果民主不適合中國、台灣或任何非西
方社會，那馬克思主義還有其他反西方代議制度與反資本主義的想
法應該也不適合，因為這些理論最初的起源也同樣在歐美。楊儒賓
的看法對晚近中華政治思想史、乃至於近代世界政治思想史、憲政
史、哲學史等領域都有重要的啟示。楊儒賓寫到：「中華民國的成
立即不能局限於外因說，我們當尋找它在中國內部的氣脈經絡」。
他並不排斥「儒家文明在中國現代化轉型這個世紀的大工程中，具
有負面的因素」，但同時也「不認為儒家具有的積極因素可以被低
估」，他強調：「中華民國的出現是19世紀末儒者有方向的問題意
識向傳統也向歐美叩關，尋求答案的產物」（頁13-14）。我基本上
同意這個論點。

在論理與實例上，本書最引人深思的部分為最前面兩章與第七
章，這也是我個人覺得寫得較好、亮點較多的三個章節。第一章總
論將清末戊戌變法前後時期的儒者（嚴復、黃遵憲、康有為、章太
炎等，尤其是梁啟超）作為新時代的啟蒙導師，將他們的主要思維
模式，即是將中華傳統觀念融合西方政治理念之辯證法，連結到五

四運動的時期新儒家學者梁漱溟與熊十力等人的哲理與觀點，再承接到後來的海外港台新儒家張君勱、徐復觀、唐君毅、牟宗三等人的理想和堅持。這套知識系譜脈絡傳承之呈現和論證，條理分明、立論清晰、頗具說服力。第二章把立憲派與傳統儒家政治理想同時納入中華民國憲政體系起源的主張也十分精彩。其中剖析儒家傳統對孫中山三民主義概念生成的影響與孫的「民生主義」和馬列社會主義之間的區別，還有針對唐君毅的「中華民國無國父說」（即孫中山、革命派、三民主義與國民黨並不是中華民國理念背後唯一的推手）等細部論述，寫得相當鞭辟入裡，我認為這是本書的一大亮點。

第七章記述徐復觀在台歲月與台中學人之真摯友情。楊儒賓寫到：「避難來臺的邊緣儒者遁居到臺灣政治邊緣的臺中，遇到島嶼邊緣的舊儒者，兩種類型的邊緣儒者都相信漢文化與民主自由的理念是相容而且相成的，共識就這樣產生了」（頁267）。我對因同樣尊崇漢學儒家傳統和民主而水乳交融之詮釋有些許疑慮。這很大程度跟我對第六章「日本殖民時期臺灣反抗運動的中華文化元素」的批判態度有關。但另一方面，我認為在國民黨威權體制與外省語言文化霸權之下，良性的外省與本省菁英互動關係確實以不同形式存在。然而這樣子的交流，除了彼此真誠的友誼之外，對台灣的反對黨與民主運動是否有實際的貢獻則有待商榷。在這個議題上，楊儒賓在此書中試圖建立的因果關係，並不是那麼明確。目前台灣學界除了1950年代末與1960年代初圍繞《自由中國半月刊》籌組反對黨為主的討論之外，在這個議題上似乎缺乏更廣泛和更深入的研究。但我對第七章的解讀還是正面的，我認為楊儒賓書中的故事，在這個議題上有拋磚引玉的效果。

我對書中其他的章節，有較多負面評價。第三章討論五四革命文學和馬克思階級唯物史觀的興起，第四章則企圖揭露中國知識

界，接受共黨無產階級革命思想的深層心理因素。楊儒賓在這個部
分嘗試去說明，為何在五四之後，年輕一輩的文人與大學生，大多
揚棄了中華民國的民主憲政理念，跑去支持中國共產黨了，而這現
象是1949年中華人民共和國得以建立背後的一個重要因素。這兩章
並非全然沒有亮點，作為歷史學者的我也支持部分說法。可是我覺
得楊儒賓提供的解釋並不完全，我對其論點抱持質疑的態度。

在第三章中，楊認為中華現代化與國家重建（state-building）
工程之所以走向馬克思主義，是因為全盤否定了儒家文化傳統。五
四運動中無差別的反傳統、反權威與極端狹隘的個人主義，楊稱之
為「渾沌中無根基可立的個體主義」（頁120），在知識分子與他們
的原生社群之間產生極大的疏離感、孤寂感（頁123-126）。就在這
個時候，共產革命建設人類歷史終點完美烏托邦之偉大理想，伴隨
著自我規訓培養階級人性意識之「新真理」，為徬徨無助的知識分
子提供了集體歸屬感與方向感，彌補了空虛、矛盾、自殺衝動和無
所適從的抑鬱感。第四章則借用神學隱喻中光明與黑暗二元一體的
概念，針對第三章的論點進行加強說明。楊儒賓用神話中的摩羅（魔
鬼）意識（或稱幽暗意識）來解釋，為何那麼多生長在一個「階級
意識不深」的社會裡的聰明的、優秀的知識分子（頁28，頁142-143），
會被一個異國傳來的另類「人間宗教」（頁27、175）所吸引。簡言
之，一個戰亂頻繁、價值崩解的時代，帶來無明黑暗的破壞力，但
同時也釋放了一種本來就存在於潛意識中，原始的、回歸黃土的求
生欲、創造力和驅動力。這個來自深層意識的生命能量或「幽暗意
識」就是1949革命的泉源。藉由分析魯迅、聞一多、瞿秋白、毛澤
東等人作品中「幽暗意識」的驅使作用，楊認為他揭露了，中國無
數菁英才俊狂熱獻身無產階級革命的重要隱藏性因子。

我對第三章跟第四章的論證有兩個主要的疑慮。在基本的大方

向上，我同意楊闡述的五四知識分子的失序感、疏離感，以及他們對所處世界的失望、憤恨和無所適從的抑鬱感，也贊成共黨革命的歷史方向感與階級世界觀，適時地填補了空缺。然而更精確的說法應該是，這一代的知識菁英親眼目睹了西方議會民主國家（大多為資本主義殖民帝國）在第一次世界大戰中相互殘殺，也親身經歷了民國軍閥殘酷武力鎮壓（軍閥們身後多為西方殖民勢力）。這些經驗導致許多人對歐美議會民主制度的理想破滅，轉而認同剛剛才在俄國發生（1917-1923）的，由列寧領導的布爾什維克共黨革命。俄國的案例提供了新希望，越來越多青年學子覺得用武力奪權、以無產階級一黨專政的方式來徹底改造社會與全世界的方案，才是中國民主化和現代化的最佳途徑。整個知識界「激進化」的發展有其曲折和複雜的歷史時代背景，從反儒家、反傳統、反壓迫、反社會不公、期盼民主自由、嚮往無政府主義、支持不同社會主義的可行性、再到列寧式一黨專政的無產階級革命。關於這段歷史的研究成果頗豐，國外歷史學者如已故的Maurice Meisner與Arif Dirlik或是 Wen-hsin Yeh（葉文心）、Hans J. van de Ven等人都有經典著作討論。[2] 國內學者如呂芳上則從國民黨回應五四新文化運動的角度來探討。[3]

2　Maurice Meisner, *Li Ta-Chao and the Origins of Chinese Marxism*（Cambridge, MA: Harvard University Press, 1967）; Arif Dirlik, *The Origins of Chinese Communism*（New York: Oxford University Press, 1989）; Hans J. van de Ven, *From Friend to Comrade: The Founding of the Chinese Communist Party, 1920-1927*（Berkeley: University of California Press, 1992）; Wen-hsin Yeh, *Provincial Passages: Culture, Space, and the Origins of Chinese Communism*（Berkeley: University of California Press, 1996）.

3　呂芳上，《革命之再起：中國國民黨改組前對新思潮的回應（1914-1924）》（台北：中央研究院近代史研究所，1989）。

楊儒賓從抽象的神學和哲學辯證出發、以精神狀態與潛意識分析的
方式提供了另一種視角，也不失為一種創新思維，只可惜這樣的視
角見樹不見林，並不能一窺全貌。

　　我的第二個疑慮是楊有關20世紀初的中國社會「階級意識不深」
的闡述。楊的例子是余英時對安徽農村生活的回憶（頁28）。但我
認為余的真正意思是「中國共產黨所論述的階級意識」在傳統中國
農村社會並不存在。余在這裡的說法並沒有錯，中國的窮苦農民，
如沒有左傾知識分子的鼓動，並沒有我和其他農民都被地主和社會
生產制度剝削，因此我們作為一個共同被壓迫的階級群體需要團結
起來反抗，改變整個社會生產制度諸如此類的想法。但是，沒有共
產黨論述的階級意識，並不代表實際上的社會不平等不存在，並不
代表沒有壓迫、剝削、歧視和區別對待的情形。我之所以強調這點，
是因為傳統儒家思維最重視的就是人和人之間的親疏遠近和尊卑貴
賤關係：三綱五常、君臣父子、長幼有序、男尊女卑等等。這些在
社會中實際存在的上下關係，在今天的中華人民共和國、甚至是台
灣，仍清晰可見。我們還必須要考慮20世紀前半期中國的連年戰亂、
還有帝國資本主義的擴張，對這些既存社會不平等程度的極大化。
五四進步知識分子反封建、反傳統、反菁英、反父權歧視與摧殘女
性、同情工農低階層，甚至鼓勵向他們學習，並非完全沒道理，因
為他們斷定傳統儒家思想中的許多元素，就是社會歧視和不公平的
基本根源，是阻礙中國民主化與現代化的大山，需要被完全夷平。

　　史達林統治下蘇聯的悲劇、毛時代的饑荒與文革、鄧時期的天
安門鎮壓，對比中華民國的民主果實在台灣開花結果，或許揭示了
大多五四青年學子當年的選擇是錯誤的。但是歷史研究要從了解當
下做決定的時代和具體情況著手，不能夠以後來發生什麼事情做為
依據，因為當時沒有人知道後來會發生什麼事，就跟我們現在無法

預測未來會發生什麼事一樣。我其實並不反對楊儒賓提出的另一個觀點，那就是列寧／毛澤東式的共黨組織革命或許可視為一種另類的「人間宗教」，這跟馬克思唯物歷史觀之建立，受19世紀黑格爾哲學與德國唯心主義的辯證影響甚深有關，而唯心主義辯證中追尋人類歷史終點這個想法的源頭則是基督教神學。但與其說聰明理性的知識分子，因為拋棄了自己的文化傳統，心靈處在激盪、暗黑、不正常的狀態而被一個蠱惑人心的邪教趁虛而入，不如用一種同情理解的態度去了解他們在那個時代的選擇，同時也虛心檢討傳統儒家政治體系的沉痾，因為這些沉痾也正是楊儒賓敬重的新儒家知識菁英想要改變的。

　　我對第五章與第八章論證1949的歷史文化意涵以及第六章日治時期台灣在地菁英反殖民運動的詮釋都有意見。我先討論第六章，這是我覺得在台灣目前歷史學界的視野與氛圍中，最具爭議性的一章。楊儒賓在此章中著重日本統治下台灣文化菁英對傳統漢學、詩詞與中華文化的持續認同，且憑藉著這些認同和堅持來對抗日本殖民政府統治、反帝國主義、追求民主自治與現代化。楊的敘事主軸不斷強調「兩岸」在日治時期的台灣仍是一衣帶水的關係，從政治與文化意義上從未真正分離。他的主要例證包括了莊太岳與連橫的詩詞與著作、梁啟超對林獻堂和議會設置請願運動的啟發、孫中山、國民革命與三民主義對蔣渭水政治理念的影響等等。相信讀到這邊，很多台灣史學者，包括我在內，恐怕都要搖頭。我們不贊同的原因，並非我們完全反對楊儒賓在這裡的敘事，而是這個敘事的單一面向性和其背後所反映出的，國民黨戒嚴時期歷史教育，用大中國主義思維的濾鏡去看日治時期台灣史的觀點。

　　我先強調，楊重建的歷史情境並沒有錯：「漢文化是臺人當時反抗日本帝國殖民統治的強而有力的思想武器，而新興的中華民國

又帶給處在焦慮中的『棄民』政治人物很大的想像空間,當時兩岸
政治文化的連結比一般想像中要強許多」(頁225)。問題是,許多
台籍菁英也熱衷學習日文與日本文化,他們透過日文翻譯書籍來接
觸其他世界先進文化、科技與政治理念。更重要的是,跟當時相對
混亂失序的中華民國比起來,日本帝國是工業化還有現代化成功的
楷模,殖民統治的不平等與壓迫是事實,但這並不代表同屬東亞漢
學文化圈的日本不能成為認同與仿效的對象。還有傳統儒家漢學文
化,不單是台人反對殖民統治的重要思想依據,同時也是日本統治
菁英和殖民地台籍菁英互動與交流的重要基礎。最後一點是,日治
時期台籍知識菁英對自治理念的探討和台灣在地文化認同的建構,
遠比楊儒賓的討論更加複雜多元。這些多元性與揉雜性,清楚地呈
現在過去20幾年間,國內外學者如Leo T. S. Ching(荊子馨)、吳叡
人、陳翠蓮、陳培豐,還有近年Evan N. Dawley(戴維里)的研究
中,荊子馨與戴維里的書都有中文翻譯版,但《思考中華民國》完
全沒有參考這些著作。[4]

    第五章與第八章的焦點放在1949兩岸政治文化之分水嶺,探討
內容涵蓋了中共建政後的中國文化知識界、中華民國遷台歷史意

---

[4] Leo T. S. Ching, *Becoming "Japanese": Colonial Taiwan and the
    Politics of Identity Formation*(University of California Press, 2001);
    吳叡人,〈「台灣非是台灣人的台灣不可」:反殖民鬥爭與台灣人
    民族國家的論述,1919-1931〉,收錄在林佳龍、鄭永年編,《民
    族主義與兩岸關係》(台北:新自然主義公司,2001),頁43-110;
    陳培豐著,王興安、鳳氣至純平編譯,《「同化」の同床異夢:日
    治時期臺灣的語言政策、近代化與認同》(台北:麥田,2006);
    陳翠蓮,《臺灣人的抵抗與認同,1920-1950》(台北:遠流,2008);
    Evan N. Dawley, *Becoming Taiwanese: Ethnogenesis in a Colonial
    City, 1880s to 1950s*(Harvard University Asia Center, 2019)。

涵、新儒家知識菁英在港台的活動、以及中華民國民主憲政理念在
台灣實踐的過程與其衍生的問題等議題。這部分我分兩個面向來
談。首先，我對第五章前五小節內容的評價是相對正面的。這裡包
括了楊儒賓引用胡風的詩《時間開始了》來說明中共「新民主主義」
中無產階級專政的邏輯，以及中共對歐美民主憲政、自由主義的全
盤否定與對儒家傳統文化的批鬥，還有對共產黨抱持友善態度的新
儒家學者熊十力與梁漱溟等人在新中國生活所面對的困境與掙扎，
再談到熊十力的學生唐君毅、徐復觀、牟宗三等人選擇離開共產中
國、繼續支持中華民國政治理念等敘事。我對這些經驗陳述與論證，
並無多大意見。我比較有意見的部分，是楊對1949年中華民國遷台
歷史的意涵與中華民國民主憲政之理念在台灣實踐過程的詮釋。

　　第五章的最後一個部分與第八章內容十分冗長、論述紛雜，部
分敘事和評述回溯歷史，和前面章節已闡明的一些觀點基本上重
複，老實說寫的並不是這麼的好。主要的立論可濃縮為以下兩點。
第一點，1949年國民黨戰敗、中華民國遷台的歷史，並非只是災難
性的歷史創傷，而是把大量的中華人才、文物與文化教育資源從中
國帶到台灣來。移植的中華民國，在台灣這片土地上得到了休生養
息與重新出發的機會，憑藉這些資源優勢在20世紀末「補考成功」
（頁214），成為華人世界中第一個真正名符其實的民主國家，達成
了自辛亥革命以來的歷史任務。其實類似的觀點楊在2015年的《1949
禮讚》[5]一書中已經論述過了。第二點，流亡海外的港台新儒家學者，
如唐君毅和徐復觀等人，還有在台灣的部分外省異議人士和堅持認
同中華文化的本省菁英，在台灣實踐民主的過程中，扮演了忠誠反
抗者的腳色，他們以「中華民國的理念」來「校正」一黨專政的「中

5　楊儒賓，《1949禮讚》（新北：聯經，2015）。

華民國政府」（頁295），最後終於把台灣推向民主的道路。

楊儒賓的「1949禮讚論」和「新儒家台灣民主運動實踐論」呈現部分歷史事實，有其自圓其說的邏輯，但我們仔細推敲的話，會發現兩個很重要的問題。第一，1949內戰與渡海大遷徙，不論對被迫離家的內戰移民（第一代外省人），或者是之前受日本統治的台灣在地居民來說，都是一場非常巨大的動亂和災難，而這樣的動亂經驗，因為白色恐怖與冷戰時期台海戰爭的陰影，持續了一段很長的時間。這些歷史情境在拙作《逃離中國》[6]中有詳盡的敘述。國民黨白色恐怖對外省和本地知識界菁英界的鎮壓和打擊尤其巨大，而這些創傷與國家暴力，後來在台灣民主化與國民黨政府抗爭的過程中，起了一定的催化作用。楊說他的「衣冠南渡」、「劉備入川帶來中原文化」的觀點，是在現今民主台灣島內常見的「災難性的1949」和中華人共和民國官方「社會主義光榮革命的1949」說法之外的第三個可能性之想像（頁280）。簡單的來說，就是1949對台灣還有中華民國的民主憲政發展，有好有壞，不能都只說壞的那面，不朝正面的方向去看。但是這個楊號稱全方位「格式塔視角」（the Perspective of Gestalt）的想像（頁218），說穿了並沒有什麼新意，基本上是國民黨戒嚴時期大中國主義教育和中原中心思想的其中一個衍生觀點，相信受過那個時代教育的人，對這樣子的說法並不陌生。這個說法不只掩蓋1949的創傷，還很大程度的貶低、無視和單一化1949年與1945年之前台灣本地社會與歷史文化的自主發展，尤其是日治時期台灣菁英的政治啟蒙和他們對自治和民主的追求，而這些發展對台灣戰後民主運動有重大的作用。

---

6   楊孟軒著，蔡耀緯譯，《逃離中國：現代臺灣的創傷、記憶與認同》
（台北：臺大出版中心，2023）。

　　第二，流亡海外的港台新儒家學者，還有在台灣的外省異議人士和堅持認同中華文化的本省菁英，對民主憲政制度在台灣的開花結果到底有沒有貢獻？答案當然是肯定的。但有一個問題，新儒家學者「用中華民國的理念來校正實體的中華民國」的操作，為何在1949年以前的中國，還有在後來在台灣，一直到1970年代末期跟1980年代之前，都沒有起什麼多大的作用呢？台灣在1970年至1980年代末期間到底發生了什麼事？整個國際情勢有什麼重大變化？社會氛圍或二戰後出生的年輕世代的想法，有什麼樣的改變？蔣經國跟蔣介石兩個人的領導模式有何不同？楊儒賓對這些現已廣為人知的台灣民主化因素語焉不詳，這個部分寫得讓人讀起來極其彆扭。或許楊認為這些因素大家都已耳熟能詳，因此不需要再提，但是能夠將新儒家學者的活動和這些已知的因素結合起來，才是能夠說服多數人的論證。海外新儒家學者們在冷戰中大多支持國民黨政權，因為跟共產黨比起來，國民黨尊重傳統文化且承諾在反攻大陸後實行民主憲政。儒家學者會直言不諱的批評當局不民主，他們反對蔣介石違憲連任總統，但是他們的軟性批判與諫言並沒有起多大的作用，反倒是後來台灣一般民眾的大型街頭抗爭，開始有效地逼迫政府讓步。我在這裡並不是要反對重新檢視新儒家學者對台灣民主化的貢獻，這是個有意義的研究主題。但是我覺得《思考中華民國》在此重要議題上的因果關係論證非常地不明確。

　　最後，雖然我不同意《思考中華民國》書中的諸多歷史論證與詮釋，但我認為身處21世紀的民主台灣，持續的探索、辯證與省思中華民國政治理論基礎的起源和發展，是一個重要的知識史學術工程。這個探索關係到台灣的未來，也關係到亞洲民主的未來。我認為，《思考中華民國》是一本「良心之作」。楊儒賓作為生活在我們這個時代的新儒家知識分子與傳人，他覺得自己有責任與義務去

傳承他所信奉的理念、知識與觀點。他深信中華民國（在）台灣成功實現民主的案例，有天一定能為兩岸開創一個更和平的未來，能夠阻止另一場不必要的戰爭。我沒有楊儒賓那麼樂觀，也不認為只要共產中國哪天民主了，中國跟台灣之間主權問題就得以圓滿解決；只要台灣人願意承認自己也是中國人或是廣義上的中華文化人，大家就可以和樂地成為一家人。中華儒家思想結合了數千年前人思考的智慧結晶，它不只是中華文化圈裡面的人的資產、也是世界人類文明共同的資產。然而，生活在中華語言和文化圈裡的人，如果沒有辦法反躬自省部分儒家思維在不同時代與歷史情境所造成的許多問題，這些思維就會被國家政權利用，來為國族擴張與殖民主義製造藉口。我非常同意楊儒賓提倡的一點，那就是把中華民國（在）台灣實現民主的果實與理念，與其他的華人社會分享，尤其是和中華人民共和國出生長大的民眾分享。只要他們願意交流，他們都有知的權利，我們同時也應該用心傾聽他們想跟我們說的事情，雖然我們不一定就能認同他們的觀點。

楊孟軒（Dominic Meng-Hsuan Yang），台中市出生，14歲隨家人移民加拿大。英屬哥倫比亞大學歷史系博士。現任美國密蘇里大學歷史系東亞史副教授，從事1949與東亞冷戰移民研究，關注創傷和離散理論、歷史記憶、轉型正義等議題。著有《逃離中國：現代臺灣的創傷、記憶與認同》一書。

被解放的「中華民國」：
從文化論述到公共論述

李雨鍾

　　楊儒賓老師的書名往往語不驚人死不休，而這次的「思考中華民國」，則可謂是極為質樸、低調的標題。[1] 然而質樸的門面下，卻隱含著更為宏大的野心，貌似直球對決的論題後，卻埋伏著多路奇兵。他本人深知，討論「中華民國」這一主題，很容易兩邊、兩岸皆不討好。但讀者不可不留意，該書一開篇就明確與我們刻板印象中的那個現實政治體制進行了切割，楊儒賓筆下的「中華民國」竟展現為百年歲月裡多次展現批判力的一種理念。這究竟是如何發生的？又是否能夠說服眾人？

敘事的兩個策略，或梁啓超的三種形象

　　楊儒賓在本書導論中明確將「中華民國」界定為「立基於中華文化風土的立憲民主政體」（頁16），換言之，作為一種理念，它是「中華文化」與「立憲民主」這兩者的緊密結合體，這種二者缺一不可的形態，也是將它與其他一切思想、意識形態進行區分的核心標準。不過，單單是這樣的字面定義似乎尚不能讓人感受到新意，

1　楊儒賓，《思考中華民國》（新北：聯經，2023）。

近百年來，與之近似的口號、觀念實如過江之鯽。根據筆者的粗淺
理解，本書使用了兩大敘事策略，從而使這一理念充滿了歷史厚度
與現實基礎。

　　第一，本書為我們提供了不同於主流歷史的一連串「另類」之
物，從而繞開國民黨的中華民國與正統的五四新文化運動敘事，搭
建出一個嶄新的「中華民國」。首先，楊儒賓主張在締造中華民國
一事上，除了孫中山代表的革命派之外，梁啟超所代表的立憲派同
樣、甚至更加重要，所謂「國父」可以是複數的，不必定於一尊。
其次，楊儒賓認為我們所熟悉的沿著自由主義、社會主義路線發展
的五四反傳統運動之外，還有另一種更早、更穩健的新文化運動，
這就是上承戊戌儒者、下接港台新儒家的儒家式憲政民主路線。值
得注意的是，這兩種另類路線的重疊點乃是梁啟超，梁啟超既是戊
戌儒者的代表，又是實質性參與中華民國締造的「國父」候選人。
楊儒賓甚至不惜稍稍「犧牲」了梁漱溟、熊十力等第一代新儒家哲
人的位置，將移居港台的唐、牟、徐等第二代新儒家，與梁啟超等
戊戌儒者進行隔代對接。

　　本書採取的第二個關鍵策略，就是將「中華民國」路線放在兩
岸歷史命運的對照中來予以凸顯，並強化了「中華民國」與台灣本
土的歷史連結。楊儒賓花了不少篇幅追溯「主流」的五四新文化運
動如何在共產中國發展、演變的脈絡，而與之相對地，代表另一種
新文化運動的中華民國路線，則在台灣逐漸實現其民主理念。很顯
然，楊儒賓在此遇到的挑戰會是，就獨派的角度來說，中華民國根
本是外來政權，台灣當前的民主則是本土力量的勝利。不過楊儒賓
安排了主攻與助攻兩路人馬來證成他的觀點。主攻的隊伍是日治時
期反抗運動的重要代表：林獻堂、蔣渭水等人，楊儒賓指出他們身
上都有明顯的中華文化元素，而且前者接受了梁啟超重要的路線指

示,後者則以孫中山為榜樣;扮演助攻的則是戰後新儒家學者徐復
觀與台中本地學人的深厚情誼,楊儒賓認為雙方之所以能在語言障
礙下交心莫逆,是因為他們擁有共同的文化語言。順此脈絡,楊儒
賓更主張1987年的解嚴實際上代表「中華民國」理念的在現實政治
上的實現,是中華民國內部的憲政要求。

　　筆者將上述第一個策略稱為「雙重置換」,將第二個策略稱為
「雙向對接」。通過這兩種策略,中華民國政府建立與五四新文化
運動這兩大歷史路標,竟在楊儒賓談笑間被挪移懸置,原本被視為
前朝遺老的戊戌儒者、被目為不合時宜者的新儒家哲人,則匯集成
滔滔洪流,漫過兩岸分隔的歷史長堤。[2]「中華民國」理念不僅以
扎根中華文化傳統的穩健路線,與五四—共產中國的激進反傳統路
線構成了對照性批判,更以對民主憲政的堅持推動了台灣的民主轉
型,展現出綿長的批判力與生命力。整體來說,本書的格局與手筆,
都叫人拍案讚嘆。

台灣拯救了「中華民國」?二度實現還是二度挫敗?

　　筆者認為,要討論「中華民國」理念、尤其是1949年後的「中
華民國」,原本至少面臨著雙重困難。其一,以1949為轉捩點,中
華民國是落敗的路線,在其原生地,正統名號已為中華人民共和國
所奪取,敗退來台的中華民國政權雖然勉力支撐至今,但似乎只剩

2　值得注意的是,梁啟超在這兩大策略中都扮演著極為樞紐性的角
　　色,他不僅僅在中華民國與新文化運動中都擔當要角,而且他在
　　1911年訪台時建議林獻堂採取議會路線進行抵抗,更構成了納台灣
　　本土於「中華民國」的關鍵環節,哪怕其象徵意義或許更大於其實
　　質作用。

一個空殼；其二，在台灣蔚然主流的論調中，中華民國不過是個外來政權，是台灣本土的壓迫者。因此中華民國既不為原生大陸所承認，也不為當前本土人民所待見，可謂兩頭掛空，縱然理念可貴，又有何處可依呢？

在上一節中，我們看到楊儒賓使用了兩大敘事策略，頗為成功地為理念賦予歷史肉身，那麼這是否足以克服上述的雙重困難呢？仔細來看，第一種「雙重置換」重在呈現一種全新的思想系譜，這固然體現了作者的慧眼卓識，但要讓理念獲得血肉，而不僅僅停留為思想上的可能性，更關鍵者似乎仍在於第二種「雙向對接」策略的成敗。這裡面蘊含著兩個層次：首先，楊儒賓認為日治時期的重要知識分子本就深具中華文化情懷，因此1949年隨國民黨政府輸入的大量文化財與人才，正為台灣的文化風土提供了豐厚的土壤；其次，雖然遷台之初，國民黨政府帶來的是白色恐怖的高壓統治，但楊儒賓認為最終推動民主轉型與解嚴的正是「中華民國」理念本身，因此台灣民主社會就成為了該理念的實現體。

不難看出，這兩個層次其實分別對應著「中華民國」理念中「中華」與「民國」這兩個元素，正是由於台灣本土在日治時期仍具有深厚的中華文化底蘊，且最終在其身上實現了民主政治，才可以說解嚴恰是「中華民國」理念的實現。但我們也可以反過來說，也正是民主轉型的台灣拯救了在現實中落敗的中華民國，使其理念具有現實意義。

不可諱言的是，楊儒賓的這套論述不免會遭遇到不同史觀的挑戰。在國民黨政府接管台灣初期，本土知識分子固然對「祖國」殷殷期盼，但迎接他們的卻是沉重的打擊與落空。因此在本書所描述的兩岸中華文化的合流對接過程中，台灣本土首先遭遇到的更多是挫折。其次，本書主張1980年代末的解嚴，大體上仍是中華民國憲

政本身的要求，是其民主理念的實現。這一主張固然有其法理與事實上的依據，然而若參考蕭阿勤的觀點，以美麗島事件為轉捩點，最終衝決國民黨政府的圍堤，推動民主化進程的仍是本土力量的動員。[3] 換言之，最終實現「中華民國」之民主理念的重要力量，恐怕少不了獨立於「中華文化」之外的台灣本土認同。

順著這兩個缺口，另一種史觀不免應運而生，並構成對「中華民國」路線的挑戰。楊儒賓顯然深知這種挑戰的存在，但他仍然信心滿滿，不憚於振筆高呼，其原因何在呢？

誰的風土？如何劃界？

歷史之中總是充滿曲折與頓挫，各種事件的發生每每會打破人們的固有想像。楊儒賓在兩岸的百年歷史洪流中，揮筆勾連起諸多島嶼，也不免要遭遇到不易磨平的稜角暗礁，但他依然信步前行，因為他相信自己看到了紛亂歷史事件背後更大的背景，萬千島嶼之下湧動的深層潛流。

本書讀者不難在書中看到大量具有家族相似性的詞彙概念，舉凡生活世界、情境主體、支援意識、文化傳統、無用大地、Dasein、文化風土、場所等等。筆者在此無法一一分析這些概念的具體脈絡，但楊儒賓的基本觀點頗具海德格式存有論的意味，他認為當人被拋入某個具體生活世界當中時，本就存在一些先於他個人意識的深層

3　蕭阿勤認為在1979年美麗島事件之前，黨外民主運動仍主要關注「民主化」面向，甚至抱持中華民族情感，這種觀察或許可以部分支持楊儒賓的觀點。然而他認為在該事件之後，黨外激進派已開始轉向台灣民族主義。見蕭阿勤，《重構台灣：當代民族主義的文化政治》（新北：聯經，2012），頁324-333。

文化背景因素，縱然人們可以明確反對或贊同這種背景，但作為「情境主體」，作為被拋生於世的Dasein，其行為無法完全孤立於背景，而是或明或暗地為其所滲透。在楊儒賓眼中，中華文化傳統恰恰構成了這種囊括兩岸的文化風土、生活世界，因此百年來各種思潮的此起彼伏，無論是自由主義、保守主義還是社會主義，無論是猛烈批判還是堅持擁護傳統，都不能動搖這更為深層的、構成兩岸生活世界基底的文化傳統；進而無論各路人馬如何視文化傳統為無用、腐朽，最終仍需要看到文化傳統就像貌似無用的大地一般，默默支撐著生活於其上的眾多生靈。

顯然，「中華民國」理念正是這種文化傳統所欲召喚之物。它立基於中華文化風土這點自無須贅言，同時，憲政民主不僅是時代大勢所趨，也是儒家主流文化傳統的內在所需、所欲。因此它固然在20世紀眾多更有力、更具革命性的思潮中顯得步履蹣跚，卻最準確地代表了中華文化風土的時代訴求，也因此具有更長久的生命力與更穩健的批判力。在此，楊儒賓得以為「中華民國」與台灣的結合添上濃厚的一筆，因為他認為界定台灣最關鍵的範疇正是「兩岸性」，亦即與對岸同屬中華文化風土、彼此進行多次文化對接的特性。由此，他更主張我們不應該基於全球性的地緣政治考量而輕易拋棄中華民國，而是應該在一種更具深度的「風土地緣政治」的考量下，正視「中華民國」所能發揮的溝通、轉化之大用。

這套立基於文化風土的論述固然頗有說服力，但若檢視其理論系譜的由來，則仍可發現一些值得反思的地方。首先，「風土」概念直承日本思想家和辻哲郎而來，和辻哲郎的風土論則可說是將海德格的「時間性」存有論拓展出空間性的向度，可是這兩位思想家

或所屬學派，卻均在二戰期間蒙上某種汙點嫌疑。[4] 我們無需在此過度扣死思想概念與政治現實的關聯，但仍可以對「風土」概念可能存在的風險提出省思。我們可以問的是，當和辻哲郎在《風土》一書的最後環節將日本描述為特殊的風土類型時，這其實是否預示著某種為大日本帝國的合理性背書的前兆呢？與此同時，我們需要關注楊儒賓在書中同樣援引到的台灣思想家洪耀勳。洪耀勳雖然明確沿用了和辻的「風土」概念來討論台灣，但這其中的根本衝突之處在於，台灣當時乃是日本治下的殖民地，因此洪耀勳如果像和辻一樣堂而皇之地證明台灣的風土特殊性，則無異於置台灣於與日本同等的獨立地位。因此我們在洪耀勳的《台灣風土觀》中看到的，毋寧是非常曲折、迂迴的論述，不斷在台灣與日本、與南中國的風土近似性之間迴盪，這實際上是一種非典型的風土論。[5]

之所以要繞道到海德格、和辻哲郎、洪耀勳進行一番梳理，是為了揭示出「風土」概念內部兩個充滿張力的因素，亦即特殊性與劃界性。特殊性有正反兩面，它一方面為普遍觀念在具體空間、地域中的實現，提供了有厚度的肉身，同時也又可能成為拒絕外部批評、壓抑內部異議的擋箭牌。特殊性又建立在劃界之上，唯有劃出一個範圍，才能在此範圍內主張其特殊性，然而這界線的劃定標準為何呢？它在多大程度上建立在我們對某種文化「場所」的想像之

---

4 海德格與納粹曾有所合作的醜聞早已為世人所熟知，而和辻哲郎所屬的京都學派與日本軍國主義的合謀關係也是極富爭議的問題。

5 關於海德格、和辻哲郎、洪耀勳這三者理論關係的詳細分析，見廖欽彬，《戰前臺灣哲學諸相：實存的行旅》（台北：五南，2022）。亦可見筆者所撰之書評：李雨鍾，〈移動的風土論與偏移的辯證法：讀廖欽彬，《戰前臺灣哲學諸相：實存的行旅》〉，《文化研究》37期（2023年10月），頁226-234。

上？又是否會跟特殊性本身形成循環論證的相互依賴關係呢？如果由此延伸到「中華民國」主題的討論，則我們會問的是，為何台灣必然被納入中華文化風土的界線之內？為何兩岸性是決定台灣文化風土的唯一判準呢？是否我們需要的同樣是一種非典型、非單一的風土論呢？

對於這些問題，楊儒賓實際上在本書中提供了頗為豐富的解答，可留待讀者自行評判。值得我們進一步追問的是，「文化風土」這一概念本身及其方法論效應。

從文化世界到公共世界

文化風土論與本書所要證成的「中華民國」理念息息相關，因為「中華民國」的正當性在於它立基於兩岸的生活世界當中，這一生活世界的特殊之處則由中華文化的風土所構成。不過正如前文所述，文化風土論內部似乎隱含著劃界與封閉的危險。首先如果以「被拋」的正命論來說，獨派同樣可以由此導出走向獨立自決的歷史命運；其次，如果說要從關係主體、情境主體的角度，主張台灣不應僅僅從其內部進行思考，而是要從更廣大的「兩岸性」風土來考慮，那麼為何這一風土範圍必然要劃在兩岸之間呢？島嶼作為關係主體的開放性，不應該意味著更多元、更多向的關係接面嗎？

筆者認為，在海德格式的「文化／生活世界」概念之外，我們還可以嘗試藉由漢娜・鄂蘭式的「公共世界」（public world）概念來思考。如果說前一種「世界」不免會預設某種較具決定論色彩的文化背景的話，那麼後一種「世界」則更傾向於將文化視為某種公共的居間之物，眾人圍繞這公共居間之物而展開溝通、判斷與行動，從而構建起共同生活的世界。文化在此不是退隱為幕後背景來影

響、「支援」人們的行為，而是作為持久長存的公開顯現之物，支撐起公共世界的基底。[6]

　　在海德格與鄂蘭這兩種「世界」模式之間，存在值得我們進一步思索的差異。在海德格的分析中，「世界」實為Dasein這「在世存有」者的普遍「生存論結構」（existential structure），而當和辻哲郎進一步發展出「風土論」的時候，他的意圖正是要透過風土上的「空間」劃分，來使「世界」成為一個個具有具體文化內容的「生活世界」。然而問題在於，為了使「生活世界」具有具體文化內容，邊界的劃定就成為不可避免的操作，而被拋入這一世界當中的人及其行為、命運，則難以擺脫這個「劃界」的影響。當然，這種「劃界」絕非出自個人的任意行為，而是關乎超出個人行為的整體「背景」，因此如何「劃界」的問題背後實為不同史觀之間的論爭；唯有透過融合了各個世代、眾多個體之血肉生命的歷史敘事，才足以勾勒「文化背景」的輪廓與邊界。在本書中，楊儒賓無疑已透過多層次的歷史敘事，為「兩岸性」這一「文化背景」提供了頗具說服力的合理性。

　　鄂蘭的「世界」雖然跟海德格一樣指向某種超出個體生命限度的概念，意味著一個不斷有人離開、有人降生的世界。但根本差異在於，這個「世界」固然具有超出個體生命的持久性、延續性，也同時具有脆弱性與可改變性。它一方面以人們製作的公共使用物與文化物為維持基礎，另一方面也要依靠眾人進入公共領域的行動來進行動態式的維護。就此而言，鄂蘭式的「世界」像「風土世界」

6　鄂蘭有關文化與世界的分析，見〈文化危機：其社會意義與政治意義〉一文，收錄在漢娜・鄂蘭（Hannah Arendt）著，李雨鍾、李威撰、黃雯君譯，《過去與未來之間：政治思考的八場習練》（台北：商周，2021）。

一樣不僅是某種普遍結構,而是具體的,但是它並不指向某種決定個體命運的文化背景,而是導向一個依靠複數眾人的公共行動來維持的「公共世界」。

不同於那種Dasein生來就被拋入其中且始終與之伴隨的世界,鄂蘭式的世界有可能會崩壞、瓦解,徒然留下失去世界的流離孤魂,因此我們需要透過眾人共同努力,來維持、保衛這個世界,讓它得以超越個人的生命長度,持續存在下去。傳統也並非不可能斷裂,而原本由傳統所維繫的生活方式與認同形式,也有可能會消失、改變。然而只要人類並未完全滅絕,則文化作為持存的公共物,哪怕僅是殘簡片瓦,也仍會留存下來,讓持續誕生的新世代圍攏起來,重新觀看、思考,並更新、擴大我們的世界。

本書穿梭在厚重的歷史岩層中,串連起被掩埋的珠玉,為我們提供了一個值得被重新認識、討論的「中華民國」。它想必能說服不少讀者,但也不免會有人反對。筆者所論實無甚高見,只是將本書必然會引起爭議之處,先行指出一些而已。無論如何,楊儒賓已用他恢宏綿密的筆法,讓「中華民國」理念顯現在公共論述之中,成為任何人都可以討論、評斷的公共文化財,而任何關心我們共同生活的這個世界,關心它該如何守護、如何延續的公民,都不應錯過本書。

李雨鍾,國立臺灣師範大學國文學系博士後研究員,主要研究領域為政治哲學、先秦思想、漢娜‧鄂蘭思想、跨文化哲學,著有《渴望「形式」的「感受」:先秦儒家的政治考古學》,譯有《極權主義的起源》。

「人民」對「民國」的挑戰

徐啟軒

　　21世紀第二個十年以降，「民國」遭受嚴重挑戰，前景堪慮。右翼民粹挑戰「民國」內政，極端右翼強人政治冒起，程序體制岌岌可危。在全球政治經濟格局方面，強國著重國家安全，背棄冷戰結束以來的新自由主義「共識」，從供應鏈、出口市場、能源供應到網路運作、人工智能及組成各自的集團，本世紀初盼望的「平的世界」看來不過是海市蜃樓。這裡指的「民國」不是管治臺澎金馬的中華民國，而是辛亥革命效法的美國、法國，也包括全球南方（Global South）大國如印度、巴西、阿根廷等。無論是共和政體還是其依賴的所謂自由國際秩序均受重大壓力，當中最大因素是民族國家體系出現危機，表徵是各國民族主義的膨脹以及由之而來的地緣政治矛盾。

　　楊儒賓教授的大作提出把「中華民國」視為活的思考資源，而不僅是自1912年以來實際存在的政治實體。《思考中華民國》認為辛亥革命具有中國歷史上獨有的混合性；它一方面受西方影響，特別是美、法兩國革命，除了共和政體的建立，也包括洛克、盧梭、孟德斯鳩的思想內容。另一方面，中華民國並沒有和中國傳統，尤其是儒家傳統斷裂，它處理的是自晚明便困擾中華世界的內發問

題。[1] 中華民國的創立固然是19、20世紀之交全球共和革命的一環，但亦是解決帝制晚期——借已故美國清史大師孔飛力（Philip Kuhn）所言——跟西方關係不大的根本性（constitutional）問題的重要嘗試。[2] 這個解決的方式，就是把中國從天朝體制演變成民族國家。

正如楊教授指出，中華民國衍生了「國家」和「人民」兩個概念，兩者為中國現代轉型的關鍵詞。「國家」去除皇權，奉「人民」為主權的載體，惟兩者內涵在歷史上多變。值得注意的是，「人民」在中華民國的話語系統下不常見，多以「國民」呈現，凸顯「國家」與「民眾」互為隸屬的特性。1898年由康有為、梁啟超領導的戊戌變法，以楊教授看來是中國憲政運動的開端。固然，變法以失敗告終，但他們混合儒家思想的憲政運動在民國肇建後延續，其中新儒家學者張君勱參與了多次制憲嘗試，梁啟超更把其立憲思想帶到日本殖民地臺灣，後有林獻堂（1881-1956）發起「臺灣議會設置請願運動」，可謂兩岸政治發展連結的一例。[3] 1949年以後，移居海外和臺港的新儒家學者就憲政民主繼續追求憲政，他們的理想在上世紀末廢除戒嚴的臺灣實現。規範、分配權利運用縱然可貴，但議會制度長期出現代表性問題，清末至民初的仕紳階級是各級議會主軸，無論他們是革命派或立憲派，那些城市男性知識階級很難代表變幻快速的中國。事實上，上世紀中國的主流政黨——中國國民黨和中國共產黨——都是群眾性政黨，自稱代表冒起的工農政治勢力，議會代議制度建設未成主要議題。兩黨的分野，似是「全民黨」和有明顯階級屬性的政黨、以國家為主體的「國民」和建構新社會

1　楊儒賓，《思考中華民國》（新北：聯經，2023），頁119-121。
2　孔飛力，《中國現代國家的起源》（香港：中文大學出版社，2014），頁56。
3　楊儒賓，《思考中華民國》（新北：聯經，2023），頁101-106。

秩序的「人民」路線之爭。

國共合作大概是孫中山和共產國際代表越飛推動下的權宜之計，中共爭取生存發展空間之餘也徹底改變了中國國民黨的政黨模式。孫中山的國民黨取了列寧式先鋒黨組織，包括自己的武裝力量，但卻沒有接受共產主義，更堅決反對階級鬥爭。孫中山推舉的是由國家主導的溫和社會改革，中國只有小貧與大貧，沒有階級剝削問題，只有「民生」問題。他的折衷主張與同時期的土耳其總統凱末爾以及第二次世界戰爭後去殖民浪潮冒起執政的印度總理尼赫魯和印尼總統蘇卡諾相似；他們對共產主義既吸收又抗拒，認為共產主義縱使有其道理，但作為政治運動，有礙民族國家的建立。

史達林1928年批評孫中山的「人民」概念欠缺階級分析，指階級鬥爭沒有和反帝國主義的目標連結一起，或許是出於國共合作破裂、共產國際策略錯失後的事後孔明，但他的判斷基本跟孫中山及其國民黨思想繼承人如蔣介石、戴季陶、胡漢民、陳立夫等就三民主義的詮釋沒有多大差別。晚年的孫中山經常批評帝國主義，針對的是不平等條約和關稅自主（這也是國民政府外交政策的重點）。他在1924年的五一勞動節向工人喊話（《國父全集》第三冊〈中國工人所受不平等條約之害〉），有兩點值得注意。一、他強調中國的工人受外國的資本家剝削，中國的資本家沒有能力剝削勞工；二、資本家跟工人就工資、工時待遇的分歧是經濟問題，但更是政治問題。解決政治問題，工人要記得其「國民」的角色，把「中國變成世界上第一等的強國」。所謂的政治問題，就是國家機器統籌、處理的事情。工人權益提升的前提是一個能抵禦外侮的民族國家及其有效的官僚體系，其中階級政治沒有角色。國家統一獨立、對抗帝國主義確實跟社會運動割裂。這種論述在他1925年辭世後隨著國共兩黨矛盾加劇尤為明顯。戴季陶呼籲工會領袖壓抑「危險的群眾心

理」，停止罷工；蔣介石認為上海只有商人，沒有資本家，中國只有帝國主義剝削，沒有階級剝削。[4] 中華民國的「國民」是無階級屬性的單一群眾，受國家保護、教育、分配進行生產。

　　共產國際和早期中國共產黨推崇的無產階級革命無疑是對中華民國的挑戰。正如楊教授指出，中共給辛亥革命賦予資產階級的屬性，雖奉孫中山為「革命先行者」，但資產階級的產物始終是過渡性的，這當然包括民族國家。策略上，上世紀20年代共產國際要黨員稀少、力量薄弱的中共跟國民黨合作，但正如〈孫文越飛聯合宣言〉清楚表明，雙方只是把意識形態的不同束之高閣，以謀中國的獨立。理念上，馬克思主義和共產革命仍然與「民國」、民族主義相悖。共產革命不只以階級史觀為綱，更主張「工人沒有祖國」，旨在取代跟新舊社會勢力藕斷絲連的「民國」／民族國家，建立屬於無產階級的普世秩序。

　　早期的中共成員大多是國際主義者。瞿秋白（1899-1935）1923年6月在《新青年》發表慷慨激昂的〈赤潮曲〉：

> 赤潮澎湃，曉霞飛涌，
> 驚醒了五千餘年的沉夢。
> 遠東古國，四萬萬同胞，
> 同聲歌頌，神聖的勞動。
> 猛攻，猛攻，
> 捶碎這帝國主義萬惡叢！
> 奮勇，奮勇，

4　見拙作*China's Conservative Revolution: The Search for a New Order, 1927-1949*（Cambridge: Cambridge University Press 2018），chapter 2。

解放我殖民世界之勞工！

無論黑白黃，無復奴隸種，

從今後，福音遍天下，

文明只待共產大同。

看，光華萬丈涌！

　　曲中有「啟蒙」意象，民眾打破舊價值、舊制度，但不求建立民族國家，而是求「解放我殖民世界之勞工」。中國工人救贖的關鍵不在「民國」，而是推翻壓迫全球無產階級的帝國主義、殖民主義。他們爭取的新天下，當然不是帝制時期的中華朝貢秩序，也不只是孫中山提倡的大亞洲主義——民族國家，尤其是中國和日本主導的聯合。勞工期待的是「共產大同」。瞿秋白使用傳統詞彙——天下、大同——但其理念不但跟傳統斷裂，更是與「民國」相悖。

　　眾所周知，孫中山和共產國際建構的國共合作以1927年蔣介石的清黨告終。當然，兩黨終止合作不一定是以武力鎮壓工會、內戰或壓抑政治異己的方式呈現。汪精衛的與中共決裂也許較為平和。但就基本信念而言，除非雙方性質變異，國共合作是注定失敗的，因為「國民革命」不容以階級鬥爭為綱的共產革命。「國民」在孫中山看來是本質存在，是民眾的本分，由國民黨領導的國家機器所動員、分配、照顧，沒有自己的能動性，這也是「訓政」的原則。〈民生主義〉主張農村方面平均地權，城市經濟則節制資本，靠不受列強、資本家束縛的國家統籌資本、生產資料、勞工進行生產，在這個意義上，人民被賦予被動的角色。當人民演變成不斷詰問國內資本家的工農組織，發動罷工、起義，偏離「國民」的角色，甚至把這些行動跟對抗帝國主義連在一起，「民國」的理念便面臨挑戰。「國家至上，民族至上」是抗日戰爭時期的口號，但稱它為國

民黨政府1927年後的基本立場也不為過。長年「民國」對工人運動
的態度，很難稱得為友善。

　　1949年中國共產黨建立「人民共和國」，冷戰時期及以後它面
對的理念矛盾沒有比「民國」少。今天，「人民」能動性的問題在
中國不見得有明確解決的方案，執政黨對勞工和帝國主義的態度也
跟早期領袖瞿秋白不一，「人民共和國」很大程度上選擇了民族國
家的模式。各地「民國」長期忽視工人、邊緣群體的福祉，恰恰讓
內含的民族主義威脅社會秩序，反移民、種族歧視、軍事競賽漸成
輿論主流。這些問題也許在海峽兩岸沒有那麼明顯，但也是珍惜「民
國」遺產的人們該嚴肅面對的課題。

　　徐啓軒，香港理工大學中國歷史及文化學系副教授，著有*China's
Conservative Revolution: The Search for a New Order, 1927-1949*
及 *Beyond Pan-Asianism: Connecting China and India, 1840s-1960s*
（和Tansen Sen合編）等。現在關注英國在亞洲的（前）殖民地知
識分子對1950年代中國的觀察理解。

現實與理念的辯證法：
讀楊儒賓《思考中華民國》

鈴木將久

　　楊儒賓《思考中華民國》最顯眼的無疑是書名「中華民國」，而討論「中華民國」的方法也很獨特。他在序言中寫到，這部著作的焦點即是「在現實中折射出的理念中國」（頁3）。[1] 這句話充分表達了這部著作的複雜內涵。正面探討「中華民國」的目的最終要尋求的是「理念」，而他討論理念時，注意到與現實的關係：理念既不抽離現實，又不是簡單反映現實。楊儒賓似乎創造了一個言論空間，與現實保持不即不離的關係，試圖介入和震動現實的情況。今天知識分子固守學術立場，不太願意參與現實政治，但當下台灣和亞洲的現實確實讓人擔憂，考慮到這些情況，楊儒賓克盡知識分子責任的態度難能可貴。但這裡要討論的不是楊儒賓知識活動的現實意義，而是楊儒賓的知識態度所包含的多方面意義。

　　《思考中華民國》不著重在探討史實，而是重視歷史的節點。這部著作重視的是，辛亥革命前後「中華民國」成立的時刻、中國共產主義革命，以及「中華民國」在台灣的命運。楊儒賓立足於儒家現代化，因此這三個歷史節點都從儒家思想和實踐的角度進行討論：辛亥革命不僅僅是孫中山等革命派的政治運動，而是梁啟超等

1　楊儒賓，《思考中華民國》（新北：聯經，2023）。

儒家思想家和革命派政治家共同推行的政治方案；共產主義革命也並不僅僅是毛澤東領導的共產黨所追求的「建國大業」，而是共產主義者面對與儒家思想的張力進行探索的另類方向；以儒家思想為核心的「中華民國」絕不外在於台灣的歷史和社會，反而是使得台灣得以自成格局的根本原理之一。實際上，不管討論辛亥革命、共產革命還是台灣的歷史文化，一般不太注意儒家思想，但楊儒賓挖掘一直被隱沒的儒家思想在「中華民國」歷史上的重要意義，從儒家思想和主流思想的互動關係重新整理歷史過程，由此顛覆一般人的認識框架，指出新的歷史圖景。

　　值得注意的是，楊儒賓設定三個不同節點，使得這部著作充滿張力。兩個節點容易被理解為不是線型發展模式便是二元對立模式的簡單關係。舉個例子，如果僅僅處理辛亥革命和共產革命，有人認為共產革命實現辛亥革命未完成的目標，也有人主張共產革命背離辛亥革命的理想，這兩種想法看似相反，其實都把這段歷史解釋為簡單平面的模式。再舉個例子，如果僅僅處理共產革命和20世紀台灣的歷史，有人認為這兩個政治體形成你死我活的對立局面，也有人主張兩個歷史經驗頗有相似的地方，但這兩種想法同樣把歷史解釋為簡單平面的模式。楊儒賓特別的地方是，有意地設定了三個節點，使得討論「中華民國」的視角更為複雜化。中華民國的歷史經驗不再是線性發展的模式，也不再是二元對立的模式。中華民國歷史上同時存在幾個不同潮流，如儒家思想、共產主義思想和自由主義思想等，這幾個潮流之間不斷發生衝突、協調、互動等複雜關係，而出現形形色色的歷史處境。楊儒賓有意強調一直被隱沒的儒家思想在中華民國歷史上的重要意義，並不僅僅因為他是儒家思想研究者，更重要的原因是通過凸顯一直被隱沒的思潮，動搖既有的，且已僵化了的認識框架，從而在理解歷史經驗時找回動態感，在歷

史認識中重回充滿張力、複雜交錯的歷史圖像。

動態性地理解「中華民國」的歷史，讓我們得以重新思考「現實」的意義。現實容易被理解為外在於人的精神思想活動的存在，但經過楊儒賓的論述，現實恢復了不確定性，因此也恢復了生產性。現實不再是人們只能接受的外在存在，而是與人的精神思想保持互動關係，從而產生新的歷史局面。就在這樣的「現實」理解之下，我們才能了解楊儒賓尋求的「理念」之內涵。楊儒賓尋求的「理念」不是遙遙無期的理想，也不是形而上的想法，更重要的是「理念」絕不是「現實」的對立面。相反的，「理念」與「現實」共同造成世界、推動歷史。換言之，楊儒賓在這部大作中致力運作「理念」和「現實」的辯證關係。楊儒賓似乎相信，只有在找回張力的現實與推動歷史的理念的辯證關係當中，才能出現「中華民國」。他討論的「中華民國」並不簡單意味著目前我們面對的政治體制，也不是政客們提出來的未來夢想，而是始終與現實保持聯繫，同時不被現實所限制的東西，而是通過找回潛在的歷史經驗，恢復活力、開拓未來的思想場域。

楊儒賓的論述中，有關共產革命的部分看似比較單薄，幾乎被描述為儒家思想和共產主義思想的對立關係。但按照上面的理解，稍微謹慎地解讀楊儒賓的論述，我們也許可以看出共產革命的歷史經驗本身包含的複雜一面。下面，我試圖運用楊儒賓的視角，再加上我的觀點，探討中國共產革命中一直被隱沒的一面。

這部著作第五章題為「時間開始了：一九四九年的兩場歷史巨變」，專門討論1949年中共建政對「中華民國」理念造成的動盪。引起我的注意的是《時間開始了》，這是胡風的長詩。楊儒賓引用其開頭部分，接著把胡風的長詩與《華嚴經》歌詠的「海印三昧」做比較，指出「《華嚴經》所歌詠的是神祕的佛陀本懷的境界，胡

風描述的是現實世界,是人間的政治淨土」(頁268)。楊儒賓還指出胡風「以他所能想像得到的最華麗的言詞,使盡創作最大的能量,歌詠他期待已久的革命政權在中國誕生」(頁268-269)。

　　楊儒賓準確把握胡風長詩的歷史位置,他參考《華嚴經》,認為胡風在這篇長詩用華麗的言詞寫出「淨土世界」,同時指出胡風的「淨土」不是神秘的境界,而是人間的現實世界,即革命政權的誕生。換言之,胡風描寫的是,傳統的「淨土世界」落實到人間現實,成為革命政權的時候感到的心理狀態。楊儒賓的解釋似乎暗示1949年政治事件包涵現實與理念的複雜關係。這裡有兩個層次的問題。第一,革命政權的建立是可以比喻為淨土世界的事件:讓人覺得無法實現的烏托邦,卻出現在人間世界上。如果把革命政權理解為期待已久的理想,這個理想跟當時的現實情況結成不即不離的關係,即是,這個理想不脫離現實情況,應對現實,但也不直接反映現實,卻保持與現實的辯證關係。楊儒賓暗示1949年共產革命政權的建立是中國大陸歷史上展開的現實與理念的辯證的一個結果。其實,楊儒賓同時還暗示另一個層次的問題:1949年的歷史事件使得詩人心潮澎湃,寫出頗有激動的長詩。共產革命政權的建立涉及到人的心理狀態。正如楊儒賓重點探討,如何推動人性、安頓人性是「中華民國」成立以來思想家一直討論的核心問題之一,也就是儒家思想家和追求西化的思想家從不同的角度共同探討的重點問題之一。在1949年革命政權建立的時候,共產革命家也參與到人性問題的討論,並試圖提出解決人性問題的一個答案。總而言之,楊儒賓對胡風長詩的解讀似乎暗示1949年共產革命政權的建立是在「中華民國」的歷史脈絡上,在政治體制和人性討論的兩個方面上,反映了「中華民國」在現實與理念之間的辯證,從而出現歷史事件。

　　楊儒賓的解讀其實暗中配合胡風自身的思想。胡風是中國傑出

的左翼文藝理論家。作為左翼文藝家，胡風主張「主觀戰鬥精神」，重視包括「感受」在內的人的主觀精神活動。他關注的主觀精神不是抽象的概念，也不是人的「內面」，而是不斷被血肉的現實所塑造和改造的動態性領域。直面血肉的現實，使得人的主觀精神獲得戰鬥性，這就是革命活動的關鍵。胡風主張左翼文藝家必須進行自我改造，獲取主觀戰鬥精神，同時還要描述被壓迫的人逐漸獲得主觀戰鬥精神的過程，並且通過描寫這些精神活動，寫出中國革命的途徑。由此可見，胡風的文藝思想裡面有人性問題的思考。

胡風自己基本上沒有參考儒家等中國傳統思想，但當時與胡風有密切關係的舒蕪卻與中國傳統思想不無關係。舒蕪出生於桐城，精通中國傳統思想，在抗戰時期討論墨子等中國思想，同時發表〈論主觀〉文章，成為胡風文藝理論的重要夥伴之一。總而言之，胡風直面抗戰時期中國的現實情況，與中國傳統思想保持張力關係，從而形成自己的文藝思想，然後目睹1949年的歷史事件，在熱血沸騰的時候，表達自己的主觀戰鬥精神，這就是長詩《時間開始了》。

不可忽略的是，眾所周知，胡風的文藝思想在毛時代的中國大陸被徹底否定。胡風被判定為反革命特務，不僅他自己被捕，而且跟他有過聯繫的人都受了牽連。這個後來得到平反的政治冤案，代表共產黨政權的殘酷的政治運動。正如楊儒賓在這部著作中討論的，共產黨政權的作法與儒家思想家的政治理念幾乎形成對立。但同時還要注意的是，雖然胡風被關在監獄裡，而且中共多次組織批判會，嚴厲批評胡風思想，但胡風思想所討論的問題卻從未消失，反而作為中國文藝界的潛流，不時出現。尤其是胡風重點討論的中國左翼文藝中的人性問題，由於胡風案之後沒有，也不能正面討論，始終留下空白。作家要討論社會主義現實主義文藝創作的具體操作的時候，不得不涉及到有關人性的討論等胡風論及的話題，但因為

沒有正確的思想體系，只能感到迷惑。直到1980年代，中國大陸文革結束，迎接新時代的時候，也就是胡風案得到平反之後，中國大陸文藝界才開始正面討論文藝和人性的關係、具體的創作中如何處理人的性格等問題。換言之，楊儒賓在1949年的歷史時刻中尖銳地發現的、胡風文藝思想本身也包涵了現實與理念的辯證，雖然在毛時代中國大陸長期被壓抑，但作為潛流留下來，到了文革結束後的1980年代，再次復活回來。

如此看來，我們可以認為，楊儒賓在這部著作討論的另一個關鍵詞「兩岸性」也有新的意義。楊儒賓討論「兩岸性」，主要探討台灣的「此在」。他強調台灣的歷史經驗不能分割海峽對岸的歷史文化，不管對中國大陸的政治體制抱持什麼態度，必須一起思考兩岸的問題，才能有效認識台灣民主建國的意義。楊儒賓尤其重視儒家思想在台灣的作用，台灣新儒家的思考，雖然政治上算不上主流，但能表現「中華性」的積極一面。楊儒賓強調兩岸性，跟他重視儒家思想的歷史意義有密切關係：在兩岸性的框架之下，才能看到儒家思想的歷史意義；關注一直被隱沒的儒家思想，才能有效思考兩岸性的問題。這種思考方式，顯然在當下台灣有現實的針對性。也就是說，楊儒賓的兩岸性概念，有可能打破以兩岸的對立局面為前提的既有認識框架，開拓新的面對現實的思想態度。重要的是，兩岸性概念不僅對台灣的現實有針對性，而且也有助於理解中國大陸的歷史經驗。比如，就胡風思想的內涵以及胡風思想一直被壓抑但沒有消失的歷史經驗而言，如果限於中國大陸的視野裡看的話，那只是政治冤案，但如果從兩岸性的觀點來看，即同時思考兩岸的問題，而且關注被隱沒的思潮的實際作用，意義就不同了。胡風的案例正表示海峽兩岸同時經歷的歷史曲折，甚至讓我們重新思考兩岸同時遭受的現代性命運。

　　概而言之，楊儒賓的論述方法有幾個重要特點：他立足於儒家思想，重視被隱沒的思潮和主流思潮之間的複雜關係；不把現實當作既有的秩序，也不把理念當作遙遙無期的理想，而追求現實與理念的辯證關係；從而重新定義「兩岸性」，打破既有的認識框架，針對兩岸的現狀，提出新的面對現實、想像理念的知識態度。考慮到這裡，我們不難發現，楊儒賓討論的具體目標雖然是兩岸的歷史經驗，但他的視野可以拓展到兩岸之外的現實與理念。至少包括日本在內的整個東亞，不能不包含在楊儒賓的討論範圍。日本當然不屬於政治上「中華民國」的版圖，而且儒家思想的作用在日本也遠遠不如兩岸的深廣，但雖然如此，日本也不能不受楊儒賓討論的「中華民國」思想運動的影響。既然楊儒賓討論的「中華民國」是通過現實與理念的辯證法，重新整理歷史、對應現實、想像未來的知識行為，其影響範圍顯然超過兩岸，波及到周邊地區。換言之，我們可以運用楊儒賓的知識方法重新討論東亞的歷史經驗。在楊儒賓開拓的思想視野下，如何想像東亞的歷史和未來，這是接下來我們要探索的思想課題。

　　鈴木將久，1967年出生於日本東京，現任教於東京大學人文社會系研究科。研究方向為中國現代文學和當代中國知識界的情況。

從「中華性」出發的世界共生想像：
楊儒賓《思考中華民國》讀後

石井剛

楊儒賓在其《1949禮讚》的自序中說及內藤湖南的所謂「東方文化中心移動說」，並對此表示認同。[1]我相信，楊儒賓是知道這一表白的危險性的。內藤湖南提出的這一理論假設並不是單純的學術語言，而是出於他對時局的觀察以及其立場的表明。他於1924年發表〈新支那論〉，提出這一假設，為的是要主張日本理應當成今日東方文化中心，和中國一起建立一個國家。從內藤看來，中國國體已經衰落，不如與日本加強合作；日本對中國的軍事擴張是在「文化中心移動」的大歷史語境中並不足為奇，因此，他宣稱日本完全可以替代中國成為新的中心。內藤的邏輯嚴重低估民族自覺在中國正在崛起的當下現實。這無疑是這位傑出漢學家的錯誤判斷。但我也不得不承認，我這樣說也只是事後諸葛亮之意。內藤出身於新聞記者，他並不是一個關在象牙塔中的書呆子。像他那樣有現實關懷的漢學家在日本近現代學界中實屬罕見。他這一錯誤的出現不是因為他對現實政治缺乏了解，而很有可能是因為他有當時別人無法媲美的很強現實感。正因為如此，他的錯誤十分值得反思：一個學者

1　楊儒賓，《1949禮讚》（新北：聯經，2015），日文版：中島隆藏譯（東京：東方書店，2018），頁117。

面對當下政治社會境況多麼不容易！

　　時代危機迫使當代象牙塔中的研究工作者重新面對複雜的現實情況，然而這種「面對」本身正是一種很嚴肅的學術考驗。後來，一橋大學的經濟史家增淵龍夫在《論歷史家的同時代史考察》一書中對內藤提出系統的批評，認為內藤的錯誤起因於他對晚清民族主義和清代歷史發展脈絡之間關係的把握方式，說內藤過度低估明清交替之際如顧炎武、黃宗羲及王夫之等士人的遺民情懷對清代學者產生的持續影響。[2]換句話，內藤的歷史觀阻礙他去十分關注到同時代歷史的複雜面貌，也有可能他的政治立場從一開始就限定著他逼近現實的途徑，也影響了他的歷史觀。歸根結柢，無論有沒有自覺，歷史家都無法避免對當下歷史語境做出某種判斷。歷史家的研究原理上就無法做到中立。就內藤而言，他不可能不知道晚清革命人士的種種舉措，但不想支持他們，而更加同情立憲運動，對其成功表示期待。其實，遺民精神以一種異國情調和儒家關懷相混的方式，形成了日本江戶時期文化社會，尤其是大眾文化的風景線。內藤作為清代考據學之科學精神的高度讚揚者，為什麼沒能正視革命人士重溫那些遺民的哀怨情趣，並把考據學的繁榮看作為反清情緒的消極表現？或者對之保持蓄意視而不見的態度？

　　正如〈為中國文化敬告世界人士宣言〉所稱，中國「為數千年文化歷史，迄未斷絕之世界上極少的國家之一」，歷史的長度無法讓人清晰地看到其所親歷的歷史事件未來所會具有的歷史定位。如今的兩岸對峙無疑也是這條歷史長河的一個重要組成部分。無論未來的人們將看到何種解決方式，抑或是決裂，都是如此。我們都知

2　見石井剛，〈反思日本現代「中國認識」與歷史的「內在理解」〉，《開放時代》第1期（2019），頁138-149。

道台灣人民「1949」後至今所經歷的那麼多艱難的歷程，還帶著無限大的焦慮預感未來十幾年或幾十年還要經歷不同於前段歷史的新的變化。這個新的變化是不是限定於〈宣言〉以及其起草者們所預設的「中國文化」觀念所能涵蓋的範圍內？這也是「同時代史考察」無法繞開的問題。按照增淵的分析，內藤湖南的錯誤在於他把中國歷史的發展脈絡簡化為一股「潛流」的流向。增淵說，這是對中國歷史的一種「內在理解」。作為史學方法，能做到這種理解應該難能可貴。但從增淵看來，恰恰是因為內藤太過注重「內在理解」，反而忽略了「潛流」之外的別的發展可能性。晚明遺民情懷在20世紀初作為新的歷史想像力源泉促發了民族主義光復與革命的激情。這也意味著推動歷史進程的新的主體覺悟之產生，而這是「潛流」視角沒有發現的新的變化。沿著增淵的思路，我們應該把從中華民國的誕生以及後來的抗日戰爭以至於中華人民共和國建立的一系列歷史進程，看作為新的推動力量，且認為它將完全改變了中國舊有文化傳統，使之轉化和再生，而現代民族概念便是這股力量的賦予者。

　　當然，這個民族概念形成的過程也算是比較周折的。當我們想到內藤湖南也是唐宋轉變假設的提倡者時，就會察覺到現代民族概念對中國歷史敘事產生的影響之大。其實，在漫長的中國歷史當中，「華夷變態」才是常態，「文化中心移動說」恰恰很有力地說明這一點。[3]但我們不能忘記：制定「中華民國」國號的章太炎恰恰是一個漢民族主義者。因此，章氏並沒有刻意要維持清朝的多族群帝國

3　關於「華夷變態」，參看王德威，〈華夷の変──華語語系研究の新しいビジョン──〉，收錄在愛知大學國際問題研究所主編《グローバルな視野とローカルの思考──個性とのバランスを考える──》（名古屋：あるむ，2020），頁10-50。

體制，聲稱：「西藏、回部、蒙古三荒服則任其去來也。」[4] 這種
想法既違背於清朝「大一統」的帝國理念，也不盡相同於「三國分
而晉混一之，南北分而唐混一之」的歷代王朝「幸同氣之和合為一
家」傳統。[5] 但〈中華民國解〉的構思與後來成立的現實中華民國
之間其實存在著深刻的矛盾。後者以五族共和為國體，並不符合於
章太炎漢民族主義的立場。其原因就在於民族概念的含混性。〈中
華民國解〉是回應楊度文化民族主義主張而成的文章，而現實的中
華民國正沿著楊度和梁啓超的文化民族主義的方向發展，遂形成了
中華民族觀念。今天的中華人民共和國從結果來看是繼承了文化民
族主義的方向。他們所說的中華民族應該是56個族群的統一體。這
種多族群共處而形成的民族想像似乎在〈宣言〉中很薄弱。

　　新儒家的學者們寄託在中華民國理念上的最重要價值之一，即
「中華性」應該算是一種文化民族觀念的衍生概念，因此也是現代
性的具體表現之一（暫且忽略〈宣言〉對多族群統一體的面向較少
重視的事實）。[6] 民族和階級都是現代政治哲學話語發明出來的兩
個最核心的概念。顯而易見，中華人民共和國和中華民國大致分享
著中華民族的觀念，而最根本的差別橫亙在階級觀念上，即「人民」
概念的有無。也就是，中華人民共和國以將民族和階級集於一體的
國家形式出現於世界歷史舞台上，也因此，他們所強調的民族並不
只代表新儒家所說的「中華性」，更是構成中華民族的多個族群主
體，而連結這些不同族群的認同資源就是「人民」這一帶有階級色

4　章太炎，〈中華民國解〉，收錄在《章太炎全集（四）》（上海：
　　上海人民出版社，1985），頁257。

5　章太炎，〈代議然否論〉，收錄在《章太炎全集（四）》（上海：
　　上海人民出版社，1985），頁305。

6　楊儒賓，《思考中華民國》（新北：聯經，2022），頁320。

彩的特殊詞語。「人民」概念的強調修正了以民族為主體成分的現代國族國家（nation state）模式而為對抗資本主義（和帝國主義）的國際合作打開了一個可能性。中華人民共和國至少在理念上具有很鮮明的世界主義色彩也是不可否認的事實（天安門牆上今天還掛著「世界人民大團結萬歲」這一口號是最明顯的例子，它不會是虛設的），而其基礎無非是它的「人民性」。階級話語的消失給今天的中華人民共和國帶來困難。2000年前後興起的傳統文化復興熱是官民雙方對此困境所一致做出的一種替代方案。換句話，這也是「中華性」在大陸的重新崛起。

　　其實，「中華性」並不一定就是〈宣言〉所預設的那樣具有清晰可見的一條線索。趙汀陽以如下寓言結束其《惠此中國》一書：

> 一個稱為「忒修斯之船」（The Ship of Theseus）的希臘故事說，一條木船有的木板破舊了，就置換了新木板，如此不斷置換下去，終於這條木船的每塊木板都更換過了，沒有一塊木板是原來的木板，可是這條木船看上去還是原來的那條木船……。[7]

　　「中國文化」其實一直在變化當中。趙汀陽在書中的主要論點圍繞中國歷史的「漩渦模式」，說周圍的各種勢力不可避免地被捲入到逐鹿中原的政治博弈，外部勢力一旦進入這一博弈過程，就會忘記自己原來的外來身分，同化於中國歷史的動態發展進程。這是黑格爾般歷史哲學的中國翻版，旨在描述文化精神逐漸發展成為世界精神的辯證過程，或者可以說是何休公羊學說的當代版本。在這裡，華夷之辨的「辨」就等於辯證法的「辯」，各種主體勢力的動

7　趙汀陽，《惠此中國》（北京：中信出版社，2016），頁179。

態轉化形成歷史的推動力量,而推動歷史進程的動力不限於任何一種現成的政統、學統或者道統。楊儒賓所說的「兩岸性」也可以視為這樣的動態過程所到達的一個歷史階段。那麼,將來如何發展?我們順其自然就可以了嗎?歷史具有人不可阻擋的時勢。時勢即使不可阻擋,但我們並不應該袖手旁觀,王夫之的「理勢」論也告訴我們這個道理。正如20世紀前半葉,中國的改革人士(不只是革命人士,以梁啓超為首的改革派也在一起推動一樣的歷史潮流)藉以民族這一舶來概念採取了歷史的主動權那樣,我們應該,也可以尋找新的概念,以便打破現在的僵局,使整個世界變得更趨美好。那麼,「中華性」為此還能提供怎樣的有效語言?

楊儒賓思考的重點在於尋找兩岸共生的想像力,從兩岸性當中提出「一種更好的中國的想像」。[8] 我十分理解,他的這種思想立場不只為兩岸共生有益,而且也將為世界人民共生提供很具實踐意義的理論話語。但困難和挑戰是有的。他認為,「中華性」和「民主性」都是「中華民國」這一理念所包含的重要價值,但同時他也因為「此岸在政治民主化後反而產生對『中華性』的疏離」而感到困惑。[9]「中國文化」這一新儒家學者所寄託的精神紐帶也許已經不太可能當作為兩岸共生的思想資源了。那麼,我們往哪裡尋覓共生的資源?

首先,共生議題不應該就被縮小為兩岸關係。〈宣言〉的起草者們也知道中國問題乃是世界問題。但是,時過境遷,「世界」的意涵已經和他們所處的時代條件不同了。如今,問題應該是中國或者楊儒賓所說的「中華性」如何要擺脫民族性符號的地位,進而成

8　楊儒賓,《思考中華民國》,頁502。
9　前揭書,頁321。

為引領世界的普遍價值。這是世界性危機的緊迫性所客觀規定的現實，我們應該正視這種現實。而考慮到此，章太炎〈中華民國解〉的議題又映入到我們的眼界中。章太炎主張承認回部獨立並不等於「與之恝然分訣」，而是可以在民族自立的共同前提上建立同盟關係，一起抗拒帝國主義瓜分。所謂「三荒服」將來如果「同化於吾」，那麼，其前提也是要承認漢人和他們之間文化和歷史傳統的不同，不要急於統一。[10] 它雖然沒有否定周邊族群將來「同化」的可能，但當下最重要的更應該是一種承認的政治，以民族自立為主要戰略目標，再以此為基礎共同抵抗帝國主義勢力。也就是說，抗拒帝國主義的地緣政治學的考量才是章太炎〈中華民國解〉所透露的現實需求。在這裡很重要的信息便是，不是某種理念的共同性，而是鄰居關係這種客觀的地理條件才是國際合作共生的基礎條件。今天，帝國主義爭先恐後進行瓜分的時代已經一去不復返了，我們當下的危機是全球競爭格局下的和平危機、全球生態危機、全球環境危機等等，都是全球性因而是攸關全人類生存的整體危機。任何一種地方性的文明理念，無論是歐洲的、亞洲的，還是基督教的、伊斯蘭教的抑或是佛教的等等，都不可能也不應該成為唯一的普遍性理念。不是中國文化傳統在世界上如何重要，如何可以拯救西方文明的弊端，而是我們以人類共生的高度珍惜世界上無數個本土性精神財富，集思廣益共同尋求世界共生之道，才是我們現在真正需要採取的思想態度。為此，我們的出發點其實也比較清楚且簡樸：鄰居之間的關係一定要保持和平，不應該讓相互之間的矛盾升級為武力對抗。這不需要任何高深的理念，也不需要高尚的文化自覺，就是我們的生活常識告訴我們的，因而也是人人都可以承認的普遍準

10　章太炎，〈中華民國解〉，頁262。

則。中華文明長期以來容納不同的宗教，使之和諧共處。此歷史足以證明這種普遍準則早已成為中華圈世界的共同智慧。

中華文明具備很多重要的思想傳統，可以也應該為世界的和平與共生做出獨有的貢獻。楊儒賓看到「納中華入台灣」形成「新漢華文化」的過程。[11] 本書詳細介紹的徐復觀在台中的長期實踐為此打下了良好的基礎，給人以深刻的印象。我相信當今的台灣學界和民間社會承繼其遺緒，本土性和兩岸性的相互促進下醞釀著新的文化，將來會為兩岸關係的和平解決提供有益的精神基礎。但與此同時，我更希望「新漢華文化」會為未來的世界文明當作一個楷模，具備普遍價值。這已經遠遠超過現代以國族國家為單位的世界想像，而人類當下共同面臨的危機正需要我們要有這樣的想像力的。

石井剛（Ishii Tsuyoshi），東京大學綜合文化研究科教授、東京大學東亞藝文書院院長。主要研究領域為中國近現代哲學及思想史。主要著作有：《齊物的哲學：章太炎與中國現代思想的東亞經驗》、《戴振與中國近代哲學：從漢學到哲學》（日文）等。

---

11 楊儒賓，《1949禮讚》（新北：聯經，2015），日文版：中島隆藏譯（東京：東方書店，2018），頁73-105。

思考《思考中華民國》[*]

張崑將

一、「中華民國」爲何當今要好好「思考」？

「中華民國」這個國名所衍申的「文化認同」與「政治認同」，至少在臺灣生長的多數四五十歲以上的臺灣人，應該是無庸置疑，如愛國歌曲有〈中華民國頌〉，當兵時晚點名曲都唱著〈「我愛中華」，各縣市都有「中華路」等等。雖然那時候是威權體制的中華民國，對它好似無感，但現在中華民國在年輕人身上變成「可有可無」時，卻又讓人特別珍視與懷念。

為何今日要好好思考「中華民國」？這與中華民國在今日臺灣漸漸日薄西山有關，換言之，中華民國在台灣的發展至今已經不再是「不證自明」了。自從1987年戒嚴令解除後，台灣的文化認同與政治認同出現分裂，本土的民主進步黨迄今已經連續執政三次，從

---

* 筆者針對楊儒賓教授的《思考中華民國》曾撰寫簡要的書評，以英文發表，參見Kun-Chiang Chang , "Book Review: Rur-bin Yang（楊儒賓）, *Thinking the Republic of China*（《思考中華民國》）", International Journal of Taiwan Studies（2024）,1-4（Translated by Mark McConaghy）。

過去反國民黨，尚未碰觸到「一個中國」問題，但執政後，反中共的問題搬上檯面，「一個中國」的問題在兩岸關係愈來愈緊張下，對於是否保留「中華民國」就成為緊迫的問題。

「中華民國」之所以不再那麼「不證自明」，也是因為臺灣的國家領導人開始鬆動這個「國名」，或改稱它「中華民國—臺灣」，或如極端者甚至主張「臺灣共和國」取代「中華民國」等等。更嚴重的是，臺灣年輕族群之所以對「中華文化認同」漸漸無感，當然與去中國化的教科書有關。現今臺灣歷史教科書不僅「略古詳今」，而且將「中華民國」誕生後的1911-1945年這段歷史切斷，因這段期間的臺灣是在日本殖民統治之下，並不在中華民國統治範圍內，故在教科書上也被割斷無關。這樣導致中華民國在臺灣史上出現是1945年才開始，好像忽然間蹦出來一樣。這種採取「外來政權」的方式看待中華民國，也使得中華民國漸漸處於「妾身未明」狀態，其所造成的結果是讓現代的臺灣年輕人一看到「中華民國」，不會再連結到中華文化或中國人。這確實讓臺灣年輕人產生雙重認同的斷裂問題，即政治認同與文化認同的斷裂。於是，「中華民國」漸漸在臺灣成為「有魂無體」，這就如同佛經所說：「師（獅）子身中自生諸蟲，還食其肉。」[1]傷害中華民國的，還是出在中華民國的子民本身，孰令至之，孰使為之，這過程中有著深層文化的複雜歷史結構。

在上述臺灣脈絡的背景下，2023年出現楊儒賓教授所著作的《思考中華民國》，重新「思考」中華民國的存在意義，還有「中華」何去何從的問題。這本書之所以出現在臺灣是有「一大事因緣」，

---

[1] 有關佛經引用獅子身中蟲，最後自食獅子身上肉的公案，在《佛說仁王般若波羅蜜經》、《梵網經》及《大寶積經》均出現過。

也許我們可以這樣問：「所有歷史都是當代史」，所有的著作也都不離當代史，在這個2020年代，為何會有一本《思考中華民國》這樣的書出現？也就是《思考中華民國》在這樣一個時空背景下出現，並不是隨性所致。除了作者個人累積長年來關注「中華」與「民國」所涉及的中國現代性的各種層面問題，還有當今兩岸近代以來剪不斷、理還亂所牽涉的政治與文化綿密的交織網，不論喜惡中華民國或愛恨中華民國，似都繞不過中華民國，中華民國在今日兩岸關係上到底是負債或是資產，雖稱不上是主旋律，但卻又像日本學者丸山真男（1914-1996）所說的「執拗的低音」，其存在性扮演著關鍵性的角色。[2]本書與2015年作者出版的《1949年禮讚》堪稱雙璧，均是追溯中國現代性學術議題的關注，只是《思考中華民國》涉及的議題更廣，思維的角度更深，堪稱刨根式的追問，既追溯到中國文化原型的神話，又對五四新中國、共黨新中國及中華民國在臺灣一體化的連結，作者用一種「精神考古學」的方式，企圖給予合理性的解釋。

二、作為思考方法的中華民國

2023年7月剛出版的《思考中華民國》全書共分八章，外加導論及結論、附錄，洋洋灑灑超過30萬字。茲將其八章目錄陳列如下：

導　論：〈從原點出發的思考〉
第一章：〈儒家的現代化別裁：第一種新文化運動〉

2　丸山真男，〈原型・古層・執拗低音〉，《丸山真男集》（東京：岩波書店，1996），第12卷，頁149-153。

以上整本書的內容，依作者所說是環繞「中華民國」、「中華人民共和國」、「五四新文化運動」、「儒家傳統」與「臺灣意識」等這五個概念構成了整部書的重要環節。同時整部書也扣緊「自由主義」、「共產主義」及「文化傳統主義」三個不同理念交織而成，作者在第一章並稱「二十世紀百年中華的歷史可以說是自由主義、共產主義與儒家（文化傳統主義）的三種新文化運動交互作用下的歷史。」

筆者拜讀之餘，發現章章都具有「穿透性」。如第一章作者要穿透五四文化運動，還原從晚清以來儒家版的新文化運動之功。第二章論中華民國的理念，則要穿透「國父」一詞，回到「多數國父」，反而才能豐富孫中山或中華民國的定位。第三章則穿透五四革命文學的反傳統，發現革命文學反的不是「真傳統」而是「偽傳統」。第四章談民國以來的革命文學，也要穿透中國神話意識中被喚醒的幽暗力量。第五章論1949年10月1日與12月7日兩個中國的分裂，對於共黨的「時間」雖然告別了自由主義與封建主義，重新定義「中華」的性質，但作者穿透共黨定義的時間，將時間對照在中華民國在臺灣的新生發展，繼續完成中華民國的理念，看到文化本身也有其自主性的發展，非政治力所能干擾。第六章則穿透臺灣在日據時

代的反抗運動知識分子對中華文化精神原鄉的祖國情懷，連結到梁
啟超、孫中山對臺灣反抗運動的重大影響，若沒有作者這種「穿透」
的連結，臺灣反抗運動可能將與中華民國或中華文化切割而形成斷
裂關係。第七章透過漂泊流離到臺灣的新儒家徐復觀與臺灣台中當
地的知識分子的真實情感交流，甚至成為生死之交（特別是莊垂
勝），作者看到一位「遺民」與臺灣本土的台中一群「舊儒者」的
知識分子，帶有在野的批判反抗精神，透過共同關心儒家文化價值
的終級關懷，穿透臺灣／中國、本省／外省、日據／光復的分割情
節，彼此穿越時空，找到作者所稱「共鳴的儒鐸聲」。最後第八章
回到「中華民國」精神，作者巧妙地以「中華民國理念」校正「中
華民國政府」，穿透紅星照耀下的新中國與仍在進行民主建國中的
「中華民國」。總之，「穿透」是為了接合被遺忘的或被扭曲建構
的歷史，特別是精神文化的歷史。作者彷如拿了一把利銳的電鑽，
鑽進百年來不論是政治或文化運動的靈魂深處，召喚出中華文化的
「原型」，對兩岸各執己見的中華理念，均帶有警醒的作用。

　　當然，《思考中華民國》這樣的書名及方法論，頗取法於戰後
日本一些學者如竹內好（1910-1977）、溝口雄三（1932-2010）、
子安宣邦（1933-）三人對於「東亞」思考的方法，如竹內好有〈方
法としてのアジア〉及〈近代とは何か〉、溝口雄三原著《方法と
しての中國》以及子安宣邦有《方法としての江戶》，後兩位學者
對竹內好的思考方法有繼承也有批判。[3] 但戰後日本學者一再追問
在近代的「日本」到底是什麼的問題時，實則乃因「日本」在近代

3　三位學者的相關書評，可參張崑將，〈關於東亞的思考「方法」──
　　以竹內好、溝口雄三與子安宣邦為中心〉，《臺灣東亞文明研究學
　　刊》第2期，2004年12月，頁259-288。

的發展令人眼花撩亂，為何日本的近代會一步步走向帝國主義？為
何日本的近代沒有走向真正的民主社會？為何日本近代文明選擇的
竟是脫亞入歐等等一系列的問題，企圖為日本何以錯誤地走上近代
的歧途，成為大家無法認識的日本，或給予近代戰爭災害的日本，
找到一個可以解釋的理由，以免重蹈覆轍。實則戰後困擾當年日本
知識分子思考「日本到底是什麼？」的問題，我們也一樣在《思考
中華民國》這本書中表露無遺。這本書問的是「何為中國？何為五
四？」、「中國文明的理念原型是什麼？」、「中華文明對現代性
的因應與挑戰是如何發展？」、「為何中華文明會出現非中華文明
內涵的共黨中國？」、「中華民國落腳於臺灣的意義是什麼？」等
等問題，筆者簡略將以上問題統攝為「中國現代性」之課題，並扣
緊這個課題來評論這本書。

　　因為本書側重「思考方法」，所思考的內涵當然不離開「中國
現代性」的問題，故不得不談其「理念」，這個理念當然是其書中
所說在政治上涉及「主權在民」與「憲政民主」，或是在文化上由
五四運動所涉及的民主、科學還有「新的人觀」之理念。對於五四
運動，作者也給予三個模式的理念：即共產主義的、自由主義的及
文化傳統主義的不同理念之模式，同時至目前為止的發展也可窺後
兩者是可以兼容共榮，但共產主義無法兼容後兩者。以上這些「理
念」在近代政治與知識分子的苦鬥歷史經驗中，經歷過「五四」（科
學與民主的吸收方式、中西文化的碰撞、新的人觀）及由「中華民
國」到「中華人民共和國」，再由「中華民國」遷到「臺灣」之間，
也必然涉及「臺灣意識」，以及當今的兩岸關係的複雜歷史與政治、
文化解釋的爭議。總之，「中華民國」、「中華人民共和國」、「五
四新文化運動」、「儒家傳統」與「臺灣意識」等五個理念形成了
本書思考的範疇，也皆與「中國現代性」議題息息相關。

三、重估中華系譜的三視角

作者並不諱言，本書有「精神考古學」的意味，這讓我們想起傅柯（1926-1984）的「系譜學」（genealogy）方法，企圖從微觀的角度重新審視被定位的歷史或事件的詮釋。那麼作者如何重估中華系譜呢？或許可從以下三個視角來分析：歷史連續縱軸的視角、混融的多元視角及衷情文化傳統主義的視角等三層面來分析，說明如下：

1. 歷史的連續縱軸視角：注重近代與前近代的連續性關係

例如作者企圖對五四新文化運動之「年代斷限」問題時，往前推到戊戌變法，特別是梁啟超這批文化傳統主義者（儒家模式），並將此作為新文化運動的源頭。主要也是針對目前學界收割五四的成果有兩個主要模式，一是自由主義模式，一是與之對立的共產主義模式，當然共產主義模式是最主要的收割成果者。所以作者要將五四回溯到晚清從1840-1911年的「中體西用」歷史階段到戊戌變法，正視「沒有晚清，何來五四？」這樣歷史連續性的視角。又如第三章論五四喊出追求個體自由主義的「新文學革命」很快被紅色太陽的「革命文學」取代，作者要去追溯自由主義的失敗，乃因中華本身並沒有脫離倫理關係與道德的個體主義，而足以讓自由主義可以立基的土壤。如此氛圍之下，作者又不得不連結到前近代文化傳統中強調個性文學仍不失與倫理產生聯繫而非斷裂的關係。如從晚明文學中更見得真切，但五四新文學卻強解晚明文學與個體解放主義的意涵。又如第四章〈論革命動力學：光、影與土地的神話意識〉，作者特著重在民國學術「發現神話」的重要事件，挖掘魯迅、

茅盾、聞一多等的神話學，企圖從中找出深埋於中華文化古層原型的力量，何以會被「召喚」出而推動了革命力量。又如第五章〈時間開始了——1949年的兩場歷史巨變〉，作者對於1949年分裂的兩個中國，將歷史舞台拉回到中國史上三大南渡事件——永嘉南渡、靖康南渡與四九南渡做一宏觀比較，從而凸顯四九南渡的中華新生所帶有的文化性格。更不用說第六章〈在水一方：日治臺灣反抗運動的中華文化元素〉更將臺灣從來的反抗文化性格接合到明鄭的反清復明，凸顯那種獨特抗爭意識中的道統精神原鄉。以上我們都可以鮮明地看到「思考中華民國」並不只是思考當代兩個中國，更是思考中華文化的源流及其原型，故必然是歷史的聯繫性思維，而不是割裂傳統文化或近世與近代的關連性。

2. 混融的多元視角

　　作者要重新思考「中華民國」，方法上採取了「傳統／現代」、「本土／西方」、「立憲派／革命派」等混融的視角，重新給予「再詮釋」、「再定位」。以下說明之。

　　首先是「傳統／現代」混融的視角，例如本書對「中華民國」、「五四運動」的理念不以成敗論英雄，必將視角拉到文化傳統主義甚至遠推到遠古的神話意識；又在論「革命文學的興起」課題之際，作者在論證「階級性」取代「個體主義」時，也要找出中國個性文學的系譜，方能檢證五四革命文學原來批判的竟是「偽傳統」，作者要表達的是「真傳統」實承認個性並非抹煞個性；又在論及日本殖民統治期間臺灣知識分子的反抗運動中，也得找出那股中華文化元素的動力，「祖國」因素成為避開不了精神動力。以上皆是一種「傳統／現代」混融視角的表現手法，透過這樣的視角，多方檢證當代五四運動的迷失與共黨一面倒的收割成果，企圖扭轉被誤讀的

近代文化思想史。

　　其次是「立憲派／革命派」混融的視角。這充分運用在第一章論五四新文化運動及第二章對中華民國的理念的詮釋上。作者認為五四新文化運動不是只有「民主」、「科學」兩個核心議題，更應該加入「人觀」（主體性）議題，當這人觀加入後，詮釋五四新文化運動就不再局限民國以後的五四愛國運動，而是「沒有晚清，何來五四」的追問。由於加入「人觀」，使得文化傳統主義不斷在晚清進行「民主」（如立憲派）與「科學」（如中體西用派）上的努力，就成為必要的追溯。作者如此穿透五四，追溯到晚清重新詮釋五四，則五四不再只是革命派（無論是國民黨人的革命或是共黨人的革命）或是西學派（以胡適為代表）等的片面詮釋。當然「立憲派／革命派」混融的視角也巧妙地詮釋「中華民國」之理念，如所周知，中華民國是國民黨建立，後來共黨中國取代中華民國，中華民國乃成為正反兩方詮釋的立場。但作者處理的是「中華民國的理念」，如果談「理念」，則中華民國涉及的「民權」與「民主」，就不是以勝敗論英雄，如作者所言如果沒有梁啟超立憲派的倒戈，辛亥革命要成功都是未知數。可見梁啟超本人並不反對革命，故他對中華民國成立的功績當不能被抹煞，這也就是作者不贊同「國父」的設立，如果要設立，應該是「多數國父」而不是「單一國父」。因此作者從更遼闊的視角，認為應該要「納立憲派於中華民國，納中華民國於中華道統」。以上作者很巧妙地混融革命派／立憲派，可補救單方面以共產革命或西化派乃至民國革命派的詮釋五四與「中華民國」的理念、立場，這種混融視角給予歷史比較持平客觀的評價，並且遙接作者所要強調的文化傳統主義。

　　最後是「本土／西方」這個混融視角被充分運用在第四章論〈革命動力學：光、影與土地的神話意識〉中。作者為了解釋階級史觀

何以能於短時間取得政治上的勝利，對於有著中華古文明——特別
有儒家文化傳統的文明國度，按理不會有讓一個西方階級史觀的共
黨統治了中國的實際可能，但這種事情的確發生了，頗令人費解。
雖然李澤厚先生用「救亡壓倒了啟蒙」似乎可以解釋這個現象，但
顯然作者認為沒有那麼簡單。對於深藏於中華古層的那股神秘力
量，作者企圖從左派革命文學者（如魯迅、聞一多、茅盾等）的神
話意識找出答案，這種從神話學來找尋答案，確實有其創見，但風
險不少。若想討論文化原型涉及的神話學，也必採取中西神話學的
對比，作者從中國古代的《易經》、《莊子》、《尚書・堯典》等
的原型神話，再對照榮格（C. G. Jung）心理學，企圖用「集體無意
識」精神分析方法來解釋文化的原型；作者也引用不少卡西爾（Ernst
Cassirer）符號神話學的內容，當然還有神話大家耶律亞德（M.
Eliade）更是不可少。作者要找文化原型，混融「本土／西方」的神
話學，為了證成那股被喚醒的意識形態之神秘幻覺力量，推動了革
命，也讓階級史觀沒收了革命成果。本章結合中西神話學來解釋五
四以來的革命動力，別樹一幟，既新穎又前衛，沒有相當的學術功
底，無法做這樣的中西融合之研究。

　　由於「中華民國」理念不是簡單可以單一視角去論斷，既不能
只從政治上的成敗論英雄，或是「自由主義」與「共產主義」二元
對立做論斷，更不是切割「現代」與「傳統」關係做評比，更重要
的是，中華民國至少到目前為止還是個進行式。職是之故，任何企
圖要用單元視角或二元對立視角詮釋「中華民國」都難免產生獨斷
論，作者透過以上混融的多元視角，確實可以為「中華民國」產生
新詮釋與新定位。

3. 衷情文化傳統主義詮解「中華」的視角

本書環繞五個主要概念:「中華民國」、「中華人民共和國」、「五四運動」、「儒家傳統」及「臺灣意識」。全書充分感受到作者是衷情於儒家文化傳統詮解「中華」理念。換言之,這五個概念每個內涵最後都要拉到「儒家文化傳統」。例如第一章〈儒家的現代化別裁:第一種新文化運動〉必追溯清末立憲派核心人物如康有為、梁啟超等人,以及第二章「中華民國的理念」,高度讚揚孫中山的儒家文化傳統情懷,更主張不應稱孫中山為「國父」,反而更能豐富孫中山,「國父」一詞反而矮化了「中華」,應該「納立憲派於中華民國」,也要「納中華民國於中華道統」,將「中華民國」思考的理念拉到儒家的中華道統。又如第六章討論殖民時代臺灣知識分子等的遺民情懷,也都離不開「中華道統」,以及第七章論「兩岸知識分子(徐復觀與莊垂勝)的共鳴」亦多不離兩岸知識分子的「儒學盛會」。如果我們依此視角再檢視作者此書的安排,則第三章〈革命文學的興起:個性與階級性的消長〉、第四章〈革命動力學:光、影與土地的神話意識〉及第五章:〈時間開始了:1949年的兩場歷史巨變〉這三章的安排,是作為儒家文化傳統的對立面而安排。作者似乎採取了「正—反—合」的章節安排,先論五四與中華民國的理念,注入文化傳統主義才是斯人斯土應該發展的正道力量,接著鋪陳三、四、五章共黨的興起,撕裂與文化傳統的關連,引進階級史觀的鬥爭理論,這都與儒家文化傳統格格不入,進而在第六、七章論及日本殖民時期遺民心態的「反抗原型」之動力來源,仍在於那股「中華道統」的源流,最後在第八章回到中華民國民主建國之「理念」在兩岸實踐落差的比較,仍算是一個尚未完成的革命。

　　當然作者思考中華民國，有強烈的現世關懷，衷情儒家的中華
理念，是因為深信儒家理念本可以生出「民主」。作者深信這種「民
主」理念在晚明階段已經顯露曙光，雖然在近現代遇到挫折，但始
終有一股政道與治道結盟的民主欲求，所以本來就不反對民主國家
的建立，甚至可以融合西方民主並對之補充或修正。作者如此細緻
地闡述中華道統從花果飄零到海外的靈根自植過程，看到歷史發展
總是有一股神秘軌跡運作著，明鄭王朝儼然就是中華民國的前奏曲
翻版，「誰是正統中華？」依然唱著幽魂曲。

四、作爲鄉愁的「中華」能否「靈根自植」

　　《思考中華民國》首先涉及「什麼是中華？」的問題，實則這
個問題的爭論早在17世紀「中國天朝」的明帝國崩潰時已經出現，
因此在17世紀以後出現「一個中華，各自表述」或「一個東亞，各
自表述」的文化與政治現象籠罩了東亞世界。這種東亞文明源自於
「一」的鬆動，而呈現「多」的面貌，只是「一」與「多」的中華
觀或東亞論，到底是「歷史同一性的『東亞』空間不復存在」（如
葛兆光），[4] 或是反而「真正意義上的東亞在十七世紀以後才誕生」
（如姜智恩）。[5] 前者著眼於「一而多」，後者反而看到「多而一」。

4　參葛兆光在許多著作中都表達了這個看法，可參《何為「中國」？：
　　疆域民族文化與歷史》（香港：Oxford University Press，2014）之
　　第五章〈周邊：十六、十七世紀以來中國、朝鮮與日本的彼此認識〉，
　　頁145-157。

5　姜智恩原著、蔣薰誼譯，《被誤讀的儒學史：國家存亡關頭的思想，
　　十七世紀朝鮮儒學新論》（新北：聯經，2020）之第二章〈十七世
　　紀儒者世界的樣態〉即論證這個「真正意義上的東亞在十七世紀以
　　後才誕生」的課題，扭轉了諸多片面的見解。頁42-94。

換言之，近代以前「一而多」或「多而一」的複雜現象，讓我們看到當一個文明衰弱的中國，周邊國家紛紛出現「搶中華」、「競中華」甚至到了近代又有「去中華」的現象。

由上所述，可見「一中各表」，其實在過去近代以前的中華秩序下，特別是17世紀以後的東亞世界，早就開始了，並且這套中華秩序有著宋代儒者以降對「道統」的文化傳統是否存續的終極關懷。如果撇開各種情境脈絡，「一中各表」其實要表達的簡單意思是「你是中華，我也是中華」的「複數中華」概念。或者我們也可以說，「複數中華」是17世紀以後至19世紀東亞秩序中的實情，複數中華的多元性因「天朝」的崩潰，可以如上述葛兆光所稱「歷史同一性的東亞不復存在」。但就是因為「天朝」的崩潰，在周邊所見到「中華」的多元性，更證明了「中華」的魅力，就此而言也可說是「真正意義上的東亞在十七世紀以後才誕生」，因為這種中華的多元性是過去東亞所隱而不顯的現象，也是過去中華認同在周邊國家長期累積醞釀下的結果。「一中各表」呈現出朝鮮的「大／小中華」或臺灣明鄭的「正統／非正統中華」或是日本最後「以皇道取代王道」等等的模式，就像一個迴圈，無論怎麼繞，均還脫離不了對中華秩序的追求。即便當今兩岸分治，還是繞不出「中華」課題的迴圈，如作者在第五章〈時間開始了——1949年的兩場歷史巨變〉中，聚焦1949年10月1日中共建國成立「中華人民共和國」與12月7日「中華民國」政府搬遷到臺灣來的兩大日期，呈現「兩種中華」與「兩種民國」的解釋權之爭，這不僅是過去式，更是現在式，當然還是個未來式。

因此，這樣的「一個東亞，各自表述」，關鍵在對於「中華」認識的「一」與「多」的層次分歧上，而這個分歧同樣顯現在今日兩岸的政治與文化認同上，無論如何繞，還是繞不出「中華是什

麼？」、「誰是中華？」、「中華往何處去？」等三大問題，而這
三大問題又是密切不可分的三合一問題。「中華是什麼」問的是「中
華」本身自有其文化傳統，不容以西代中、主客易位的根本問題，
固然中西文化可以融合，但維持中華主體性是很明顯，當代新儒家
唐君毅、牟宗三、徐復觀等人的努力與堅持即是這個立場。其次，
「誰是中華」問的是「合理代表性」的問題，誰能維持中華主體的
「理念」，誰就能代表中華，故地理空間未必就是在大陸，周邊區
域國家都有可能，如過去朝鮮儒者在明亡後認為「中華道統」在朝
鮮的思維。[6]至於「誰是中華」這個理念必然是接著第一個問題所承
認中華文化傳統並且不容以西代中，因此楊書希望周邊中華「理念」
價值觀能夠參與中國、回流中國並影響中國，並非一定是中華民國
回到中國。最後，「中華往何處去」問的是未來性問題，依楊書的
脈絡，肯定是朝「民主建國」之路發展，因這個「民主建國」工程，
從晚清、革命到兩岸分治，這個基於文化傳統的「民主建國之路」
並未完成，兩岸同志仍須努力。

　　毫無疑問，若從上述三大「中華」問題來看，作者對共黨中國
的「中華」是存疑的與不安的。如果追溯臺灣的中華意識之所以深
根與茁壯，作者在第六章〈在水一方：日治臺灣訪抗運動的中華文
化元素〉及第七章〈兩案共鳴的儒鐸聲：徐復觀與台中學人〉討論
得很清楚，從明鄭到清領，從清領到日據，從光復到解嚴，經過一
波波時代浪潮的淘洗與淬煉，尤其在日本殖民統治下展現的抗議精
神，既追求民權自由平等，又嚮往祖國的民族情懷，堪稱「民權」

6　朝鮮在明帝國滅亡後，堅稱「道統」在朝鮮，已不在中國的論述，
　　參拙著，〈朝鮮儒者的真儒與道統之論〉，發表於韓國安東大學所
　　舉辦之「2015儒學學術會議：儒學與當代世界」國際會議
　　（2015/10/05）（安東：安東大學校 國際交流館 中會議室）。

與「民族」並行而不相悖；又從大陸遺民徐復觀可以與臺灣儒者莊垂勝之所以成為生死之交，其黏著劑正在於中華核心精神的儒學終極關懷。因此，作者在第六章〈在水一方〉中舉了日本殖民時代後期文鬥的反抗運動人物的莊太岳（1880-1938）、連橫（1878-1936）、林獻堂（1881-1956）、蔣渭水（1888-1931）、王敏川（1889-1942）等五人，他們幾乎是同期的人物，縱然有左、右的路線之別，但都有濃厚的文化傳統主義之認同，更不礙其爭民權自由，即便是左翼的王敏川還是尊重孔孟，都是追求「以民權思想為中心的民族主義者」，他們多少受到孫中山、梁啟超的深遠影響。

　　如果說17世紀因為「天朝」的崩潰，真正的「中華」在海外誕生，那也是因為「中華」必須在符合他的文化土壤重生、開花與結果。作者在「在水一方」筆下的「遺民」士人，既是中華的花果飄零者，同時也是在海外靈根自植的扎根者。作者用唐君毅先生的「花果飄零」與「靈根自植」來比喻中華追求現代性的過程中，離開了母株，飄零到中國本土以外的海外之地，依然落地生根，延續中華道統的胤脈，傳遞中華生生之氣。

　　因此，作者借用日據時期詩人莊太岳鈐印的「在水一方」的用法，實是一語雙關，表達所謂伊人（中華文化），並不在彼方，而在此方，如作者所言：「**中華文化的理念在現實中國的處境有太多的扭曲與折損，反而在本土周遭的殖民地區更能維繫中華文化的理念。**」這句話放在臺灣尚未民主化以前確實一語中的，當同時期的五四反傳統文化運動在「彼方」如火如荼地展開時，「此方」的臺灣是用文化民族主義的情懷反抗著日本的殖民；當同時期在「彼方」進行史無前例的文化大革命時，「此方」的臺灣則進行「中華文化復興運動」。但這句話放在21世紀以後兩岸所發展的「中華文化理念」，卻漸漸產生質變，尤其在臺灣「此方」的時空環境漸漸有「去

中華化」，大陸「彼方」則已經努力在「恢復中華」，臺灣的中華
民國能否「更能維繫中華文化的理念」，大陸政局能否「不再扭曲
中華文化理念」目前也正同步發展中，但短期看來這兩股「中華理
念」的發展目前並無交集。臺灣「此方」正往「去中華化」發展而
欲「割裂中華」，大陸「彼方」則朝「中華化的馬克思主義融合思
想」而欲「轉化中華」，如此楊書所謂基於儒家文化傳統的「中華
理念」在兩岸的現實發展中漸行漸遠，「中華理念」在未來似乎只
能成為「永恆鄉愁」。

五、從「中國再起」再思考《思考中華民國》

　　兩岸從1949年國共敵對狀態，直至1987年蔣經國晚年開放臺灣
老兵至大陸探親，從「對抗」的老死不相往來，開始走向政治、經
濟與文化的「交流」，並隨著大陸1990年代經濟上走向資本主義化
之路且取得飛躍成長後，迄今已是世界二大經濟體；大陸在文化上
也積極恢復「國學」，迄今也超過30年，並且在「文化自信」政策
下也不斷輸出「大陸的中華文化」。臺灣則在進入21世紀的第一年
走上第一個政黨輪替的民主化之路，但同時因其本土化的去中化路
線，經常在政治上挑戰「中華民國」的國家名稱，並且在文化上有
意「去中國化」，臺灣人的文化認同與政治認同逐漸出現動搖與混
亂。換言之，大陸愈來愈像「中國」，擺盪在「馬克思主義中國化」
或「中國化的馬克思主義」之間；臺灣則愈來愈不像「中國」，擺
盪在「中華民國」與明顯親近美、日的「臺灣共和國」的想像共同
體之間。上述互爭中華的現象，已明顯看出一強一弱的實力，由於
自2016年迄今2024年臺灣已連三屆民進黨執政，致力於解消「中華
民國」，朝向臺灣共和國的想像共同體，有計畫地推出系列的「去

中國化」政策,故臺灣在國際上對「中國」或「中華」的解釋權上幾乎自動繳械。在上述的狀況下,坐實了世界上只能有「一個中國」,而且只能是「大陸中國」。就此而言,民進黨似乎幫了共產黨很大的忙。同時,民進黨不要「中華民國」,共產黨最終也要消滅「中華民國」,民、共兩黨在這樣的目標竟也是一致,「中華民國」在今日實處於裡外都不是,岌岌可危。

不過,為何兩岸爭「中國」或「中華」會有如今一消一長的趨勢呢?是「歷史的必然」或「歷史的偶然」?筆者以為,比起2300萬人口的中華民國,世界當然比較關注一個有14億人口的中國,只要大陸沒有內亂,共黨體制又懂得開放資本市場,如此龐大的經濟市場、物產之豐富、人口之紅利、勞動吃苦文化的巨大市場,且中國向來有實用主義的文化傳統,這個實用主義其實也呈現在共產黨體制的靈活運用當中,故能吸引全世界大小資本家的投資目光。「大國」是在這樣的政經與文化背景下快速「崛起」,今日要談兩岸的「中華/中國」消長趨勢,須從這個「中國再起」的背景來加以衡定。

自從上世紀末「中國再起」已是不爭的事實,牽動各界對上述「何為中國?」之論的積極探討。但我們若要探討「中國/中華」課題,有必要重看中華秩序在近代以前發生的歷程及其產生的巨大影響。

「重看」中華秩序有兩層意義:一是從過去的「中華秩序」看現代世界局勢中的「中國再起」,一是從現在的「中國再起」回過頭來看「中華秩序」。顯然,這兩層的「重看」是有必要,否則難以清楚掌握「中國再起」的當代意義以及預測其未來的走向。近年來以「中國再起」(Resurgence of China)的學術研究議題在臺灣也頗熱門。黃俊傑教授過去自2014年起在臺灣大學人文社會高等研究

院，即連續推動「東亞視域中的『中華』意識」國際學術研討會，此後連續5年，筆者2017年主編的《東亞視域中的「中華」意識》一書彙整多位學者的菁華，則是該研究會的初步成果。2023年由歐洲瑞典斯德哥爾摩大學羅多弼（Torbjörn Lodén）主編的*What is China? Observations and Perspectives*，此書彙整了東西十位中國專家的論文，有來自瑞典、中國大陸、香港、韓國、馬來西亞、新加坡、臺灣等學者對中國研究的論文。其中葛兆光分析中國歷史上內外關係的意義，張隆溪則從中國作為一個文化概念和一個地理領土來探討其意義，新加坡的王賡武則分析了前近代和近代古典文本對中國國家的意義。韓國的Kim Youngmin 探討了「中國」如何被視為一種「建構」。黃俊傑則比較了中國宋代的石介（1005-1045）和日本江戶時代儒者淺見絅齋（1652-1711）的中國論，而王汎森討論了近代史上中國人的自我形象（self-image），瑞典Fredrik Fällman則對當代中國論述中的「中國特色」概念進行了批判性分析，馬來西亞的黃基明（Ooi Kee Beng）則審視了中國在東協鄰國中的形象。最後，瑞典Joakim Enwall探討了中國從多民族帝國轉變為同質民族國家的發展。[7] 此書面向多元，時間跨越前近代到當代中國，除涉及中國本身的形像討論，也有從周邊國家如何看待中國的比較視野等等，是從文化視野討論「中國」的新研究成果。

此外，當代國際關係政治學者也都有志一同注意到這個趨勢。例如蔡東杰《中華帝國傳統天下觀與當代世界秩序》一書深刻地從國際關係及歷史發展脈絡的角度分析近代中國以前的三個帝國——

7　Torbjörn Lodén ed., *What is China? Observations and Perspectives*, （Stockholm: The Royal Swedish Academy of Letters, History and Antiquities, 2023）.

秦漢帝國（第一帝國）、隋唐帝國（第二帝國）、清帝國（第三帝國），當然也關注當代興起的共黨中國之發展。[8] 另外，「中國再起」的研究學術社群比較關注的焦點在國際關係政治與中國歷史發展之關係。這個學術群社群由政治學者吳玉山於2015年在臺大高研院主持「東亞脈絡下的中國再起及其影響」的總計畫，統合了歷史學者及國際關係的政治學者跨領域合作，企圖加強長年處於「非歷史的」（ahistorical）和「去脈絡化」（decontextualized）的國際關係理論之不足與窄化，以及國關學界與歷史學界老死不相往來的情況，如今是因為「中國再起」的課題，促使國際關係理論學者必須正視中國的歷史發展，才能比較正確且有效地提出國際關係理論，企圖擺脫過去國關學者只從近現代理解中國的窄淺與不足。因此，從 2015年11月分別舉辦了「中國再起：一個歷史與國關的對話」及2019年12月舉辦「中國再起：與鄰邊互動的歷史與現實」，並在2018年先集結成專書《中國再起：歷史與國關的對話》一書出版。誠如吳玉山在序中所說：「這樣重新崛起的強權，究竟會採取怎樣的對外政策，這對於和中國大陸僅僅一個海峽之隔，又和對岸在政治關係上糾結不斷的臺灣而言，是至關重要、涉及存亡的議題。」[9] 以上說明對中國的重新認識之必要性，以避免情緒性或意識形態，採取比較宏觀的國際視野及縱觀的歷史深度，精準地了解中國、認識中國，否則認識不清會影響國家政策，造成錯誤判斷，一步走錯，是涉及「存亡」問題，可不慎哉！

　　確實，從歷史長河觀之，中國不是「崛起」而是「再興」或「再

8　蔡東杰，《中華帝國傳統天下觀與當代世界秩序》（台北：暖暖書屋，2019）。

9　吳玉山主編，《中國再起：歷史與國關的對話》（台北：臺大出版中心，2018），〈編者序〉，頁3。

起」。由於中國自1990年代快速經濟復興，迄今已經是世界第二大
經濟體，牽動全世界注目中國未來的發展。正如「譽之所至，謗亦
隨之」，國際上同時也瀰漫著「中國威脅論」，中國領導人不斷宣
稱從「和平崛起」到強調「和諧世界」；面對「霸權」質疑，也宣
示過「中國永不稱霸」；在國際視野與格局上，中國國家領導人也
才從幾年前稱「亞洲命運共同體」跳躍到如今上下都談「人類命運
共同體」。面對強權的美國貿易戰的威脅，中國也能大聲地喊出「中
國已經可以平視世界了」的自信感。文化層面上，中國在堅持馬克
思主義意識形態下，開始容許了「文化自覺」，至今已到了「文化
自信」階段，全面恢復傳統中華文化，將傳統經書精髓開始導入教
科書，讓下一代中國人對中國文化不再鄙視而是珍視自己的中華文
化，撇開了五四新文化運動及文化大革命的反傳統陰影，讓人見識
到中華文化與馬克思主義相容並存的現代中國已經誕生。以上都是
發生在近三十年來中國的變化，真是「三十年河東，三十年河西」，
其變化之快速以及因應世界局勢而調整的機動靈活性，令人眼花撩
亂，難以預測。

　　中國這波三、四十年的「再興」現象，國際上稱「中國崛起」，
中國自己本身稱「中華民族偉大復興」。文揚在其新著《天下中華：
廣土巨族與定居文明》則稱「中華文明再次復興」，以區隔前兩項
的稱呼。文揚指出，稱「中國崛起」是指當今國際上從經濟總量含
綜合國力的高速成長，時間只著眼於「當代中國」；中國自稱「中
華民族偉大復興」是指從近代中國所遇到的民族挫折，到中華人民
共和國實現了這個偉大復興，這是聚焦「近代中國的挫折」，才對
照出當代的「偉大復興」；但稱「中華文明再次復興」指的是自中
華文明出現以來，經歷了多次興衰之後，從最近的1840年以來的大

衰落當中再一次實現了復興。[10] 毫無疑問，文揚這個「中華文明再次復興」用法包含了前兩項，且拉長了時間歷史感，正視中華文明的悠久與興衰過程，更具有宏觀的歷史視野與格局。

筆者頗認同文揚這個「中國再起」的用法，確實要了解當代中國及預測未來中國的發展，不去理解這個具有悠久文明的歷史發展是不可能。只是，筆者認為「中華文明再次復興」當不是只從1840年的大衰弱算起，因為這還只是從中國本身看這個衰弱過程。如果從東亞視域看，還應追溯到1644年明帝國滅亡以後的「中華文明衰弱」之現象。過去東亞知識人有明亡後無中國之嘆，表面上清帝國在康雍乾三朝的盛世，締造了一個史無前例的大中國疆土。但弔詭的是，周邊國家雖臣服於中國，卻也私底下開始「自華」起來了，也就是認為中國不再是「中華」，周邊國家才是「真中華」。這就是「中華」課題的辯證性所在，也是過去中華民國在台灣的兩蔣時代長期與對岸中國對峙、互爭誰是正統中華的關鍵問題。

但一個「中國再起」到底是對中華民國是「威脅」？還是「契機」？當反攻大陸已不再可能，中華民國憲法就成為一部虛幻自欺的憲法架構，如何說服21世紀新生的當代臺灣人；當共黨統治下的中國也開始積極恢復中華文化，臺灣主張中華民國才是「正統中華」已不再有多大的說服力，甚至也幾乎沒有學者如此堅持了。更尷尬的是，當中華民國本身也走向「去中華化」的時候，更無能對「什麼是中華」、「誰代表中華」表示什麼立場，自動繳械給共黨中國。

從反中立場者來看，不管中國是否再起都視之為「威脅」，不樂意看到兩岸的密切交流。但認同「一中」或九二共識者，認為中

---

10 文揚，《天下中華：廣土巨族與定居文明》（香港：香港中和出版，2021），頁355-358。

國再起是個「契機」，當中產階級逐漸在大陸形成，會否比照臺灣因中產階級的興起模式而促成大陸更民主化的契機。因此兩岸可以先「心靈契合」，尋求可以共同接受的體制，如黃年提出「大屋頂中國」，及張亞中等人提出「一中三憲」的架構。

從長遠視野看，不論「威脅」或「契機」似乎都有擺盪的政治週期，2008-2016年是國民黨執政時期，兩岸朝「契機」的方向運行，彼時加強兩岸政治、經貿、文化密切交流，真正落實九二共識精神。但2014年爆發太陽花學運後，更促成了2016年的換黨執政，兩岸漸朝「威脅」方向運行至今，大陸愈要統一，民進黨就愈要獨立，反之亦然。奇的是，民、共兩黨的共同性都是讓中華民國消失，故可以想見中華民國的未來前景的確堪慮。目前中華民國在台灣是「借殼上市」階段，並且在可見的未來，中華民國似無回到過去榮光的可能。中華民國對臺灣而言，有人視為「救命藥」的保命符，但有人認為是「致命藥」的催命丹，如何在台灣「轉化新生」，實考驗臺灣人的智慧。

從上述「中國再起」的背景，再回頭來看楊書的《思考中華民國》。由於作者是用廣袤的歷史長河來論述百年來「中華民國」的興衰，面對「中國再起」作者似乎也老神在在，未來中國要以何方式「再起」並能感動兩岸人民乃至全世界，在作者的選項中肯定不是現在還堅持用馬克思—列寧—毛澤東思想的共黨意識形態企圖融合中華文化的中國。（頁462-463）但作者卻在書中結論中仍然懷抱期望兩岸可以找出「共通、共享、共生的政治中國的結構」，殷盼「文化中國」與「文化臺灣」可以共通、共享、共生，形成有機的連結，找出共通、共享、共生的政治中國的結構。作者的目光很深遠，這個課題如同其解析「中華民國」或共黨興起一樣，可能還要百年以上才見真章。顯然，作者面對這個「中國再起」趨勢，認為

依然得從「思考中華民國」之「民主建國」精神的核心理念實踐起。換言之,「中國再起」未來是要「以何方式」再起,若能包容中華民國的精神理念,這樣的「再起」顯然「合則兩利,分則兩傷」,要嘛是「一個中國包容下的中華民國」一起合作走向世界、改變世界,要嘛是「一個中國消滅了中華民國」走向霸道的中國,但這樣的中國如何走向世界,顯然荊棘滿布。

六、結語:未完成賽局的中國現代性運動

現今存在的一個中國分裂為兩個政治實體,如同楊書書中所說:「意味著兩種中國現代化路線的分歧,其間牽涉到深層的價值體系定位的問題,以及實踐的可能性問題。作為鬥爭失敗一方的中華民國背負著更明顯的中華文明發展的印記,相對之下,1949年革命成功的政權選擇了另類的價值。」(頁482)作者所謂「深層的價值體系定位」,即在書中一開始即說:「二十世紀百年中華的歷史可以說是自由主義、共產主義與儒家(文化傳統主義)的三種新文化運動交互作用下的歷史。」歷史巨輪發展至今,共產主義顯然是勝出者,但真的是這樣嗎?如果用賽局比喻,這場比賽應該還沒結束。就如同三匹賽馬,儒家模式這匹賽馬一開始是超前的(如清末的立憲改革派),但後來被自由主義、共產主義追趕了過去,在旁邊觀眾只看到自由主義(受胡適影響為代表)與共產主義(受李大釗影響為代表)這兩匹馬一前一後,但忘了參賽的還有儒家模式這匹馬。最後好像共產主義贏得了冠軍,收割了成果,自由主義則是第二名,在海外繼續傳播自由民主。若從主體論的角度來看,作者認為自由主義的「個體的人性論」是對主體的「第一步異化」,共產主義的「階級的人性論」則更是對主體的「第二步異化」,這些

異化的主體都不是具有中華文化的DNA，並非是「中國性」本身，而具有最強烈「中國性」的儒家深厚心性論主體的傳統雖然一度敗陣下來，但作者認為這場比賽並未結束，最後一名的儒家文化傳統主義這匹黑馬，還是會迎頭趕上的，因為這股力量最穩健，並且在海外的中華民國生了根，其影響力在未來還是持續發揮作用。

但是，中華民國在臺灣真的能守住「中華文明」的文化傳統而「靈根自植」嗎？作者對「中華民國」這個理想的中華現代性之期待，筆者認為目前在臺灣碰到了很大的瓶頸。因為筆者觀察到當前臺灣似乎陷入「民主」課題的「三重主體」的脆弱性，這會帶給未來「思考中華民國」什麼樣的衝擊？

（1）公民主體的脆弱性

「民主」的成熟靠公民主體的成熟，但臺灣的公民主體修養實則有下滑的趨勢。按理隨著政黨輪替，選民應該更理性，但因政黨與媒體不當操作的結果，一個合格的公民主體難以養成，媒體喧囂仇恨、政媒不分選邊站、利用媒體帶風向，還有網軍、社群媒體帶風向等等問題，使得許多公共政策無法進行理性辯證，離一個合格的公民主體之國家還有很大距離。

（2）國家主體的脆弱性

臺灣國會從過去國民黨一黨獨大，給人有威權獨裁政權的印象，但民主轉型後，民進黨愈來愈壯大，甚至自2020年掌握立法委員2/3的席次，使得在野黨失去監督的力量。2/3的立法委員席次意味著可以更動憲法的可能，對「中華民國」國號一向不友善的民進黨，現在對「中華民國」只是借殼上市而已。更嚴重的是，2024年選出的國家領導人，比前任蔡政府時代更不承認「中華民國」，兩國論在今已經不再隱藏。如是，臺灣這邊要去中華化，大陸也要消滅中華民國，「中華民國」變成裡外都不是人，漸漸變成「有魂無

體」的中華民國。如此，「中華民國」何去何從？

（3）中華文化主體的脆弱性

過去當共黨中國進行文化大革命時，中華民國在臺灣推動中華文化復興運動，兩岸在過去半世紀以來對中華文化呈現很明顯的等差級數。中華文化的正統在臺灣也是過去二十年來的共識，但從1990年代對岸開始恢復中華文化，傳統文化的復興有目共睹，但可確定的是，今日中國已非昔日反傳統文化的共黨中國。反觀臺灣自2000年政黨輪替後，由於歷史、地理、國文課綱逐漸大幅更動，今日臺灣的中華民國也已非昔日尊重傳統中華文化的中華民國。國家政策有意識地去除中華文化，年輕一代沒聽過孫中山，對中國地理、歷史文化的認識也因為「略古詳今」，到了不知有漢，無論魏晉，更不用說認識先秦諸子的孔子、孟子、老子、莊子、墨子等偉大思想哲學，中華文化主體已經快速在臺灣年輕一代退潮，真是「三十年河東，三十年河西」。

總之，以上是「中華民國」目前碰到的三重主體的脆弱性問題，從中華民國播遷到臺灣起，當前這個「中華民國國家主體性」從來沒有如現在這樣脆弱。張灝先生過去曾對當代新儒家的出現與現代中國的意義危機做過如是評論：「*在現代中國，精神迷失的特色是道德迷失、存在迷失和形上迷失三者是同時存在的。*」[11] 雖然評論的是現代中國，筆者也覺得臺灣的中華民國目前也逐漸出現以上三個迷失。這樣正在「迷失的中華民國」，世界各國絕大多數也不承認它的政治實體，卻被綁在中美兩大國博弈的賽局中，隨時有被當

---

11 張灝，〈新儒家與當代中國的思想危機〉，收入周陽山、楊肅獻編，《近代中國思想人物論：保守主義》（台北：時報文化公司，1980），引文見頁375。

籌碼出賣的可能，如何還能妄想作者期望「以臺灣中華一體共生的
身分介入對中國的解釋」（頁462）呢？

　　作者在「思考中華民國」的未來性時，認為必然需有中華核心
理念的文化傳統主義，只是，該如何正視目前中華民國所面臨以上
三重主體性脆弱或三個迷失的問題呢？以及未來中華文化傳統如何
贏得未來百年的賽局呢？這將是個值得繼續深入觀察的重大課題。

　　張崑將，現任臺灣師範大學東亞學系教授。著有《德川日本「忠」
「孝」概念的形成與發展：以兵學與陽明學為中心》、《日本德川
時代古學派之王道政治論：以伊藤仁齋、荻生徂徠為中心》、《德
川日本儒學思想的特質：神道、徂徠學與陽明學》、《陽明學在東
亞：詮釋交流與行動》、《電光影裏斬春風：武士道分流與滲透的
新詮釋》、《臺灣書院的傳統與現代》（與張溪南合著）等書。

彷彿有光，因憂而寫：[1]
對《思想》專輯各篇評論的回應

楊儒賓

一

《思考中華民國》一書2023年7月出版，一年多了。此書出版前，裡面各篇章已先後在一些院校的會上報告過，有的也先行在期刊上發表了。目前學界運作的狀態通常如是，本書也不例外。此書從草稿到定稿到出書，先後有幾次比較密集的討論。首先在政治大學華人文化主體性研究中心「儒家與當代中國」以及香港中文大學的「新亞儒學」講座上報告。接近完稿後，續有討論。一是紫藤廬四十週年「大台灣史觀論壇」，二是中山大學文學院「《思考中華民國》國際論壇」，三是政治大學華人文化主體性研究中心2021年年會「《思考中華民國》與台灣新世代的文化認同」工作坊。前前後後，本書的樣貌是奠定在幾場工作坊的演練的基礎上，全書經過的檢證程序不算少，我也要對上述幾場工作坊的主事者與參與者表達我的感謝。

《思考中華民國》此書篇幅蕪累，敘述與論證夾雜，其實不算

1　「彷彿若有光」一語出自陶淵明，〈桃花源記〉。桃花源是實？是虛？「中華民國」是否也是桃花源？

好讀。但此書確實頗有些朋友關心，原因無他，在於這本書關聯到台海兩岸每個人的存在問題，既是身家性命的，也是生命的意義的。也由於中國，不論是政治意義的，或是文明意義的，它與周邊國家的關係又極密切，所以自然也會有些外國友人關心此議題。我是政治知識領域的外行，對實際政治也只能有邊緣的關心與邊緣的邊緣的參與。此書之生澀，可想而知。以華裔學者能人之多，我其實很盼望有更多的人能介入此類書的寫作，而且能發揮更好的論述效果。[2] 學界朋友所以願意討論此書，很關鍵的因素是存在先於本質，有些知識問題是有切身性的，強烈的現實感逼使我們不能不涉入當代政治牽連到的諸多問題。

感謝《思想》雜誌組織了關於《思考中華民國》的評論稿，裡面的稿件有新稿，有的論點則已在上述的工作坊出現過。我非常感謝這些書評的作者，他們的意見主要的作用還不只是可以針砭拙著的缺失，或突顯了拙著某些值得參考的論點。更重要地，乃是他們的論點可以反過來對我們的現實處境有更清晰的呈現，也有助於我們對「中華民國與當代政治（尤其是兩岸）」作更深入的探討。本專輯的評論文章都清晰可讀，節奏比拙著明快多了，單獨閱讀都會受用。

在以下的回應中，本文首先將集中再澄清一下拙著的基本預設，為什麼我會特別突顯非顯題化的文化傳統的沉默的整合力量，接著會對幾位論者的提問略加說明，最後則說明一下此書撰寫的心

---

2 探討兩岸問題以及中華民國史的著作當然很多，多到恐怕連專業的政治學者都不見得讀得完。但從儒家、文明論與當代中國的連結著眼的著作，相對之下，要少許多。張崑將在本專輯的書評中引薦了十幾年來以華裔學者為主的著作與編著，與本書所論，或可相互參照。

理動機。至於書評中有更多的有意思的論點，或贊成或引申，我都
非常感謝。格於篇幅，這些很有理論拓展性的論點，只能留待他日
討論了。

二

　　首先，為什麼此書那麼重視中華民國的成立與前中華民國的儒
家文化傳統的關係？石井剛引用增淵龍夫對內藤湖南的批判，指出
內藤重視「內在的理解」，所以只重視立憲派，忽略掉非內在路線
發展出的革命派，同樣也就忽略掉明清之際顧炎武、黃宗羲這些人
的思想對革命派的意義云云。增淵龍夫的著作尚未拜讀，但他的論
點頗有理論趣味。而且他所說的這些被內藤忽略掉其歷史影響的學
者，恰好是拙著所重視的「潛流」。大概每個人提問題都難免帶有
前見，前見事實上也就是學者立論時無法逃避的詮釋學意義的「成
見」（prejudice）。但「前見」、「潛流」、「內在路線」與拙著
的關係需要再稍加說明。

　　《思考中華民國》的書名如果不算怪異的話，至少也是不常見
的，我曾想過其他的書名，如《中華民國的理念》，或者《作為方
法的中華民國》。如果使用後兩者的書名的話，直接對撞的衝力或
許減弱，但理論的效果應該會更周延。「作為方法」的表達方式成
為一種重要的敘述，竹內好的《作為方法的亞細亞》應該是奠基之
作。竹內好的「作為方法」的方法既建構了重要概念在歷史時期出
現時的本質，而又借著這個帶有規範性的理念介入對現實的實體的
批判，我喜歡這樣的方法的設定。「作為方法」的書名雖然被我放
棄了，但其間丟了又撿，撿了又丟，最後才放棄。出書已一年了，
我想在此重新認養這位棄兒，再加以審視，或許還可撈出一些新意。

我的《思考中華民國》一書牽涉到歷史的解釋，但它的重點顯然不在歷史，而是作為規範性的國體在20世紀初這個特定的歷史節點顯現，它與作為人類幾個大文明之一的中華文明的內在關係為何？《思考中華民國》一書的「中國」自然也牽涉到現實的中國，但它是以理念的身分下凡的。它不能不涉入政治的解釋，但它的重點顯然也不在敘述現實的政治現象如何出現，而是重在這個20世紀初興起的國體的理念的規範性為何？它與現實中國（也就是兩個以中華為名的國家）的政治有何關係，因而可以拉開對它們的批判空間？這是我原先想的「作為方法」與「中華民國」的概念如何勾連的問題。只是我畢竟沒有選擇可能更穩健的書名，而是直接用紅線劃出重點，就是《思考中華民國》。

我的《思考中華民國》的議題涵蓋的時間很長，我的「中華民國」比共產中國劃定的時間長，比島嶼中國劃定的民國紀元的時間長。它事實上可從1911年的辛亥革命上溯至1894年的中日甲午（日清）戰爭，還可更進一步往上追溯到明中葉的正德、嘉靖時期，前後五百多年。但從清宣統三年的1911年上溯到王陽明龍場之悟的明正德三年（1508），「中華民國」根本不存在，甚至連名字都極晚極晚才出現，它實質上是個幽靈。我所以拉得這麼遠，顯然不在採取純粹經驗科學的解釋，而是建構在另一種的詮釋基礎上。主要原因源於我認定「中華民國」這個新興的國家不論其構成因素需要多少當時歐美思潮的組件，但它有很強的來自中華文明的內在的情感動力以及思想要素。為了表達我永遠表達不完的理念或焦慮，我還寫了部即將出版的《思考中華民國》的前傳《中國現代性的黎明》，篇幅差不多，如果說「一部書是一場災難」的話，那麼，此將出之書又將是場災難。

我的「中華民國」的時間拉得這麼長，它只能是種在歷史的過

程中不斷具身化的理念。因為我相信「中華民國」的出現有中國史的脈絡，雖然「中國史」這個總體的概念具體化到每個朝代來講，內容不會一樣，其體制與思想都會有或添加或死亡的因素，唐代時期的中華文明內容與宋代時期的中華文明內容不會一樣。佛教論世間法總會走上成住壞空的歷程，舊事物走完全程後，自有新理念當家，世界總是不斷演變。中華民國的出現如果與中華文明的傳統因素有密切的關聯的話，到底是與哪個時代的傳統呢？何況，作為中華民國所繼承的大清王朝的主人，是個異於漢族的征服王朝，它與漢民族王朝為主體的中國史關係如何？中華民國繼承了大清王朝所擁有的文化傳統嗎？如何繼承，此事更值得細究。

　　歷史的內容不斷變化，斷中有續，續中有斷，固然是事實。但歷史不只時間，歷史是人的時間，人的時間的構造中即有歷史的意義的向度。歷史的意義構造的主軸可看出人性的表現在時間之流中的各種呈現。偉大的理念不在經驗科學架構下的自然，而是在人的世界裡，如果依據中國「海印三昧」（華嚴）或「性具萬理」（朱子學）那種人性觀的表述的話，偉大的理念是有人性論的基礎的。我認為中華文明對於人間秩序的安排，提供了不少重要的價值理念，這些理念在歷史中的表現也不免有變化，但在變化中仍難以抹滅它具有的穿越時間流逝的普世價值。比如普世性的天理觀、仁民愛物的心性論、以天下為己任的政治主體觀、與政治領域（政統）平衡甚至可以加以規範的道之領域（道統），這些理念都涉入了現實世界，它們在歷史的表現中也有各種的變形，但其核心內涵並沒有在歷朝的遞換中消失，也不可能消失。即使近代儒家學者（如錢穆或幾乎所有新儒家團體成員）在價值意義上對之評價極低的大清王朝，也不可能阻斷這些理念的潛流。否則，我們難以解釋曾靜案（《大義覺迷錄》案），以及乾隆皇帝對於宋儒的不斷批判，其出

現的原因為何。

　　這些偉大的理念即使後來已成潛流，但潛流不是斷流，一旦有非體制的思想介入，相應的因素俱足了，結構即可重組。潛流有可能在重組的新秩序中因與相應的非體制性概念結盟，產生了相乘的新生效應，遂得浮現水面，成為浩浩蕩蕩的潮流，再度在歷史裡扮演重要角色。它與20世紀初出現的中華民國的國體，兩者之間即有結構性的相關。如果忽略了這種相關性，我認為不論對中華民國出現的史實或對這個國體作規範性的期待，理解上都會有嚴重的不足。

　　本書對中華文明與當代兩岸政治議題的關聯相當肯定，既是歷史意義的，也是規範意義的。但論者會質疑中華民國因辛亥革命而興，革命本身就是場斷裂事件。否則，如果這個新興的國體的主要內容是兼顧「中華」的文化傳統與「民國」的主權在民的體制，那麼，清末的兩大反對運動的競爭結果，勝出者應當是立憲派，而不是革命派。更何況，革命寧馨兒的「中華民國」的概念包含了現代的政治實體對外的關係的「國家」主權概念，以及對內的「主權在民」的「公民」概念。而20世紀以降的「國家」以及「公民」概念卻是傳統的中國政治秩序缺乏的，是橫的移植。否則，從帝制中國過渡到民國，過程不會那麼艱辛，也不會有王國維、梁濟這些著名的殉道事件。

　　筆者不會反對清末民初的政治與傳統文明的斷裂關係，而且其斷裂可以說是相當嚴重，但斷裂並不是完整的故事，斷裂要看它發生在哪個層面而定。中華文明缺乏當代政治核心內涵的「國家」與「公民」的概念固然是事實，但也不是完整的敘述，因為缺乏不表示沒有。這些新興的概念在中國能夠落地生根，不是憑空生起的，它們有內在於中國文明發展的動力。簡言之，20世紀初以降宅茲華夏的這個國家如何從中國的「天下」體制具體化成當代的「國家」

體制？作為政體主體的人民如何從「臣民」變為「國民」？而作為公共事務判斷的依據的主體如何從道德機會平等的「良知主體」，演變為政治機會平等的「公民主體」？這是條貫穿傳統中國與現代中國的主線索。在貫穿的過程中，斷層與連續共在，表層與底層互滲，這種概念重構或體系重組的工程分明是有的。

在實體的「中華民國」出現前的16年，也就是甲午戰爭後，「如何轉化、銜接並重組中西兩種合理的政治觀」顯然已經躍升為國人思考中華文明未來前途的焦慮。現代中國的「現代」義起於梁啟超的說法，他們那一代的儒紳士子受到甲午戰敗、清廷割地賠款的刺激之大是前所未見的。而梁啟超那一代的知識人思考中華文明的現代轉型時，採取混合現代性的途徑，則是我對那一代儒家知識人的救亡途徑的研讀。這條途徑的音量在當時或許一時不夠強音，或許還會因雜音太多而被誤識，或許還會因誤識而被誤引到歧途。但長久看來，合理的圖像還是會浮現出來，具有解釋的效果。

梁啟超的《新民說》此名著，可以說即是繞著新時代的「國家」與「人民」的性質如何在中國生根而展開的敘述，而隨後誕生的中華民國固然可以視為革命派與立憲派共創的國家，但我們也可以說它是兩種混合現代性合作的產物。上述的判斷可以說是後見之明，未必在當時的當事者腦中出現，但後見之明未必沒有長遠的歷史縱深所帶來的視野寬廣之優勢。本書認為我們如果從較久遠的思想結構的觀點，不必用到年鑑學派那麼久遠的眼光，只要能找到較具關鍵性的歷史時刻出現的觀點，或許即可找到潛伏的文化力量與顯題的文化命題間的連結。

《思考中華民國》問的問題其實就是中國現代化轉型的問題，本書持的是混合現代性的方案。所謂混合現代性方案就是中華民國的成立其實是西方現代化方案與儒家現代化方案的結合。混合現代

性方案的提法和「中學為體，西學為用」或「東洋道德，西洋技藝」
之類的成說不能說沒有近似之處，事實上，任何古老文明面對全球
性的資本主義與帝國主義的挑戰時，都容易產生這種混合的提案。
然而，關鍵在於古文明傳統的因素和西方現代化方案之間是否有內
在而有機的連結因素？不同的現代性方案的有效整合，其前提為兩
種方案的整合不能是拼湊式的，也不能只出於情感上的修補關係，
而是要有內在的理路的連結。問題還是要回到歷史的經驗本身，在
歷史的流變中找到混合而互證的現象。中西兩種現代性方案都是歷
史進行過程推動出來的方向，它們都是內在於歷史行程的因素。一
個是在原來東亞內部推動的歷史轉型，16世紀的明代中晚期，全球
航海的時代已開始，晚明社會也不能不受到影響。但當時在中國內
部發生了原生的中國現代化的思想力量，雖然當時不用「現代化」
一詞；「現代化」是現代的詞彙，原生的中國現代化方案主要還是
由中國內部的思想因素所決定的。本書要問：這個潛存的中國傳統
的現代化因素如何在清末，浮上歷史，並與顯題的時代呼喊的政治
議題相連結？

我認為構成中西兩種現代性方案在清末民初整編的關鍵性因素
在於由孟子起程的孟子學的傳統。宋代學術之興，《孟子》一書由
儒家子部之書變成新聖經的《四書》之一，這是劃時代的事件，北
宋不少重要知識人都紛紛跳進這場所謂的「孟子升格運動」。其中
即有司馬光、王安石這些實際影響國家大計的大儒兼大臣。孟子的
性善、養氣、大丈夫、天民、民貴君輕、仁政之說在歷經秦漢、六
朝、隋、唐長期冷凍之後，至此復甦，這些概念都牽涉到心性領域
與治國、平天下領域之間的廣闊地帶。孟子是心學大家，但又是兩
宋之後最危險的思想家。朱元璋想要將他趕出孔廟聖殿，又編了一
部淨化本的《孟子節文》，即是樁極有象徵意義的事件。這種雙領

域的領頭羊角色貫穿了宋後的歷史，甚至還影響到了東亞的日、韓兩國，孟子作為危險的思想家的現象是極明顯的。朱元璋的孟子事件自然不是現代意義的民主政治事件，但兩者有內在的親近關係，卻也不難看出。

孟子是宋代以後儒家各學派，包括程朱與陸王，共同承認的聖人，朱熹、王陽明都是孟子後學。良知學雖然針對朱子學而發，但他們在爭議中卻分享了孟子學共同的因素，他們都是理學發展中的重要中繼站。從明正德、嘉靖年間良知學成立開始，一個活性的孟子學因素在歷史的流動中更加跳動，良知學是孟子學，[3] 我們確實看到和20世紀中國的現代化工程接近的因素。但同一個時間，一個來自西洋的因素已經以以往難以想像的巨大物質力量，衝擊全球的傳統文明，包含儒家文明。這個新興的現代思潮帶有不同的世界觀，有不同的政治想像，它進入東方世界的主要故事之一就是如何和東方的文明因素互動。

這兩股在現代世界興起的思潮都有內在的歷史動力，它們的混合作用是必然的，因為當時的東亞的天下觀的歷史仍在流動著，同段時間的一股往全球化發展的歐陸思潮的勢力也不斷膨脹著。從人類史的觀點看，歷史只有一個，各地域的歷史構成了人類歷史的全貌。但具體的歷史是各文明分流的歷史，分流的歷史中出現的歷史現象當在分流的脈絡中找到其本土性的解釋的架構。但歷史的規模隨著人的活動範圍日漸擴大，在某個關鍵點中，混流的結局不可能不產生，歷史的結構即如此設定。但這個必然性的歷史潮流之會合，兩者起了什麼樣的勾連？或衝撞？或者根本起不了什麼作用？如果

3　良知學是孟子學，這個命題可以說內在於良知學傳統的儒者的共同認定。20世紀下半葉後，由於牟宗三先生的強音宣示，此義更顯。

每個文明都有它的歷史積澱和厚重而不可測的生命內容，那麼，為何儒家文明會特別與現代民主政治相關？這些問題的複雜性不言而喻。

本書主張中華民國的成立是中西兩種現代性的整合，兩者都承續了悠久的歷史積澱的意識而來。西洋現代化方案自然有西洋史的脈絡，但它隨著堅船利炮向東而來時，它的內容就是它在東方社會裡所呈現的面貌。19世紀下半葉以後，當時的清廷面臨救亡圖存的壓力那麼大，誠如當時滿清許多知識分子都深深感慨著：世變日亟，這是秦漢以後名教世界未曾有的變局。無疑地，西洋現代化方案逼迫中國社會不得不面對的壓力是全面性的，從器具面到制度面再到信仰面，無一不受到衝擊。而滿清政權與當時的士大夫對這波思潮的回應，可以說不斷地退讓，防線不斷地後退，由器具而制度而信仰。到了1911年冬，辛亥革命爆發，隔年成立中華民國，「國家」、「公民」、「憲法」的建構工程獲得了中西兩種現代化方案的支持，歷史的撤退線才得以停止，甚至可說收復了五千年中國史赤字的年線[4]——這是中華民國派的解釋。左派的解釋是1911年的辛亥革命是資產階級的革命，守護中華文明的防線仍守不住，此一路挫敗的經驗要直到1949年冬共產主義革命成功，無產階級因素介入，局勢才整個扭轉。1949既是止跌線也是反攻線。對於兩場革命在中國現代史演變中的地位，雙方判斷懸殊，此時，我們或許可借助竹內好對

4　《東方雜誌》的靈魂人物杜亞泉曾說：「五千年來專制帝王之局，于此十年中為一大結束；今後億萬斯年之中華民國，乃于此時開幕。則非十年以來之小變，實五千年以來之大變，而不可以常例論矣。」傖父，〈辛亥前十年中國政治通覽·通論〉，收入杜亞泉等著，周月峰整理，《辛亥前十年中國政治通覽》（北京：中華書局，2012），頁1。

中國革命的解釋，再進入此議題。

　　竹內好比較中日兩國的現代化行程，對兩國的現代化成績作了獨特的判斷。他對中國回應西方思潮的成績有相當正面的評價，他用了「回心型」這個隱喻說明中國對歐洲勢力入侵的回應，這個隱喻意指中國在回應歐洲的挑戰時，雖然一路挫折，但中國也一路抵抗，它即使是挫敗到了極點，抵抗的意志仍未斷滅，一直向內凝聚，這是一種帶有主體性的抵抗意識的堅持。如果順著竹內好的思路，中共的無產階級革命應該就是這波回心型運動的最底層，因為農民是中國社會的實質，也是最底層而廣大的人民大眾。這波抵抗的意義也可以說是最極致，因為它的動員極徹底，而且直接命中了資本主義帶來的現代化的盲區。竹內好的解釋可以補充毛澤東的「西方借經」說——向西方借來馬克思、列寧思想，這支思想指出了人類必然要發展的道路，它不因人類的主觀意志而改變。馬克思、列寧是人類的教師，毛澤東要中共黨員作好學生，不要有踰越他們的想法。[5] 但毛的解釋需要補充，毛事實上在許多文章都提到作為無產階級代表的農民起的巨大作用，竹內好的論點強悍地補足了中共的左派史觀。

　　1949年的共產主義革命是民國成立以來，激烈反傳統思潮的結晶，也可以說是最高峰。同時也是清末以來向西方取經的各種嘗試中，在政治上收穫最大的一支，這個常識性的說法是有大量的案例作為佐證的。準此，我們可以說這股「西方取經」的運動中，中共的反抗是來自歐陸的新思潮馬克思主義、列寧思想指導下的中國無

5　毛澤東在不少中共黨人眼中是革命的天才，難以踰越。但至少毛澤東始終還是認為他自己是追求共產理念的共產黨人，馬克思、列寧還是他的聖人。

產階級的反抗，它在精神上投降於新興的外國思潮。1949流亡海外而又不滿共產主義者的學人，通常持的就是這種看法。但反過來說，我們也可以說中共仍維繫住對西方現代文明的反抗，它的「回心型」活動有中國頑強的農民階層的反抗。或許我們兩方照顧，可得其全，這也就是共產黨機器宣傳了幾十年的「馬列主義普遍真理與中國具體情況的結合」的公式。

　　然而，即使從反抗意識的觀點著眼，即使運用竹內好的思維，我們也可以說有另一種的回心運動，此即是「中華民國」的反應模式，這種反應模式可以說是更有效的反抗模式。1911年辛亥革命爆發時，當時的起事者雖然是傾向革命黨的武漢新軍，但隨著局勢的迅速發展，不同的政治力量紛紛加入。締造這個新興國體的力量其實有兩股，一為革命派，一為立憲派。兩派在前清時期，曾為競爭激烈的政治對手，但在那場關鍵性的起義中，兩者卻聯手了。「中華民國」的面貌比起「中華人民共和國」來，面貌似乎不是那麼清楚，後者革命成功時，它作為國際共產運動下的馬列思想的國家，不太有爭議。但「中華民國」似乎是中西混雜、資本主義社會主義混雜，包括這個國家成立的兩股力量也是混雜的，面貌在混雜中模糊了。

　　我認為恰好是「中華民國」性質的混雜，隱藏了問題的答案。混雜起源於對問題的困難的認知，也源於知道這個問題不能用「拿來」主義即可解決。就理念而言，中華民國的成立乃因其主要締造者面對著天風海雨逼人而來的西洋現代思潮，他們始終是立足在中華文明的大地上，不斷學習，不斷轉化新舊知識，不斷混合大地與海洋交會的新舊文化。孫中山如此，梁啟超也如此。孫、梁都不是以體系嚴密著稱的思想家，他們的思想前後常常不夠一致，梁啟超的思想尤以善變著稱。這兩位偉大的先行者所以要走這條迂迴的

路，正因他們從事的是思想接榫的工作，不可能只是片面的應用的關係。他們的施政圖像因為意識型態不夠強烈，面貌自然不夠清晰，卻可說更根源。善戰者無赫赫之功，最有效的反抗意識是化敵對的西方力量為己方現代化方針的巨大助力。中華民國的成立顯現即是在回心的過程中，心的機能卻可不斷地擴大。

從兩種現代化方案的連結著眼，我們很容易聯想到晚清以來面對中西接觸如何自處的議題。當年的張之洞提出了有名的「中學為體，西學為用」的命題。「體用」的「本體」是性命之學的用法，它往往指向一種作為精神表現的依據的宇宙心，或者指向一切現象得以成立的玄密基體，也可以是種宇宙心。由於「體用」這組中國三教常用的哲學術語預設著「體用」之間的連續性，正宗的提法是「有體必有用」，修正性的提法也有。但我們很難想像不同文化背景下的歷史作用之產物，如何結成因果關係？中學的本體如何起了西學的作用？這種思考確實不易理解，難怪各方的非議蜂起。但兩大文明接觸時，異域來的思潮會和接受方原來的文化傳統產生互動，而接受方如果文化生命力夠強的話，它可以提供連接雙方的思想力量，如六朝格義佛教的「空」與道家的「無」的關係，這種想法又是極自然的。陳寅恪、徐復觀等人對張之洞之說頗有同感，也可謂事出有因。

我在《思考中華民國》一書中，實質上也用了體用論的思考，誠如李二曲、島田虔次等中日學者指出的，體用論的源頭源於六朝時期的佛教思維，它帶有濃厚的佛教心性論的因素。但我認為從儒家（尤其是北宋理學）的觀點看，體用論雖源於心性論的領域，但它不一定要和心性主體掛勾，更恰當的連結對象是作為精神與世界接連的身體主體，筆者的用法是形—氣—神構造的「形氣主體」。體用論的思維也可用於自然領域與社會領域，但不一定要和一種超

越主體（如作為宇宙心的良知、絕對精神）連結，因此也不需要「良知的坎陷」的提法，它可和作為社會運作底層的文化價值體系的總和之義，也就是和自由主義者說的「自發的秩序」的概念相結合。大文明的普世性概念具有內在的動力，在適當的歷史點，它是可能躍出水面的重大潛流，這是本書的基本預設。此處，我權借李雨鍾歸納拙著的用語，再略申其義。李雨鍾說：「本書讀者不難在書中看到大量具有家族相似性的詞彙概念，舉凡生活世界、情境主體、支援意識、文化傳統、無用大地、Dasein、文化風土、場所等等。」這些語言相互指涉，雖然在具體文脈中的意義不會一樣，但都指向了作為人的主體背後的存在基礎，以及作為生活世界背後的文化基礎之義。

　　這種文化傳統的先行結構與現實秩序的政治結構的一體性，是我思考「中國現代化轉型」這個世紀大工程的思考方式。我的思考自然帶有濃厚的體用論的思考，中國傳統的體用論的根本預設是人的主體的表現來自於存在的無底深淵。[6] 我的想法並未觸及到終極依據的問題，而是集中於人論的形氣主體和文化論的文化傳統的實體。但我的思考也受了海德格與博蘭尼很大的影響，海德格的「與世共在」的「此在」概念以及博蘭尼的「支援意識」之說都強調顯性主題背後的隱性力量的關鍵作用。這種本體的作用不一定能被議題化，因此它的作用往往是無名而深層的，它在無形無知中會自行連結而運作，無為而無不為，成了顯性命題得以成立的基礎。關鍵在於這種先行結構與當今的現代性結構有種連結的相親性，如何找

6　對於不可意識到的本體之涵養、澄清，因此成了儒者道德修養的關
　　鍵。如宋儒所說的「觀喜怒哀樂未發前氣象」或「參中和」，或如
　　明儒江右學派所說的「歸寂」、「致虛」之說皆是。

到並點燃其相親性？一旦隱密的連結點觸發了，「有情來下種，因地果還生」，[7] 混合的新興事物（立憲民主政體）遂告出現。

　　我說的構成「中華民國」成立的歷史時刻的思想因素有來自於本土的先行結構因素，這個先行的結構因素不會是單一源頭的。如道家，尤其是莊子，即提供了來自於轉化的神話意識與生命結構一體而化的自由觀，他開闢了超越於人間秩序束縛的廣大精神空間。[8] 但論及人間秩序的政治領域，大宗仍是前文所說的廣義的孟子學因素。孟子學在秦漢後曾一度低沉，至少《孟子》一書沒達到「經」的地位。但在理學興起後，它復甦了，《孟子》甚至成了四部最重要的經典之一，它幫助了理學取得和佛老平等對話的地位。在19、20世紀之交，它經由王陽明後學的後學的後學之黃宗羲的轉手，再度復甦。懷黑德說：「一部西洋哲學史都是為柏拉圖哲學作注腳。」我們也可以說：「一部合理的中國政治思想史可以說都是在為孟子思想作注腳」。

　　但從原始哲人的文本到經過注腳加注的哲人文本，中間不是直接推衍的，它需要「適時的他者」的介入。在宋代，如果沒有大乘佛教，尤其是大乘佛教的真常唯心系的刺激，理學家不見得可以重現孟子的心性論。清末民初時期，如果沒有西洋政治思潮的引進，孟子—黃宗羲一系的政治思想也不見得可以重現光芒，他們成了西歐民主思潮的奠基者盧梭、孟德斯鳩等人的政治伴侶。在變法一代的康有為、梁啟超、譚嗣同以及革命人物如孫中山、梁漱溟等人的著作中都有《明夷待訪錄》的紀錄。中西現代化萌芽期的哲人藉著

7　禪宗五祖弘忍的詩句，借其意象，無關禪意。

8　殷海光晚年從一位強烈的傳統批判者成為一位傳統與現代文明的融合者，原因多端，但主要的因素之一即是莊子。

清末學者的努力，在遠東，他們共同推動了符合時代的新國體的成立。在中西兩方的合作中，如果沒有經過西歐思潮的刺激，以及如果沒有經過轉化機制的介入——如「國家」、「公民」、「憲法」之類的概念的介入，孟子學的現代政治的意義不會顯現。但如果沒有孟子學傳統長久的「蓄而不發」，這些新興的民主思潮也不見得可以找得到扎根處，遑論落地生根了。

在這種中西混合現代性的共構過程中，中土的先行結構無疑需要艱辛的轉化力量。[9] 但艱苦的代價是必要的，因為艱苦中有兩方需要整合的問題。由於19世紀、20世紀的險惡局勢，「德先生」、「賽先生」如何進入中國體制，中國原有的體制如何依這些外來「先生」的模樣調整自己，事不容緩。但作為一個歷經長期歷史考驗的大文明，它對政治秩序的建構總有現代的民主政治缺乏的因素，也就是現代國家所依賴成立的西發里亞公約有它的限制，而中國傳統的天下體系所依賴的政治理念有另類的思考，它有其被當代忽略的理性設計，這也是可以預期的。張灝先生曾提中國文化傳統與現代文明「雙向轉化」或「雙向批判」的觀點，亦即現代化的價值固然可以用來批判傳統的不足，但傳統的價值體系也可以批判現代文明的不足。用在現代性的脈絡上，我同意沒有西洋現代文明帶來的示範作用，孟子學傳統的全體大用可能永遠在酣夢中，中華世界只有

9　如果說當代的體用論有不同於宋明儒或孟子之處，當是從道德判斷到政治判斷不能直貫而下，牟宗三先生用了一個極玄思而非政治性格的「坎陷說」，即意在溝通兩者的斷層。牟先生的提案帶有很強的黑格爾或《大乘起信論》的思考方式，極富玄思趣味，但它的解釋效用受限於特定的哲學視角。我認為從詮釋學式的「先行結構」的觀點進入，不論放在形氣主體或放在社會現象之後的自發的秩序著眼，都可以實現傳統——不論是文化傳統或是個人傳記的私人專屬傳統——在知識創發上的作用。

民本，沒有民主。但一旦它被喚醒了，進入了「現代」，它即有可能修正「現代」，而發展出更具風土性的現代文明。我覺得張灝先生的提案值得高度關注。

．　從雙向批判的角度著眼，我們可以了解儒者（尤其1949之後的海外新儒家）為什麼一直堅持民主制度是終極的，它帶有理性的必然的因素。如果我們從近代民主政治興起的歷史因緣考察，包括它在20世紀初的中國落戶生根的實際狀況，我們都很難抱著如此樂觀的態度。新儒家所以如此認定，乃因他們思考的民主制度有孟子的「性善」、「天命」、「仁政」的因素，孟子思考這些政治議題時，都有來自於他的人性論的必然性之判斷，都有來自超越歷史的、地理的、族群的普遍性思維。這種普遍性思維下的政治觀不合當代經驗科學領域下的政治學的氣味，但顯然更符合我們對人性以及對文明的期待。儒家視野下的中華民國，也可以視為在華人文化圈裡，經由兩種現代化方案的重新整編，對於民主政治的再創造。

三

本書的另一個重要的概念是「兩岸性」的提法，而且本書是將兩岸性當作一種內在的關係，而不是外在的關係。本書的提法當然建立在我以前的認知經驗以及對未來國家前途的判斷，這種判斷帶著強烈的個人情感信託。這種帶著情感信託的文字所寫出來的景象是不是客觀？所預期的前途是否合理？自然不能脫離我個人的經驗與個性，也不能不接受閱讀者的批判。

「兩岸性」一詞在本書中出現，它用於溝通並整合兩岸不同的政治敘述，用心皎然可見。在本書的用法中，此概念所指涉的內容內在於台灣，但所謂的內在並沒有哲學化到先驗的層次，它仍是歷

史的敘述。這種敘述首先就是對於一種壟斷、排他而內捲的台灣史觀點的反撥，這種內捲化觀點下的台灣歷史乃是「把大陸風土一一拋棄的歷史」，也可以說是把大陸性格轉化成海島性格的去中保台的過程。我不是認為台灣四百年沒有重要的在台灣內部發生並發展的歷史，我和一般人民有同樣的一雙眼睛。我所以對這種主張有所保留，乃因這種主張將兩岸問題提升到國家建構的層級時，它要同時面臨歷史的有效解釋以及理論的倫理效果的問題。

「把大陸風土一一拋棄的歷史」的提法出自史明《台灣四百年史》一書，史書是上個世紀戒嚴時代的一本禁書，對許多學生而言也是部聖書。由於上個世紀90年代，我任教的清華大學發生了「獨台案」，這個案子和史明其人其書有關。因為此案發生在我任教的大學，我很自然地也就捲進了這場案子的救援運動。也正是在這個獨特的歷史現場的衝擊下，我正式地觸及到了《台灣四百年史》。當時對於此書的資料之豐富，既左且獨的立場之奇異，不能不充滿了極高的理論興趣。也正因為有了這場較具體的「體知」，或者白永瑞所說的「核心現場」，一些原本較隱秘的政治主張慢慢地浮上了檯面，我對一刀兩斷的台灣史觀，多少可了解那種帶著宗教目的論的魅力。後來隨著經驗與知識的不斷調整，我對於兩岸的離合關係遂逐漸有了「兩岸性」這種較固定的看法。

我將「兩岸性」提升到內在性的層面，這是貫穿整體台灣史的一種解說。但即使從較具體的政治現象來看，我認為「平視且互視兩岸的視野」仍是值得一說的。台灣社會是否一定會反中，或許大可爭議，但反共、恐共的氣氛確實濃厚。由於「共」、「中」在現實上的指涉有時不易釐清，難免混亂。但我認為我們如果一定要把中共當成敵我矛盾的死敵，至少要知己知彼，料敵從嚴，要聆聽對方是如何理解兩岸關係的。我們國內一些朋友思考兩岸問題時，偶

爾有或常有一種思考問題的方式，認為台灣的問題由台灣兩千三百
萬的人民決定，和對岸一毛的關係都沒有。我不能說這種說法沒有
民意的基礎，但獲得民意雖然可以代表執政的正當性，卻未必代表
民意對於事涉他方利益的判斷即是合理的。如就現實政治而言，如
果要將有爭議性的主權問題提到國際法層次，對於對岸的中國人民
或國際上的相關各國到底有多大的說服力，很值得懷疑。歸根究柢，
目前的兩岸的爭議並沒有脫離1949年遺留下來的格局。我們不能說
台灣脫離大陸中國的統治已久，按國民主權的依據，台灣就自然獨
立了，對岸的政府與人民對兩岸問題便沒有發言權。好像台灣分化
出去，就像小家庭從大家庭中分化出去，台灣即擁有唯一且排他的
主權，好像主權的宣誓不需要考慮歷史傳承的歷史主權的因素，兩
岸的問題在本質上不是政治性的問題一般。

　　主權是法理的詞彙，從歷史看，台灣從來不是法理意義的主權
獨立的國家，台灣事實上也沒有明確的國家的經驗。台灣唯一有的
國家經驗是1949之後南遷來台的中華民國，而在台的中華民國正是
二戰後國家統一、隨即發生內戰的產物。在一個中國的土地上，兩
個不同意識型態的政黨因為找不到合理的政治安排方式，因而不得
不以武力解決政治問題。現在在台灣的中華民國在法理上無法脫離
和對岸中國的關係，憲法上（包括增修條文）的規定即是如此。而
對岸的共產黨政權在行使中國這個國家該有的保衛國家領土與人民
的責任上，也是行使他們的憲法賦予的職權，我也很難想像中共如
何放棄台灣？[10] 兩岸之間，在惡意被長期拉到極致的情況下，戰爭

10　某位中共領導人說共黨如果放棄台灣，它會被中國人民推翻。政治
　　人物的話語有時不能當真，有時卻不能當假，我不認為這位領導人
　　的這段話語是恫嚇或是推託。

或許被視為是解決問題最方便的法門，這種選擇未必成為主流輿論，但可能在兩岸都不見得沒人支持。只是不論從理智或從情感上，我認為都該排斥這種選項。

由於「兩岸性」這個概念的強勢引導，我對中國現代性議題的詮釋，自然會和顯性的政治的敘述高度重疊。但中國現代化轉型的議題不會只在政治面，社會面受到的衝擊一樣大。本書對不少重要的社會面的現代性議題只能存而不論，甚或連存而不論都談不上，事實上是根本沒有存。如莫加南提出的性別的問題不會小，生態的問題也不會小。李雨鍾提出的鄂蘭新的共在性的「世界」之提案很可能真可以補海德格Dasein說的不足。這些論點理論上不該從「現代性」的宏觀地圖中消失不見，拙著卻沒什麼交代。很感謝這些書評提到的這些論點，本書無暇顧及，我至目前為止也無能對此有所回應。我希望爾後在另外的場合可以對這些社會性的現代性議題作進一步的探討。

有的朋友提到本書牽涉到民族主義的問題，兩岸性和本土性的關係也可能會有關連，石井剛的文字指出了這種可能性。由於本書的關懷在為中華民國的理念發聲，也牽涉到兩個以「中華」為名的國家（雖然這兩個國家在各自的法理上的主權高度重疊）到底與中華文明的發展有何關係，所以「中華」語族（含中華民族、中華文化、中華文明）的解釋問題勢必要成為問題的核心。也由於本書是危機時代的著作，而且不無可能是可預期的戰火的危機的產物，所以本書很自然地有主要的訴求對象，此即海峽兩岸的讀者。所以圍繞兩岸現實處境的「中華」語族的解釋範圍勢必有所限制，「兩岸」是論述的基盤。我的討論蘊含了對兩岸的現實的診斷，我是以儒家理想主義的精神從事兩岸病情的診斷。

但《思考中華民國》如果沒有定位好民族主義的位置，沒有質

疑它的危險基因，無疑是錯誤的。因為兩岸溝通的一大障礙，乃是兩岸目前各有不同的民族主義，而且情感都極強烈，討論異議的空間不大，我對此基本上抱著負面的情感。本書所以拋棄台灣民族主義的思維，而進入中華民族的語境，看似矛盾，但背後的轉化民族主義的思考卻是一致的。我都是從寬廣的儒家文化傳統立論，要以儒家文化傳統取代民族主義的位置。因為在今日中國大陸的語境，滋養民族主義的養分很多，從喚醒神祕的血緣共同體到理性化的「萬物一體」，都可能列入民族的光榮之列。「中華民族主義」應該是共產中國一向的強勢主張，但這個概念在黨史上的形象，太過暴力。當代比起冷戰時代來，「中華民族主義」的魅力未必減少太多，但這個概念結盟的對象改變了。它不一定緊密黏貼在無產階級的概念上，反而它和大傳統掛勾的情況明顯地增多了。既然中共的「中華民族主義」已可包含了對傳統的「上層建築」的文化重作解釋，甚至認同，我覺得有心者或可正視台灣49後在傳統文化上經年累積的研究成績，將儒家的因素帶進政治論域，擴大可溝通的文化基盤。經過長年的和平共存，情感共化後，我們未嘗不可順藤摸瓜，很自然地轉化神祕的血緣民族主義的性質，以通向帶有世界主義精神的中華文化風土論。

　　「民族主義」、「國家」這幾個現代世界重要的關鍵因素在19世紀下半葉以後的東亞史有著巨大影響，負面的影響如不是更大，至少已經達到需要隨時警覺的程度。史實斑斑，眼前的現實也斑斑，東亞地區的「國家」在19世紀下半葉以後，除了日本外，幾乎都要面臨脫天下體系，而進入現代西方政治秩序的「國家」的範圍。而日本雖然不與東亞其他地區共天下，但其自身的天下也需轉型。在這種重構的過程中，民族主義的驅動力極大，一個建立在脫胎於西發里亞條約的主權概念上的民族國家成了這個地區的主角。這一百

多年來的東亞的歷史巨變幾乎都是在民族國家的旗幟下發生的，新結構帶來了新仇恨。

我個人對民族主義、民族情感之類的敘述應該不是太有感，本書所以對中華民族主義缺乏批判，又將兩岸性放在中華文化（文明）的架構下看待，不見得是精神的懈怠，而是不能沒有現實的考量。客觀上，「中華文化」這個符號在當今中國已經翻轉，它不見得可以完全由政黨控制，反而它已有平衡各種意識型態的能量。主觀上，我自然認為如果能有更合理的詮釋觀點帶進去，這種脈絡下的中華民族主義未嘗不可以轉成具有普世價值的意義。但由於東亞地區百多年來的慘痛經驗，而且如果東亞人民一不小心，這種慘痛的經驗未必不會再來。所以對於民族主義的風險，應該視為我輩進入這個領域的議題時，都當先行警惕的倫理要求。最近幾年，大陸學者提出「天下」理論，即有意對現代的主權國家理念作出修正。雖然海內、外學者對新興的「天下」理論與當代中國政治的關係多有揣測，但至少幾位主要的提倡者，對於這套具普世精神的理論與當代國族認同之間的緊張關係，仍想保持適當的距離，甚至維持批判的立場，這種警惕對保持這套理論的解釋效能是非常必要的。

另外一個與民族主義相關的議題是批判本書太局限於台海兩岸的中國，而缺乏更開闊的東亞視野，我同意這種觀點的觀察，無誤，是事實。鈴木將久與石井剛兩位日本學者就知識的領域而言，自然是本書極佳的書評者，但就議題與他們現實生活的相涉度，應該是本書的旁觀者。但基於東亞世界的聯帶性，他們都參與了拙著的敘述，對本書提出了恰當的批評，也提出單單在中華文明的範圍不可能解決「中華世界」在今日世界面臨的問題，這是個極有意義的既域外也域內的視角。我同意他們的判斷，也同意將東亞的視野帶進來的必要性。尤其東亞地區的琉球（沖繩）與韓國和台灣的處境多

有近似處，韓國的經驗更值得借鑑，但這項工作只能在另外的脈絡展開。

　　最後，本節想對兩岸性與本土性的問題，再稍加說明。本書在左派與本土派的觀點外，另立一說，彼此之間的敘述與觀點之異，不可能不存在。由於本書的用意與其說在樹立某種觀點，不如說在喚醒被忽略的一些現象以及提醒大眾注意到可能會到來的危機。所以如果有文章對拙著的論點有所指正，而能引發大家對目前國人的存在處境更嚴肅的看待，我認為是相當重要的。本期專輯，兩位台灣學者對拙著作了更內在於台灣現實處境的解讀，兩篇文章的基調不同，所以看出來的台灣現狀與台灣歷史也就不一樣。張崑將和我有較接近的學術訓練背景與生活經驗，所以他對拙著的解讀雖然有更親切的實感，也有更多細緻的觀察，但大方向和拙著出入不大。

　　楊孟軒的文章不同，他對拙著作了頗到位的評論。我之所以說頗到位，因為以他對台灣史及近代史的精熟，他對未來兩岸政治的期待以及他個人獨特的家族經驗（雖然我不清楚其內容），他一定會看到不同的兩岸面向，他不會贊成本書的一些內容，我事先即可以理解。他立論之前已說及他對此書的負面評價，「顯然受到了我個人成長經歷、世代、國家認同與著作中詮釋1949外省人流離創傷記憶的歷史之影響」，這是種穩健而很有分寸的書寫態度，就像他在那本動人而又有論據說服力的《逃離中國》所表現出來的文風一樣。

　　我很感謝楊孟軒對拙著的基本定位有那麼強烈的質疑，他還願意兩次參與不同場合的工作坊，又願意寫出這麼坦白的一篇文章，充分表達出他來自不同的學術背景與生命背景所看到的現象。他和我所見者有那麼大的分歧，還願意聆聽異議者的聲音，我是相當感激的。我知道在目前的學界，主要指的是外在環境常處於存亡陰影

中的台灣危機社會的學界，學者要閱讀和自己的國家認同（或國家認同的解釋）不一樣的著作，多少是要強壓一些出自本能的厭惡感的。其實，我寫的一點和兩岸相關的著作，同樣受到我個人的成長經歷、世代、國家認同和以往著作的限制。楊孟軒的專業自然是我無法企及的，但我們的所見、所聞、所經歷，甚至於所追求的目標，或許不無重疊之處。最大的差異可能在於看問題的框架，以及對現實如何調整好焦距的how的問題。

楊孟軒對本書所述1949年之前中華民國史的部分，自然是專家之言。關於他的評論，不妨見仁見智，我只有兩點補充。首先，他說五四一代人所以轉向列寧領導的布爾什維克革命後的蘇聯，很重要的原因是一次世界大戰導致的「歐美議會民主制度的理想破壞」。這個說法應該是可以成立的，歐戰爆發與議會民主制度理想的破壞有關，此事在梁啟超的著作《歐遊心影錄》中有極強烈的反應。在當時人（包括新儒家的梁漱溟）的著作中也可看到。議會民主制是個脆弱的制度，大概歷史每隔一陣子，即會有「民主制度的危機」的呼聲會出現，此事不難知。五四那一代人碰到議會民主制危機，後人一定還會碰到。較不湊巧地，乃是當時剛好銜接了蘇聯的布爾什維克革命，一個強烈意識型態導向的思潮注進了精神特別空虛的時代，後果因此特別嚴重。

一戰的歷史效應這個現象所以值得留意，乃因對歐美議會政治的幻滅，固然導致了共產主義流行這個巨大的時代潮流。但當時暢論中西文化的二梁及其他文化保守傾向的學者，他們面對同樣的歷史現場，卻選擇了另一條路，既非歐美，也非東歐，而是中西混合的類型。1949之後，作為他們的思想的傳承者的海外新儒家（從張君勱到徐復觀），他們繼承了前輩儒者兼容並蓄的學風，但對民主制度有更韌性的堅持，兩者呈現了有趣的對照。海外新儒家一向認

為民主制度的問題是人病，而不是法病，脫離了憲政民主，結局只會更糟。他們所以堅持初心，我認為主要是他們賦予議會民主制度一種孟子式的道德理想主義內容所致。

第二點是我提及20世紀初的中國社會「階級意識不深」的斷語，拙著引了余英時的鄉村親歷記，以資說明。但我最早得到的這一點知識，印象中應該是來自梁漱溟。梁漱溟和毛澤東衝突其中一個主要因素即是對「中國社會到底有沒有階級」的認識不同。楊孟軒不同意拙著的判斷，提到「沒有共產黨論述的階級意識，並不代表實際上的社會不平等不存在，並不代表沒有壓迫、剝削、歧視和區別對待」，他並引儒家的倫理差序格局，以說明原因。楊孟軒所說的社會不平等的現象當然是存在的，傳統的農耕社會有可能更嚴重，我不會反對此說。就我個人的親身經歷而言，台灣社會目前在族群平權、男女平權和尊重動物方面，亦即在廣義的尊重生命權的議題上，已遠超出我年輕時的台灣社會狀況。我相信平行的發展大概也見於東亞各國，對於這波東亞民主潮所引發的社會改革，我認為加上「進步」這個容易引發爭議的形容詞亦不過分。至於舊社會不合理的原因該如何究責，兩岸甚至東亞社會轉型的動力如何解釋，這是另一回事。

關於「階級」的問題，我除了援引前人之說，沒有什麼發言權。但問題的焦點，可能是「階級」這個借自古語的新興詞彙到底是什麼內涵？這個政治社會學的詞彙是指向一定的經濟生產制度下才會出現的強烈分化的社會階層的現象？還是泛指等差秩序下出現的各種壓迫的社會現象？徐啟軒的書評也提到了階級的問題，也作了更政治的左派的解讀。我所以會說及「階級」的概念，根本的原因在於重新安置民國以來兩場關鍵性的政治革命的地位。因為不論階級與人的資格結合得多深，或曾發揮多大的歷史作用，如徐啟軒指出

的「人民」而非「國民」曾發揮的巨大的歷史動力，我們還是不免要問在共產革命的道途中，階級鬥爭的旗幟下，為何如此暴力？流了如此多的血？即使「階級性」有人性中的依據，我仍不會把它當成人的本質，也不認為階級鬥爭可以視為推動歷史的主要動力。

如果不從價值理性的觀點著眼，「階級鬥爭」確實是推動共黨革命的主要學說，而且還取得勝利的果實，這個不好解的現象對梁漱溟說來，即是「為何在沒有階級分化的社會，中共製造出階級分化的社會圖像，竟能因而產生革命的成果？」梁漱溟一生的主要疑惑之一如果轉成現代語彙，即是為何中共「製造共識」可以成功？相對的，為什麼法西斯政權或大日本帝國製造的共識卻已煙消雲散？梁漱溟的疑惑是個很值得深思的難題，但已超出本書能負荷的範圍之外，我也只能提出來，作為如禪師參禪時「疑情」的作用。

拙著冗雜的篇幅中，最容易引發反彈，也是我最費神的兩章即是第五章的〈時間開始了〉與第六章的〈在水一方〉，我當然知道在目前的「見識氛圍」（climate of opinion）下，這兩章的觀點會被視為「沒什麼新意，基本上是國民黨戒嚴時期大中國主義教育和中原中心思想的其中一個衍生觀點，相信受過那個時代教育的人，對這樣子的說法並不陌生。」──此引文即出自楊孟軒的斷語。

楊孟軒的斷語不能說錯，也反映了一些人（因為我聽到的永遠只會是一些人）的觀點，如果就大的兩岸關係的分類來講，分來分去也就是那幾種，受過「大中國主義教育和中原中心思想」的人有可能會比較容易接受我的觀點。我們這一輩人的成長過程確實是在國民黨戒嚴體制下受教育長大的，但客觀上的受教育和主觀上的接受教育，兩者是什麼關係，有可能會有很大的差異。如論我對台灣史，尤其是日本殖民時期台灣史的了解，奠定我知識受納史基礎的是葉榮鐘的《日據下臺灣政治社會運動史》，像我這種例子的人大

概也不會只有一兩位。葉先生的心態有可能也可以被歸納為「中原中心思想」，但他沒受過戒嚴體制下的教育，他的台灣史的解釋來自於他的反抗經驗，仍是一種可視為內在於台灣的視角下的場景。

我這兩章（尤其是〈在水一方〉的解釋）不夠全面，我同意。相當程度，這種不夠全面的視角也是我選擇的，因為我是從「作為歷史潛流的儒家政治理想如何在晚清民初躍出歷史水面，和西潮觀點匯合，推動現代轉型」，從這個觀點看待民國以來的民主運動實踐史。我一向認為：在當代這個多元複雜而又全體關聯的世界，任何思考儒家思想在當代世界的意義的學者，他如沒有帶著「道（天）的普遍性」、「理的必然性」以及「仁的相互性」，也就是他的思考如果沒有「來自土地（中原、中國）而又轉化土地（中原、中國）的意義」之前提，他的論述都需要受到嚴格的質疑的。

拙著沒有涵蓋「中華民國」在台灣的完整內容，包括前1949的二二八事件以及後1949的白色恐怖時期，也沒有涵蓋本省人物在殖民時期以及戒嚴時期的重大貢獻，我當然都承認。拙著本來即不是一部現代學院體制下的歷史著作，我主要想突顯作為歷史潛流的中國式民主理念（以孟子為代表）如何在清末這個關鍵性的時期，因中西混合，而形成了中華民國的理念及初步性的民主建國方案的實體。潛流不易辨識，因此也就容易被忽略。我曾看過楊孟軒也挺注意的台灣文化協會成立百年的紀念展，策展很用心，內容很豐富，但和林獻堂關係密切的梁啟超以及和蔣渭水關係密切的孫中山，在展覽中幾乎是隱形的。事例繁多，不勞徵引。我論1949，論中華民國，如果正負兼具，或許更接近實相。但言各有當，那種周全的選擇不是我論述時的主要關懷，我需要一個惹人煩而又需要正視的視角。我要在中華的道之傳統、中華民國的理念以及現實中華民國三者之間找到起承轉合的機制，並在已初步體現儒家現代性方案的現

實的中華民國身上，找到深化它、昇華它，保護它，並且可以切入兩岸互動的空間。

楊孟軒對拙著論中華民國與台灣政治的關係意見最大，我不會反對他提出來的日本殖民時期，台灣人政治運動的業績，如臺灣文化協會所作的；也不會不贊成在戒嚴晚期，台灣的本土力量帶有更大的運動動能。同時，我也不會淡化國民政府在二二八以及白色恐怖期間，犯了極大的錯誤。事實上，如果我的「兩岸性」的提法有解釋效能的話，這些更具島嶼內部性質的受迫害史或爭民主的奮鬥史在難以避免的兩岸會談或互動中，將扮演重要的提撕作用，我更不該忽視。千言萬語，我所以將兩岸的問題提升到中華民國的「理念」層次，即是想從理念介入現實，引導現實。我對兩岸軍、政、經實力的了解相當有限，基本上是常識的理解。但我對一些獨派朋友所信服的有利於他們政治信仰的外交理由，如台灣地位未定論，如聯合國二七五八號決議案不及台灣；或政治的理由，如美國是台灣最可靠的盟友，如中美爭霸是地緣政治不可避免的命運，都有些懷疑，認為這些說法都相當有爭議。或者說我不認為這種硬碰硬的抗爭是有效的，我們或許有機會在另一種場所，調整成另一種視角，因而找到雙贏的策略。

我說了一位島嶼的杞憂之士的常識性的擔憂，並非與本書無關，恰好相反，這種擔憂正是我不自量力，甘願撈過界，介入兩岸議題最大的心理動力。我不認為目前的兩岸沒有深刻的矛盾，矛盾點多得很，其中政治制度的矛盾就是無法迴避的難題。馬列主義、中華文化與國家認同的關係，我不相信就算共產黨人即會沒有意見。但目前兩岸局勢比起1949前後，有極大的不同，當時流亡來台的政黨與政治人物當然是徹底的反共，而我素所佩服的大知識人如胡適、傅斯年、牟宗三、徐復觀等人也都相信兩岸的關係是最凶險

的敵我矛盾的關係，很難有第三條路。當時兩岸的政權對中華、人民和政府這些概念幾乎都有完全不同的定義，彼岸的執政黨充滿了解放世界的共產主義意識型態的狂熱，批判的武器不如武器的批判。此岸的政黨則有保護中華文化與民主制度的堅持，退此一步，即無死所。冷戰時期，兩岸的敵對除了國際強權的因素外，主因還是內戰結構所致。

但70年過後了，中共的體制，還是無產階級專政嗎？它對國家的理解還是視為資產階級鎮壓人民的工具嗎？它的中華觀自1990年前後蘇東波事件以及1992年的鄧小平南巡後，真的還堅持無產階級文化才是中華文化的正宗，儒釋道三教都是壓迫人民的封建主義的大山嗎？如果我們比較1949年與1992年後的中共，鄧小平的中國和毛澤東的中國是同一個中國嗎？再比較70年來的共產中國與在台灣的中華民國的施政，尤其是內部的治理，到底是中華民國向中華人民共和國傾斜呢？還是反方向地傾斜呢？我們可以合理地下結論道：原來的「中華民國」的理念是合理的，兩岸勢必一戰的必然性也並不那麼必然。

矛盾是必須正視的，我也不相信與一路革命過來的民主集中制政黨會談是樁容易的事。然而，或者要不然，怎麼辦？解決矛盾不能不考慮how的問題，不能不正視弱勢一方可以掌握的條件為何的問題，解決矛盾最高的方法是化矛盾為共利的助力。如果台灣因為中華民國的身分而能尊嚴地加入中國現代化轉型的工程，並與全體中國人共同創造中華文明的未來，豈不雙美！現在的中國不是答案，它仍在創造中，沒有哪一個政黨可以壟斷對「中國」的解釋，包含對「合理的兩岸關係」的解釋，中華民國肉身化後的台灣完全擁有和平競爭的實力。

如果兩岸關係未必一定是敵我矛盾，我不認為兩岸沒有共通的

方向，比如現在對岸的政府仍有對「民主」與對「中華文化」的承
諾，官方的調子是唱得非常高，雖然實質的內容可能與此岸人民的
理解有很大差異。但我們如果將兩方理解的差異視為過程的理解有
異，而不是當成非此即彼的定案，將更為合理。如果我們再將兩岸
對現代化的中國方案的不同理解，放在中華文明發展的大本大經的
脈絡下重新定位，或重新置定解釋的框架，也許可在深層的生命架
構上找到無以名之的共感基礎。經過了框架的重置，我們不無可能
可以將兩岸的關係從冷酷的地緣政治學的視角，轉成親緣的共同發
展方向的友善關係。在這種尋求共同方向發展的基礎上，本書對1912
年成立的中華民國以及1949年底的國府遷台事件重新作了解釋。對
於某些左派或本土派朋友，本書或許仍難入眼，遑論要求同情的理
解。但在學術市場上，或許仍該立此一說以存照。

四

　　就作為真實歷史事件的中華民國之成立，以及1949的國府渡海
遷台事件，一定有許多的問題需要清算，需要轉型正義的介入。已
經發生的歷史錯誤，主事者欠下的歷史債務，都需要有人負責。我
不會故意視而不見，也沒有權力或資格漠視。但本書的重點不在此，
我還是相信就作為在歷史出現的政治理念，或者將這個新興的國體
作為一種檢證史實並批判史實方法而言，「中華民國」的價值是無
法被取消的。這個國體賦予「民主」這個體制一種符合人性的普世
性價值，這個國體賦予中華文明傳統與現代政治制度雙向批判的功
能，也就是它賦予「中華」與「民國」有血有肉的臨在感。即使有
一天在不可測的歷史風暴之後，這個理念所凝聚的國體被摧毀了，
但它的規範性的價值是不可能被摧毀的，它還會乘願再來——雖然

國名可能不再一樣。我期待這種敘述能引發對「民主」或「中華文化」有實質感受的讀者，甚至追求其價值實現的讀者，更深入的探問，不論這樣的讀者在此岸或彼岸。

正因為我在兩岸重重的狂風陰霾中，看到未嘗沒有可以共享、共有、共同成長的道途，但經由兩岸三地（第三地是指美國）的神鬼操作，台海居然變成了世界上最具戰爭風險的區域。而且這種風險具有結構性，如果沒有另類的思考通向另類的道路，風險始終在，而且有可能隨時引爆。戰爭哪時候是理性的？但戰爭的爆發又有哪幾次不是有層層堆積的怨恨才爆發的？正因為我的杞人之憂，以及我極端不願意看見最糟糕的結局出現，所以全書的用語才會如一些朋友（如鄭小威）指出的，議題反覆出現，思路跳躍，而又充滿了吶喊式的熱情。

熱情似乎不是理論文字該有的長項，無奈，情之所鍾，正在我輩。文末，我僅想再將王陽明請出來，替我解圍。他在一篇和朋友的通信中說道他為什麼不自量力，不顧天下之非議，仍要出來，極力宣揚大道的訊息。他說：「每念斯民之陷溺，則為之戚然痛心，忘其身之不肖，而思以此救之，亦不自知其量者。天下之人見其若是，遂相與非笑而詆斥之，以為是病狂喪心之人耳。嗚呼！是奚足恤哉？吾方疾痛之切體，而暇計人之非笑乎！人固有見其父子兄弟之墜溺於深淵者，呼號匍匐，裸跣顛頓，扳懸崖壁而下拯。士之見者，方相與揖讓談笑於其傍，以為是棄其禮貌衣冠而呼號顛頓若此，是病狂喪心者也。」（〈答聶文蔚〉）當父子兄弟將於墜入深淵之際，其家人見之，一定會奔走呼號以救之，哪裡會顧及自己的行動體面不體面？是不是像位喪心病狂的瘋子？旁人如果只會在旁說風涼話，只因他們沒有切身之痛，所以可以毫不關心。王陽明的「萬物一體」的襟懷以及他的良知自作主宰的自信，使得他面對世

人譏笑他「病狂喪心」時，始終能不顧一切，昂然承擔。

　　王陽明何人耶！余何人耶！但面對兩岸如此既凶險而又充滿極大可能性的詭異局勢，在各種業力作用下，兩岸的當事者竟能將情況推向最粗暴、最不具美感與倫理意義的路途上去，卻忽略了兩岸在深層結構上的緊密關聯，也忽略了共產政府向具有中華文化風土性的憲政民主政體調整的可能性。現實與潛能的背反，不禁令人感慨，何以至此？中華文明有它的高度，也有它對解決政治爭議的強烈規範。任何政治的爭議只宜作喜事辦，遠人不服則修文德以來之，既來之，則安之。兩岸的爭議更應該如此處理，這不是以偉大文明繼承者自居的政治人物該有的精神修養嗎？兩岸人民與政治人物有這種智慧嗎？撰稿之際，剛好颱風過境，[11] 風雨如晦，我不免又想起王陽明這位一代大哲在渾濁世間逆風吶喊的身影。

　　楊儒賓，國立清華大學哲學研究所暨通識教育中心講座教授、中央研究院院士。出版《儒家身體觀》、《儒門內的莊子》、《原儒》、《1949禮讚》、《五行原論：先秦思想的太初存有論》、《思考中華民國》、《多少蓬萊舊事》（增訂版）等書，並有譯著及編著學術論文集多種，也編輯出版了多冊與東亞儒家及近現代思潮為主軸的展覽圖錄。目前從事的文化工作以整編清華大學文物館典藏的書畫墨蹟為主，學術工作則嘗試建構理學第三系的系譜。

11　2024年10月第一週，山陀兒颱風過境台灣，全台連放颱風假兩天到四天。

思想
評論

告別革命、暴力，走向憲政、文明：[1]
讀《世紀的歧路：左翼共同體批判》

張曙光

本人花一個多禮拜的時間認真拜讀了榮劍的大作《世紀的歧路：左翼共同體批判》（紐約：博登書屋，2023；以下簡稱《批判》，凡引自該書，只註頁碼），感受頗深，獲益良多。這真是一部大書，一部思想批判的大書。在當前的中國，能夠高舉批判的旗幟，已屬不易，而把批判的矛頭對準左翼革命理論，更是難能可貴，非常罕見。更重要的是，也許是筆者讀書不多，孤陋寡聞，雖然看到過不少對左翼思想的批判，主要都是針對某一人士、某一著作、某一事件、某一組織和某一時期的評論，至今並未看到過對整個左翼共同體及其思想的批評。作者以革命、暴力、專政為主線，對左翼共同體的產生和發展，左翼思想理論的內容和變遷，左翼的革命實踐及其造成的巨大災難，進行了全面系統的批判。進而在回顧中國左翼運動歷史變遷的基礎上，集中揭露了中國新左派為革命招魂、為暴力唱讚歌、為專制獨裁樹碑立傳的國家主義本質。鑒於左翼及其思想和實踐在全世界的深刻影響和巨大危害，本書值得人們，特別是深受左翼革命之害的人們閱讀和反思。

1　本文初稿曾請蔣豪、吳思教授審閱，也請榮劍審讀，他們提出了很好的意見。特此致謝，文責自負。

一、左翼共同體的前世今生

在人類歷史上,革命、暴力和專制可以說是源遠流長。暴力與人類共生,在動物界也很常見。而革命自氏族社會出現而興起,中國歷史上就有所謂湯武革命一說。專制統治是皇權帝國的產物,在中國也有兩千多年的歷史。然而,作為一種學說和運動,形成一種意識形態,具有一套完整的理論體系,用以指導暴力革命的實踐,卻是隨著左翼勢力的出現和發展而形成和演變的。[2]因此,左翼及其思想理論和社會實踐是一種近代的產物和現象,甚至20世紀成為革命和戰爭的世紀,打上了左翼的明顯標記。這是《批判》揭示的一個基本史實和重要思想。據此,我們可以對左翼共同體勾勒出一幅簡單的素描。

1. 法國大革命:左翼革命恐怖的盲動時期

「左翼」的出現自法國大革命始。當時,國民議會中的座位分布,坐在議會主席左側位置的議員多半持民主的、平等的和激進的立場,他們由此被稱為左派;而坐在主席右側位置的議員多半持君主的、保守的和溫和的立場,由此他們被稱為右派。左右的分野和

2　古代法家也有一套暴力理論,儒法結合,儒表法裡,陽儒陰法,是中國歷史上改朝換代的奪權手段和統治治理模式。因此,可以這樣說,法家是前資本主義的暴力奪權理論,馬克思主義是資本主義時代的暴力革命理論。前者本來無關左右翼之爭,但是新左派把中國的傳統思想作為自己的理論來源,並與馬克思主義建立起密切的聯繫,可見思想是相通的,是有源流的,也是不可能封閉和割斷的。這從後面將要討論的趙汀陽的「天下體系」論和劉小楓的「聖王革命」論,可以得到佐證。

對立既是象徵性的，也是決定性的，既是排他的，也是徹底的，而且是發展和變化的。

在法國大革命中，初期主要是第三等級與教士、貴族和國王之間的階級對立和鬥爭，隨著第三等級內部思想和政治的分化，革命者內部左派和右派之間的衝突不可調和，不僅主導了階級鬥爭和黨派鬥爭，而且使革命向著激進化、暴力化和恐怖化的方向發展。這是左翼革命從其娘胎裡帶來的基因。到了雅各賓專政的恐怖統治時期，基因發育成長，革命啟動了自相殘殺的自我毀滅機制，不經過任何程式，監禁和殺害了數十萬人，到了最後，丹東、羅伯斯庇爾等革命家也步國王路易十六的後塵，被送上了斷頭臺。這也成為左翼革命的普遍規律。正如支持雅各賓派議員呂奧所說，「革命吞噬了自己的兒女，它殺死了它的兄弟，它在撕咬自己的腸子，它已經成為最惡毒、最可怕的怪物」，《批判》也明確寫道，「斷頭臺成為大革命的一個象徵，它不寒而慄的刀鋒昭示著革命者和國王、貴族、僧侶以及大眾的共同命運：成為革命的斷頭鬼。」（《上卷》一，頁19-20）不僅如此，革命者的混戰和革命造成的混亂形勢導致了共和國的滅亡和拿破崙帝國的統治。

2.馬克思主義的誕生和傳播：左翼暴力革命的理論指南

如果說法國大革命時期，左翼革命的恐怖和殺戮受到激進情緒和狂熱衝動的驅使，是一群烏合之眾，具有盲動和本能的性質和特徵，還缺乏系統理論的指導，那麼，馬克思主義的形成和傳播，革命者的頭腦有了理論的武裝和行動的指南，就成為一種自覺的運動，左翼革命也進入了一個新的階段。正如作者所說，「在歐洲左翼思想史上，馬克思主義無疑居於至高無上的地位，自馬克思、恩格斯發表《共產黨宣言》以來，歐洲範圍的工人運動、左翼運動和

革命運動均被深深地打上了馬克思主義的標記，馬克思主義成為左
翼思想的重要來源和真理性標準。」（《上卷》一，頁21）

　　馬克思主義的暴力革命理論主要體現在《共產黨宣言》、《法
蘭西內戰》和《哥達綱領批判》等著作中。其中的觀點明確、堅定
而武斷，主要內容如下：

> 共產黨人的最近目的是和其他一切無產階級政黨的最近目的一
> 樣的：使無產階級形成為階級，推翻資產階級的統治，由無產
> 階級奪取政權。[3]
> 共產黨人可以用一句話把自己的理論概括起來：消滅私有制。[4]
> 無產階級將利用自己的政治統治，一步一步地奪取資產階級的
> 全部資本，把一切生產工具集中在國家即組織成為統治階級的
> 無產階級手裡。[5]
> 共產黨人不屑於隱瞞自己的觀點和意圖，他們公開宣布：他們
> 的目的只有用暴力推翻全部現存的社會制度才能達到。[6]
> 這次革命的新的特點在於人民在首次起義之後沒有解除自己的
> 武裝，沒有把他們的權力拱手交給統治階級的共和主義騙子
> 們；這次革命的新的特點還在於人民組成了公社，從而把他們
> 這次革命的真正領導權握在自己手中，同時找到了在革命勝利
> 時把這一切權力保持在人民手中的辦法，即用他們自己的政府

3　馬克思、恩格斯，《共產黨宣言》，《馬克思恩格斯選集》第1卷
　　（北京：人民出版社，1972年5月），頁264。
4　同上書，頁265。
5　同上書，頁272。
6　同上書，頁285。

機器代統治階級的國家機器、政府機器。[7]

在資本主義社會和共產主義社會之間，有一個從前者變為後者的革命轉變時期。同這個時期相適應的也有一個政治上的過渡時期，這個時期的國家只能是無產階級的革命專政。[8]

把這些論述概括起來有以下幾點：

（一）無產階級要建立自己的組織，使自己成為階級。這種組織就是各國的共產黨、社會黨、工人黨及其第一國際、第二國際和共產國際。

（二）無產階級要有自己的武裝，舉行武裝起義和革命戰爭，用暴力打碎舊的國家機器和現存的社會制度。

（三）無產階級要建立自己的國家機器和政治統治，實行無產階級專政，剝奪資產階級，消滅私有制，把一切生產工具集中在國家手中，實行公有制和計劃經濟。

（四）無產階級要實現社會主義和共產主義，建立人間天堂。

如果說，馬克思的暴力革命理論在其生前還主要是一種哲學議論，一種批判的武器，那麼，在其生後則成為左翼革命的政治綱領和政治實踐，不僅成為十月革命和中國革命的指導思想，而且在蘇聯和中國得到了實踐和證明。這樣，左翼革命就進入了真槍真刀、武器批判的新階段。

7　馬克思，《法蘭西內戰》，《馬克思恩格斯選集》第2卷（北京：人民出版社，1972年5月），頁424。

8　馬克思，《哥達綱領批判》，《馬克思恩格斯選集》第3卷（北京：人民出版社，1972年5月）頁21。

3.俄國革命和中國革命：左翼暴力革命的完勝和衰敗

　　1917年10月25日，列寧領導的布爾什維克黨發動了武裝起義，實際上是一場武裝政變，打斷了俄國和平和民主地從君主制向共和制轉型的進程。接著通過鎮壓、肅反和內戰等一系列暴力方式，消滅了一切異己力量，在全國範圍內建立起統一的蘇維埃政權，並將俄國社會民主工黨改名為俄國共產黨（布爾什維克）。進而，一方面成立共產國際，在國際上與第二國際分庭抗禮，承擔起領導世界共產主義革命的歷史責任，真正開啟暴力革命的新紀元，另一方面，在國內全面開展黨內鬥爭，變無產階級專政為一黨專政和一個人的專政，大開殺戒，不僅槍殺了季諾維也夫、加米涅夫和布哈林等革命元勳，而且屠殺了大批紅軍將領、中央委員、知識人士和平民百姓，製造了一系列駭人聽聞的恐怖血腥事件。

　　本來，公有制和計劃經濟的無效率，已經使蘇聯經濟病入膏肓，老百姓的生活苦不堪言，甚至發生大饑荒。然而，在冷戰時期，為爭奪世界霸權，窮兵黷武，瘋狂地擴軍備戰，鎮壓波匈事件和「布拉格之春」、侵略阿富汗、陳兵中蘇邊境，把資源配置用在了非生產的方向，這無異於抽血吸髓，雪上加霜。於是，在頑固左翼為保衛革命的純潔性而發動的一場未遂政變之後，蘇聯帝國哄然垮臺，分崩離析。

　　中國革命的確是「以俄為師」，實踐了馬克思主義與中國實踐相結合，正如《批判》所說，「在一個所謂的『半封建、半殖民地』的東方大國複製了俄國十月革命的意識形態、革命模式、政權體制——包括製造紅色恐怖的各種組織形態——從紅色契卡到秘密員警再到『古拉格』式的集中營，並在革命成功之後按照蘇聯模式建立起計劃經濟體制和人民公社制度。」（《上卷》一，頁53-54）二者

之間的差別，如城市起義還是農村包圍城市則是武裝暴力革命的具體方法和途徑的不同，而且中國是在中心城市暴動失敗之後的無奈選擇。至於革命成功後的黨內鬥爭和國內鬥爭，其「殘酷鬥爭，無情打擊」的狀況比蘇聯有過之而無不及，鎮反肅反、三反五反、反右派和反右傾，以至於文化大革命，十次路線鬥爭一次比一次慘烈和血腥，多少人被打成地富反壞右，家破人亡，死在了革命的屠刀之下，就連國家主席、元帥、將軍和各級黨政領導人，也都成為走資本主義道路的當權派，難逃覆滅的命運。

在經濟崩潰和政權危機的存亡之秋，共產黨調整政策，實行體制改革，但又高舉四項基本原則，不放棄革命、暴力和專政的命根子，甚至在八九六四血洗北京城以後，重新加強極權專制統治，並隨國際形勢的變化，開始了擴軍備戰。如果說，蘇聯的垮臺是左翼革命的猝死暴斃，那麼，共產黨的改革則是左翼革命的慢性死亡，也許還要經過幾個回合的「搶救」和折騰。

4. 中國新左派：左翼共同體的迴光反照

由於左翼革命為人類帶來無窮的痛苦和災難，因而對其抵抗和批判連綿不斷，此起彼伏，其失敗和滅亡的命運也不可避免。但是在不同時期，爭論和批判的具體物件和內容也不完全一樣。在19世紀，爭論的中心是法國大革命到底是民主自由和人類解放的先聲，還是暴力恐怖和血腥罪惡的開端，出現了艾德蒙·柏克和托克維爾等著名的思想家和批評家，或者如羅曼夫人的生命控訴：自由，多少罪惡假汝而行！此外，還有第二國際內伯恩斯坦的修正主義。到了20世紀，俄國革命勝利以後，爭論的中心則轉移到蘇聯的功過成敗，即蘇聯究竟是人類福地，還是人間地獄？且以薩特為首的法國左翼和以阿隆為首的法國右翼的爭論最具代表性，但二者都未看到

事情的結局。蘇聯的解體給左翼革命以毀滅性的沉重打擊，西方一些左翼人士面對歷史和現實，承認了左翼革命的失敗，開始了反思和救贖。正如《批判》所言：「薩特的思想轉變表明，左翼最重要的精神傳統——崇拜革命、迷戀暴力、追求紅色政權和嚮往共產主義，在十月革命以來遍布於第三世界各國的各種革命運動的一系列失敗與挫折中，終於獲得了一個自我反省和糾錯的機會。」（《上卷》二，頁212）

　　然而，中國新左派跳了出來，高喊：且慢！革命並未失敗，你們忽視了中國革命的普遍性、世界性和現代性的偉大意義。於是，正如《批判》所言，他們以革命的裹屍布為旗幟，不僅要為左翼暴力革命招魂，而且還要為人類走向美好的未來提供中國經驗、中國模式和中國方案。

二、新左派理論批判

　　對中國新左派的理論批判是《批判》一書的主體和核心，作者在揭示了新左派時代和理論前提的基礎上，對新左派的主要理論進行了深刻的批判，的確是鞭辟入裡，入木三分。這是本書最用力、最有趣、最精闢之處。為了節省篇幅和避免重複，對於新左派的現代性方案（反現代性的現代性）及各種專業文本（如朱蘇力的法學文本、崔之元的經濟學文本和賀桂梅的文學文本）、中國現代轉型的路徑之爭（民族國家還是帝國）、為特殊性立法與重構普遍性（西方中心論還是中國中心論），暫不討論，只評介作者對新左派的「天下體系」論、「聖王革命」論和汪暉的《世紀的誕生》的批判。

1.新左派產生的時代背景和理論前提

首先，新左派產生於中國實行改革開放的年代，而且是改革開放遭遇挫折的年代。這就涉及到改革開放的基本性質及其功過成敗的問題。對此中外人士有多種不同的界定和說法。如費正清（1994）的「中國革命手段改變」論，[9]德里克（2015）的「後革命的中國」論，[10]科斯（2013）的「邊緣革命」論，[11]鄧小平（1993）的「第二次革命」論[12]等，以及其中暗含和一些明確表示的從「革命國家」向「現代國家」、從「革命黨」向「執政黨」的轉變。《批判》一一辨析了這些理論，明確指出，除了「革命手段改變」「是一個深刻的見解」以外，「『革命之後』的中國並沒有從根本上改變一個『革命國家』的性質，革命的意識形態依然占據著黨的主導地位。」（《上卷》一，頁200）「中國現代化進程中的深刻悖論就在於，『革命性』和『現代性』的同時存在及其緊張關係，決定了改革開放的基本性質和路徑依賴，『後革命』時代的問題，實際上亦是『後極權』時代的問題。」（《上卷》一，頁203）鄧小平身上「集中地體現了中共的『革命性』與『現代性』之間的深刻悖論。」（《上卷》一，頁205）在改革開放中提出和實行堅持四項基本原則就是最有力的證明。不僅如此，革命手段的改變也是部分的和扭曲的。本來，公有

9　（美）費正清，《偉大的中國革命》（北京：世界知識出版社，2000年5月），頁408。

10　（美）阿里夫・德里克，清華大學國際研究所主編，《後革命時代的中國》（上海：上海人民出版社，2015年6月），頁1-2。

11　（英）羅納德・科斯、王寧著，徐堯、李哲民譯，《變革中國：市場經濟的中國之路》（北京：中信出版社，2013年1月）。

12　鄧小平，〈改革是中國的第二次革命〉，載《鄧小平文選》（第三卷）（北京：人民出版社，1993年11月）。

制與市場經濟不能相容，而中共卻要在堅持公有制為主體的前提下
引入市場經濟體制，這樣的市場經濟充其量只能是市場經濟工具
論。至於全面肯定和高度讚揚中國經濟增長奇蹟的種種理論，包括
張五常（2009）的「縣域競爭」理論，也過於片面和靜態化。他們
既忘記了中國經濟增長的代價及其環境條件的變化，也忽視了它帶
來的制度和行為扭曲。

　　其次，作為一種思潮，新左派產生於思想解放運動終結和裂變
時期，因而《批判》必然要對其進行考察和分析。思想解放導致了
共產黨內部對馬克思主義的分歧，集中表現為周揚關於人道主義和
異化的觀點[13]既受到胡喬木的批判，[14]又在鄧小平的逼迫下公開檢
討，[15]而民間推動的「新啟蒙運動」，在反對資產階級自由化的大

13　周揚，〈關於馬克思主義幾個理論問題的探討〉，《人民日報》，
　　1983年3月16日。

14　胡喬木，〈關於人道主義和異化問題〉，《人民日報》，1984年1
　　月27日。

15　《批判》對此的記述不大準確。《上卷》一寫道：「1983年3月7日，
　　在紀念馬克思逝世100周年的大會上，周揚發表了題為〈關於馬克
　　思主義的幾個理論問題的探討〉的長篇講話，講話對人道主義和異
　　化問題的闡釋引發了黨的意識形態領導者胡喬木的強烈不滿，後者
　　運用權力迫使周揚作出公開檢查，並從此退出政治和理論舞臺」（頁
　　221）。其實，胡喬木找周揚談話的態度是誠懇的和謙恭的，但談
　　話內容和提出的建議是不容置疑的。他說：「人道主義問題，周揚
　　同志的文章，講得比較周到，但有些問題還沒有鮮明地提出來，或
　　者還講得不夠圓滿，倘若就這個樣子拿出去，可能產生一些誤會。
　　文章中有些話是不可取的」。「周揚同志您年高德勳，年老體弱，
　　是否可以『宜將剩勇追窮寇』，將文章未涉及的地方或未說清楚的
　　地方，索性說清楚一些，然後再出單行本」，並建議周揚文章修改
　　好以後作為學術文章在《哲學研究》發表。要周揚檢查的是鄧小平。
　　在十一屆二中全會上，鄧小平發表了〈黨在組織戰線和思想戰線上
　　的迫切任務〉，周揚聽了以後很緊張，在小組會上做了自我批評。

棒下步履維艱，啟蒙知識分子也發生了分裂。一個最明顯的事件是，關於「新權威主義」的論戰，也葬送於「六四」的槍炮之中。需要指出的是，《批判》沒有注意到思想解放與思想自由的區別，雖然二者在英語中有一個共同的拉丁文詞根liber，且有著共同的敵人，如奴役、專制、封建等，[16]也易於混淆，但卻存在著被動主動、他動自動的分野。因為到底是解放還是控制，是共產黨說了算。為什麼共產黨大講思想解放而反對思想自由，並一個勁地批判自由化，這絕不是簡單的名詞之爭，而是有著深刻的根源和道理的。

再次，中國的新左派成長於西方的「後學」時代。《批判》對「後現代」理論也進行了辨析，進而明確指出：「從世界現代化歷史來看，在中國全力以赴向『現代』進軍時，作為後發展國家的未來景象的歐美發達國家卻已告別了『現代』而進入了一個『後學』時代——後現代、後殖民、後革命、後歷史、後社會主義等等。」（《上卷》一，頁231）西方左翼學者的「後學」，針對的是「革命之後」、「殖民之後」、「現代之後」的現實問題和理論問題，批判的是西方現代化模式、新自由主義市場體制和資本主義殖民體系的理論和方法，與中國面對的現代化轉型的現實和理論問題完全是兩碼事，但是中國新左派思考中國問題的立場、觀點和方法以及思想

（續）────────────

　　鄧力群認為這個問題解決了，而鄧小平看到簡報以後不答應，把胡喬木和鄧力群找去，對他們說：「周揚寫了一兩萬字的文章登在報紙上，就這麼幾句話能交待過去嗎？不行。周揚應該公開作書面的自我批評，登在報紙上」。鑒於周揚年事已高，胡喬木出主意，建議周揚用答記者問的方式，做變通的自我批評。〈周揚同新華社記者的談話〉發表在當年11月6日的《人民日報》上。參見，張曙光，《中國經濟學風雲史：經濟研究所60年》（上卷I），頁402-412。

16　參見張實明，〈當「自由」遇見「解放」〉，載《讀書》，2020年第3期。

資源大多數來源於西方的「後學」。汪暉的理論標榜追問「中國現
代性問題」，但現代性只有一個，汪暉卻要找出中國的現代性與西
方的現代性的本質區別，他要「建構面向21世紀的關於全球資本主
義時代的批判理論，而中國的市場化改革和『新啟蒙主義』則構成
了他批判的重點，因為『改革』和『啟蒙』被他判定是導向西方現
代性的實踐和理論之路，最後通向的是世界資本主義體系。」因此，
汪暉的現代性是「反現代性的現代性」，「這是毛澤東思想的特徵，
也是晚清以降中國思想的主要特徵之一。」（《上卷》一，頁238）可
見，中國新左派處在理論與時代的巨大錯位之中，他們在與時代的
幻影作鬥爭，真是一個中國現代的唐吉珂德！這是一種偽「後學」。

　　接著，《批判》揭示了中國新左派借鑑西方「後學」的六大
來源，它們是波蘭尼的「大轉型」理論；後現代話語的福柯版本：
批判啟蒙；後殖民理論：從文化批判到文化政治；世界體系理論：
從沃勒斯坦到弗蘭克；帝國主義與依附理論等。進而指出，「上述
六大理論，按照福柯系譜學的分類，它們之間並沒有互相決定和派
生的關係，而是構成一個廣泛的理論光譜，不同理論色彩因為接近
而重疊在一起，顯示出它們具有共同的理論指向：批判資本主義，
批判西方現代性，批判啟蒙主義，批判資本主義世界體系，並在具
體政治實踐中轉化為對帝國主義、殖民主義和美國主導的國際秩序
的批判。……馬克思主義作為資本主義的批判理論，在這個理論光
譜中仍然占據重要位置，儘管其話語形態有了重大改變，原來基於
階級衝突和階級鬥爭的革命話語，轉變為更為廣泛的主體與他者衝
突的後現代話語，馬克思主義被改造成一種現代性批判理論。」（《上
卷》一，頁272）既然如此，新左派將其放在中國的現實語境和自己
的理論體系中，的確是一種不倫不類的大雜燴。

2.「天下體系」論批判

　　在中國，崇尚天下主義，主張天下體系的人不少，但將其理論化，構造出一套現代化理論，據以建立世界制度和世界秩序，則是趙汀陽的貢獻。筆者對新左派的其他理論關注不多，但對趙汀陽的天下體系理論卻不陌生，甚至比較熟悉。2005年6月24日，本人邀請趙汀陽到北京天則經濟研究所第289次雙周學術論壇講演，報告主題就是關於天下體系，會上，趙先生送我他的大作《天下體系：世界制度哲學導論》。會後筆者認真拜讀，撰寫了一篇一萬多字的書評〈天下理論和世界制度——就《天下體系》問學於趙汀陽先生〉。[17]評論提出七個問題與趙汀陽商榷：一，中西思想文化是道分二途，對立、衝突，還是同多異少，能夠互補、融合？二，「重思中國」如何重思，中國思想文化的優劣何在？三，什麼是中國的天下觀念和世界制度，其性質和價值何在？四，如何建立世界制度，僅僅依據中國的天下思想能否建立世界制度？五，什麼是人權思想，人權思想能否發展為普世價值和世界制度的思想基礎之一？六，如何看待聯合國和歐共體以及其他的世界組織和區域組織，它們究竟是走向世界制度的一步，還是與此背道而馳？七，如何運用歷史文獻，能否只使用對自己有利的東西而對自己不利的東西作牽強附會甚至歪曲的處理？這一批評是就書評書，就文本論文本，好處是比較全面，書中的問題都提到了，缺點是沒有與新左派的理論體系聯繫起來，不像《批判》那樣集中，也沒有《批判》立意高遠。《批判》提出質疑「誰的天下？」的確是抓住了要害，一矢中的。

17　載鄧正來主編，《中國書評》2006年第5輯（上海：上海人民出版社，2006年10月）。

　　趙汀陽提出「天下體系」理論，來自於「重思中國」或「重構中國」的現實考量和問題意識，目的是要為世界提供「世界新理念和世界制度」，因而不僅要重構「民族國家」，而且要重構「帝國」，不僅要重構「世界」，而且要重構「國際秩序」。由於缺乏現實的經驗基礎，不得不尋求歷史經驗的支持，於是把古代儒生對於世界的想像重新加以粉飾和裝潢。但是，正如歷史學家葛兆光所說，「天下」理論是「一個烏托邦想像」，他們所推崇的「天下無外」的原則在中國歷史上根本不存在，「不太好說是癡人說夢，但它也一定不是歷史」。[18]《批判》借助於拉鐵摩爾的「內亞史觀」考察了中原帝國與草原帝國的衝突，說明在二者的長期博弈中，前者始終沒有贏得主動權，更談不上聲教遠播於四夷之地，實現天下歸仁和天下統一的理想境界。進而提出誰的天下？誰的中國？誰的世界？揭示出「天下主義」者與歷史上的陋儒毫無區別，「他們所想像的『天下』，既不是一個可以獲得現實經驗支持的普遍道德文明秩序，也不是由中華帝國主導的政治、文化和歷史共同體，更不是未來的一個理想化的大同世界，而不過就是在儒家『天下』觀的思想延長線上，為帝國歷史合法性和王朝中心主義提供的辯護。」（《上卷》二，頁93）

3.「聖王革命」論批判

　　「聖王革命」論是劉小楓的傑作。他通過重讀熊十力寫給毛澤東的建言《論六經》，認為熊十力是20世紀偉大的哲人和思想聖人，

18　參見葛兆光，〈對「天下」的想像：一個烏托邦想像背後的政治、思想與學術〉，載陳宜中編，《大國的想望：天下主義、強國主義及他》（台北：聯經出版，2021年1月），頁37。

而毛澤東是熊十力期待實現「《周官》之理想」的偉大聖王，需要重新認識中共革命的性質和毛澤東的歷史地位，進而構造了一個「聖王革命」論。「其要旨是：革命符合聖人正義，聖人在革命中受命成王實乃其成聖的使命，符合天意民意符合『人民主權』論。」（《上卷》二，頁100）

　　劉小楓在《儒家精神革命源流考》中宣稱，「馬克思主義與儒家思想的同質性不是一個什麼外殼，而是一個思想實體：對人世完美性的追求，其實質包括大同世界、人民民主、財富平等以及聖人正義論。」[19]這就在儒家革命論與馬克思主義革命論之間建立起直接而又緊密的聯繫，主張儒家革命精神是中國現代性革命的精神基礎，進而認定「毛澤東的馬克思主義革命精神的質地是儒家革命精神」，試圖「在殘暴血腥的革命機器塗上一層聖人正義的色彩，讓革命重新閃爍聖潔的道德光輝。」（《上卷》二，頁105）劉小楓考察儒家革命精神來龍去脈，從「湯武革命」論到「《春秋》革命」論，再到「成聖革命」論，從「《周官》建國」論到「《王制》建國」論，其目的就是要把毛澤東塑造成聖人正義的集大成者，是「率領天下人走向自由民主太平世的聖人」，「儒家國家臨危受命的『聖王』。」[20]既然如此，那麼，強行推進大躍進和人民公社，釀成三年大饑荒和餓死幾千萬人，發動和領導文化大革命，造成恐怖統治和血腥暴政如何解釋？難道都是成聖成王的必要代價，甚至是題中應有之義，都是合理的和正義的嗎？

19　劉小楓，《儒家革命精神源流考》（上海：上海三聯書店，2000年1月），頁16。

20　同上書，頁25。

4.「世紀誕生」論批判

　　如果說趙汀陽和劉小楓是從歷史和儒家典籍尋求啟迪和借鑑，那麼，汪暉則超越歷史和古籍，也超越了現代，直接從西方後現代獲得思想資源，就連書名，也讓人想起阿蘭‧巴迪歐的《世紀》。因而成為中國新左派的旗手和思想領袖。不過，汪暉的文字實在不敢恭維，佶屈聱牙，繞來繞去，筆者開始讀過一些，後來只好望而卻步。《批判》真正下了一番功夫，對汪暉的剖析的確是一針見血，既切中要害，內容又十分豐富。我們只能點到為止，概括地作一點評介。

　　首先，汪暉重構了世紀的概念，把20世紀界定為「中國世紀」。針對西方學者把世紀視為西方霸權的時間性概念,他杜撰了一個「時勢的世紀」概念，他所謂「世紀的誕生」既不是「歐洲世紀」的誕生，也不是「蘇聯世紀」的誕生，而是「中國世紀」的橫空出世。他主張從中國和中國革命的角度來調整20世紀的分期和界定，並認為，「不是第一次世界大戰界定了世紀的誕生，而是『五四』運動標誌著一種區別於1840年以降抵抗和變革運動的鬥爭新階段」。[21]這樣就將中國置於思考20世紀的中心位置，將中國五四運動作為20世紀的起點直至延續至今的中國的「漫長的革命」，視為20世紀存續和發展的最重要的歷史因素。其實，這不過是汪暉的狂想和臆斷，20世紀以來中國發生的任何事情，不論是五四運動，還是國共兩黨的內戰，「都談不上具有『世界歷史』的性質，中國在20世紀的政治動盪和變革遠未對世界上其他國家產生任何重大影響，更不用說

21　汪暉，《世紀的誕生》（北京：生活‧讀書‧新知三聯書店，2020年6月），頁22。

決定了20世紀的世界歷史走向。」（《上卷》二，頁166）

　　其次，從中國革命的世界歷史性質出發，汪暉為中國革命塑造出其普遍的形式。他說，「20世紀則是由俄國革命和中國革命所界定的。這兩場革命不僅試圖在自己的國家創造一個新社會，而且也將各自的革命道理理解為全世界探索未來的偉大嘗試，從而激發起全世界不同地區的人們對俄國和中國的讚揚和詛咒、支援和遏制、熱愛和敵視」，「中國革命的成就和政治創新堪稱20世紀人類歷史上的奇跡之一。」[22]這樣說來，在汪暉的心目中，中國革命足以取代已經壽終正寢的十月革命而成為新的世界革命的楷模，具有無比優越的道義性和正當性。這不過是「重新在為革命招魂。」（《上卷》二，頁170）其實，「革命在創造的同時也在毀滅，在粉碎舊的國家專制機器的廢墟上又建立起一個新的更強大的國家專制機器。」（《上卷》二，頁176）這就是革命的悖論。

　　第三，從總結無產階級專政的歷史經驗出發，汪暉不遺餘力為暴力革命辯護。他說，「毛澤東從未羞於承認革命政權的專政性質，也從未掩蓋革命的暴力過程，他強調的不過是：革命的專政是人民民主的政治形式」。不僅如此，他認定，不能把中國革命及其「無產階級專政的歷史經驗」放置在蘇東體制「失敗」範疇中予以思考；它們經歷了人民戰爭、群眾路線、黨的建設、統一戰線以及反修防修、文革實驗之後，完全是一種政治正確的體現。這就是說，無產階級專政及其制度安排作為中國革命最重要的成果，始終是偉大、光榮、正確的。正如《批判》揭示的那樣，「在汪暉關於『無產階級專政歷史經驗』的理論構想中，從蘇維埃政權以來的一系列專政版本對所在國家和人民犯下的累累罪行，幾乎都被他拖入到一個冰

22　同上書，頁363、410。

冷無情的理論水池中洗刷乾淨了。共產主義作為哲學的假設仍然存在著可以被啟動的豐富經驗，社會主義依然是一個實踐的課題，而無產階級專政作為中國革命成就及其政治創新則在他的『重新闡釋』中獲得了新的靈魂。」（《上卷》二，頁185）

第四，汪暉為革命暴力和戰爭辯護，將其作為政權的合法性來源。在汪暉的世紀敘事中，人民戰爭處於相當重要的地位。他說，中國「政權建設的過程與人民戰爭相始終，人民戰爭不是一個純粹的軍事概念，而是一個政治概念，是創造新的政權主體的過程，也是創造與這一政權主體相適應的政治結構和它的自我表達形式的過程」。[23]這就為「槍桿子裡面出政權」這一中國革命定律提供了新的理論證據。他還說，「人民戰爭不但是從根本上改變現代中國城鄉關係和民族認同的政治動員過程，而且也對我們熟悉的政治範疇如階級、政黨、國家、人民進行了改造和重構」；[24]在人民戰爭中，最終形成了「具有超級政黨要素的超級政黨」：「所謂超級政黨要素，是指共產黨和大眾運動、建國運動、軍事鬥爭與生產鬥爭相結合，『從群眾中來到群眾中去』的群眾路線，也使它不只是一個先鋒黨，而且也是一個大眾運動。所謂超級政黨，是指這個黨並不準備分享權力，而是通過自身的大眾性和有機性形成其『民主專政』。」[25]這種辯護的確十分高明，正如《批判》所言，「這意味著，不能以政黨政治的一般邏輯來理解共產黨及其政權，共產黨因為天然地壟斷著對『人民』的代表權，以及它天然地享有著與『大眾運動』的統一性，所以，由『人民戰爭』所打造出來的國家政權也就不再需要人民的多

23　同上書，頁403。
24　同上書，頁80。
25　同上書，頁408。

重授權，所謂『人民的選擇』和『歷史的選擇』已被『人民戰爭』
的邏輯所規定，因此也就有了這個『超級政黨』對人民實行永久統
治的政治合法性。」（《上卷》二，頁189-190）

第五，借全面論述「無產階級專政的歷史經驗」，汪暉試圖證
明人類不可能走出革命和專制輪迴的怪圈。不錯，從法國大革命到
俄國十月革命再到中國革命，不管革命的實際進程如何呈現，是城
市革命還是農村革命抑或是「漫長的革命」，革命的國家都沒有走
出革命和專制輪迴的怪圈。但是「資產階級憲政的歷史經驗」卻得
出了與此相反的結論，且有不少國家走出了這個怪圈。汪暉的「世
紀誕生」論就在於證明，人類不可能也不必要走出革命和專制輪迴
的怪圈。他將20世紀的中國作為其思想對象，將中國革命和政治的
邏輯作為其敘事的中心線索，將如何評介中國革命的成敗得失作為
其主要問題意識，其實都是圍繞著重新確證和重新構造革命、暴力、
戰爭、專政的歷史正當性和現實合法性。然而，英國和法國的「雙
元革命」，卻揭示了走出革命和專制輪迴的可能性和現實性。正如
《批判》指出的那樣，「歐洲範圍內的『雙元革命』──以實現自
由為主要目標的英國革命和以實現平等為主要目標的法國革命，在
一個憲政的框架內匯合成迄今為止構造世界政治秩序和政治制度的
共同價值觀，已被歷史反復證明是人類走向自由和平等的唯一可能
的精神基礎。在此基礎上演化出來的左右對立和左右之爭，看上去
像柏克和盧梭之爭，或阿隆和薩特之爭，都沒有從根本上摧毀反而
是日益鞏固了人們對自由、民主、人權、法治的基本信念。」（《上
卷》二，頁213）

第六，通過主體性構建，汪暉製造了一個人民的神話。汪暉關
於中國革命的主體性建構，既要重構中國在20世紀的中心位置，更
要突出中國革命的主體性創新。他認為，在革命政黨的整合下，誕

生了一個超越各階級利益或者代表各階級利益的普遍性主體概念——人民。他說，「『人民』不是普通的工人、農民或其他勞動者的簡單集合，而是一個包含了敵—友關係的政治範疇；政黨建設、工人組織、農民運動、土地改革、軍事鬥爭、創建根據地等實踐，就是在這一敵—友的運動中將工人、農民、學生、青年、婦女等重構為人民的過程。」[26]這樣說來，人民的主體性是由革命政黨創制出來的。正如《批判》揭示的那樣，汪暉「用『人民』這個概念，徹底抹去了階級概念的局限性，把中國革命從缺少城市工人的參與以及以農民為主體的歷史窘境中解救出來，從而賦予了中國革命及其政權的普遍歷史意義」。進而指出，「革命以人民的名義獲得正當性理由，最後的結局依舊是導向對人民權利的侵犯和剝奪，而代表人民進行革命的那些革命者，要不就是死於革命者內部的自相殘殺，要不就是在革命勝利之後，成為人民新的統治者。在革命進程中，根本就不存在一個『鐵板一塊』的人民陣營，用考茨基的話來說，只存在著『一部分人民對另一部分人民的鬥爭』。」（《上卷》二，頁208）

第七，小結：不是左右之爭，而是文野之爭。在對汪暉「世紀誕生」論的主要觀點進行剖析和批判以後，作者做了一個小結。明確指出，在世界左翼的思想譜系中，那些真誠的左派終身都在堅守左翼傳統並發揚光大左翼思想，如霍布斯鮑姆等；在十月革命後蘇維埃政權的演變、毛的文革、赤棉運動和蘇東體制徹底崩潰等一系列歷史事件以後，左派不得不開始反思他們長期堅持的左翼思想並回應右派對他們的挑戰。其中，薩特最具代表性。他在回答學生提問「無產階級專政是必要的嗎？」時說，「直到現在，無產階級專

---

26 同上書，頁195。

政通常是指對無產階級的專政」。他在看到赤棉的殘酷本質以後，認識到他以前賦予革命暴力的救贖角色是一個歷史性錯誤，承認「我不再有那種觀點了」，「暴力的行為或許破壞奴役的狀態，而它們缺少再生性的特性和能力」。[27]但是，汪暉將此斥之為「後悔之學」而置於必須被否定的意識形態之列。他以重構歷史的方式公開宣布：革命是歷史的火車頭，暴力是新社會的助產婆，人民戰爭是人民奪取政權的唯一路徑，無產階級專政及其黨國制度是世界上最民主的國家制度。於是，《批判》做出結論，「汪暉的政治立場不僅遠離右翼一貫宣導的自由憲政理念，而且也和左翼始終堅守的政治民主立場相去甚遠。因此，完全可以這麼說，基於左翼或右翼的立場與汪暉的理論之爭，絕不可能是左右之爭，而只能是文野之爭。」（《上卷》二，頁217）

三、左翼思潮的根源

　　讀書和評書的狀況，很能反映學術界的生態。在上世紀80-90年代，學術雜誌幾乎每期都刊有書評。記得1993年，筆者在一篇評論中曾經討論過「關於經濟學書評的書評」，對《經濟研究》1990-1992年第6期發表的24篇書評進行了評論，[28]然而現在，很多重要學術期刊一年連一篇書評都看不到，有的甚至明確表示不再刊登書評，自

27　（美）理查德・沃林，《東風：法國知識分子與20世紀60年代的遺產》，董樹保譯（北京：中央編譯出版社，2017年3月），頁218、262。

28　張曙光，〈論經濟學科學批判和科學評價〉，載《中國社會科學季刊》1995年第1期，收入《中國經濟學和經濟學家：張曙光經濟學書評集》（成都：四川人民出版社，1999年）。

動放棄了學術批評的武器和學術評價的責任。也就是由此開始，筆者對書評產生了興趣，到現在撰寫了70多篇書評和60多篇序文、前言，基本上都是一些批評性和討論性文字。由此既與一些人成了知己，也與一些人吵過架，被視為仇敵。在本人看來，即使非常優秀的著作，也可能百密一疏，存在這樣那樣的不足和缺憾；即使是創新之作，也存在歷史的局限。因而除了少數完全批評的書評以外，也總要挑點毛病，不管他是一般作者，還是諾獎得主（如羅納德‧科斯[29]）和國際名家（如法蘭西斯‧福山[30]），一視同仁，平等對待，對於《批判》也是如此。但筆者讀完全書，除了看到前述關於胡喬木利用權力迫使周揚檢查的史實有誤以外，並沒有發現什麼重大缺陷。

　　當我決定評論《批判》時，曾與作者當面溝通交流。我問榮劍，「你覺得大作有什麼不足？」他想了一會兒說，「我還沒有發現什麼問題。不過，有人說，你只有批判，沒有建設」。筆者並不贊同這種觀點。一是這是一本批判的書，不是建設的書。要做正面的討論和創造，那是另一本著作的任務。二是人們常說，不破不立，破字當頭，立也就在其中。這句話還是有些道理的。事實上，《批判》從正面也講了很多道理。

　　寫作書評的過程也是重讀和思考的過程，在這個過程中，筆者的確發現了《批判》的不足，這就是，作者基本上未涉及左翼思潮的根源問題，更談不上對之進行深入的剖析，因而也就不會提出繼續批判的任務。這是《批判》的題中應有之義，但我們卻見不到它

29　張曙光，〈邊緣革命、區域競爭和思想市場——讀《變革中國：市場經濟的中國之路》〉，載《讀書》2014年第2期。

30　張曙光，〈現代國家和現代政治——讀《政治秩序和政治衰敗：從工業革命到民主全球化》〉，載《領導者》，2016年6月總第70期。

的身影。在《批判》中，作者也引用了那句流傳很廣的諺語：年輕時候不是左派是沒有良心，年老時候不是右派是沒有腦子（《上卷》二，頁210）。很多正常人大都如此，這與他們的經歷有很大關係。但左翼思潮的主將不是乳臭未乾、初出茅廬的毛頭小子，而是涉世很深、頗有心計、練達世故的中、老年人，甚至有像薩特那樣的存在主義哲學大家。這就很值得思考和探討。

雖然左翼的正式登臺亮相是近代的事情，但激進的思想和情緒與生聚來，與人類一樣長久，也可以說是人性使然。筆者認為，至少有以下幾個方面需要認真思考和深入探索。

首先，激進狂熱的情緒是人性中潛藏的一種基因，能否發育壯大並成為其主導思想，取決於很多條件。其次，人是理性的動物，但一般人都不懂得理性的局限，誇大理性，迷信理性，是人的通病，往往跌入哈耶克（2000）批評的建構論唯理主義的泥坑。特別是索維爾（2013）揭示的那些「聖化構想」型知識分子，他們在聖化對世界的認知的同時，也在聖化對自己的認知，自以為很有理性，能夠認知一切和預知未來，為人類指點迷津。知識分子特別是高級知識分子的這種優越感，使之狂妄自大、目空一切，沒有和不受道德責任的約束，偏好和青睞左翼，並成為左翼的中堅。美國常春藤大學之所以成為左翼的天下，與此有很大關係。其實，理性既讓人類幹成了一系列驚天動地的事業，現在已經可以上九天攬月，下五洋捉鱉。但是理性也讓人類做出了多少蠢事和壞事，左翼暴力革命難道不是理性的產物？

第三，人類是在夢想、幻想和理想中生存和發展的，一個人如果沒有了夢想、幻想和理想，那可能距離死亡只有一步之遙。馬克思主義之所以能夠打動千百萬人的心，有那麼多人相信、追隨、實踐，一個重要的原因是，有一個實現共產主義在地上建立天國的美

好理想。

第四，任何事物都有正反兩個方面，任何社會過程都有主產品和副產品，就以資本主義私有制和市場經濟制度來說，其正面或主產品是給人們行動以自主性和自由度，激發人們的生產熱情和創造精神，促進了科學技術和社會生產力的快速發展，其負面效果或副產品是有可能導致兩極分化、人群歧視、民族矛盾等。右翼關注的往往是事物的正面或主產品，力圖通過制度改良和政策調整加以改善，而左翼關注的則是事物的負面和副產品，並企圖通過暴力打碎和拋棄私有制和市場經濟而改變它的負面作用或去除它的副產品。既然我們不可能完全消除它的負面作用，也不能只要主產品不要副產品，那麼，左翼思潮和馬克思主義的存在就有其合理之處。不過，正負顛倒，本末倒置，反客為主，也決定了左翼的激進偏執和一系列失敗。

最後，思想是最自由的，也是最多樣化的，即使每個人接受的資訊完全相同，但各人大腦的運作方式和加工處理資訊的方式都是獨一無二的，人的思想就是大腦接收資訊和處理資訊的複合體，因而都會形成不同的思想認知。不僅如此，社會思想是互相聯繫的，是有源流和傳承的，新左派能夠從古代思想和域外思想獲得借鑒，也說明了這個問題。正像不能禁止人們的思想一樣，也不能禁止左翼思想的存在、傳播和發展。唯一的辦法是進行思想交鋒、辯論和批判。

當然，年輕人的激進狂熱與其經驗不足，荷爾蒙分泌過多有關，而中年以後仍然激進狂熱，並由此搞出一套說詞和理論來，既與其經歷有關，也是由其人生的追求決定的。有人也許是為了謀個飯碗，做御用文人，有人也許要做策士，成為國師。至於環境的因素也是產生左翼思潮的重要土壤，作為左翼故鄉的法國情況就是如此，新

左派在中國的出現又是一個證明，美國白左更是一個標誌。不知筆者的這些看法是否有理有據，願聽行家指教。

據此來看，左翼激進思想既與人類一樣久遠，也與人類一樣長久。因此，對左翼思潮的批判不可能一蹴而就和一勞永逸，要一直爭論和批判下去，儘管爭論和批判的具體內容不會完全相同。《批判》只是這種爭論和批判的一大成果，不是爭論和批判的結束。這樣的爭論和批判還要不斷地進行，此去漫漫無窮期。

參考文獻

馬克思、恩格斯，《共產黨宣言》，《馬克思恩格斯選集》第1卷，北京：人民出版社，1972年5月。

馬克思，《法蘭西內戰》，《馬克思恩格斯選集》，第2卷，北京：人民出版社，1972年5月。

馬克思，《哥達綱領批判》，《馬克思恩格斯選集》，第3卷，北京：人民出版社，1972年5月。

艾德蒙·柏克著、張雅楠譯，《反思法國大革命》，上海：上海社會科學出版社，2014年8月。

托克維爾著、馮棠譯，《舊制度與大革命》，北京：商務印書館，1992。

愛德華·伯恩斯坦著，殷敘彝譯：《伯恩斯坦文選》，北京：人民出版社，2008年4月。

雷蒙·阿隆著，呂一民等譯，《知識分子的鴉片》，南京：譯林出版社，2012年6月。

費正清著，薛絢譯，《中國新史》，台北：正中書局，1994年7月。

阿里夫·德里克著，清華大學國際研究所主編：《後革命時代的中國》，上海：上海人民出版社，2015。

羅納德·科斯、王寧著，徐堯、李哲民譯，《變革中國：市場經濟的中國
之路》，北京：中信出版社，2013。

鄧小平，《鄧小平文選》（第三卷），北京：人民出版社，1993年11月。

張五常，《中國的經濟制度》，北京：中信出版社，2009年11月。

弗裡德利希·馮·哈耶克著，鄧正來等譯，《法律、立法與自由》，北京：
中國大百科全書出版社，2000年1月。

湯瑪斯·索維爾著，張亞月、梁興國譯，《知識分子與社會》，北京：中
信出版集團有限公司，2013年9月。

趙汀陽，《天下體系：世界制度哲學導論》，南京：江蘇教育出版社，2005
年4月。

劉小楓，《儒家革命精神源流考》，上海：上海三聯書店，2000年1月。

汪暉，《世紀的誕生》，北京：生活·讀書·新知三聯書店，2020年6月。

張曙光，〈天下理論和世界制度——就《天下體系》問學於趙汀陽先生〉，
原載鄧正來主編：《中國書評》第5輯，上海：上海人民出版社，2006
年10月；收入《張曙光文選·學術書評卷·評書論人和不同》，北京：
中國經濟出版社，2009年6月。

張曙光，〈論經濟學的科學批判和科學評價〉，原載《中國書評》1995年
第1期；收入《中國經濟學和經濟學家：張曙光經濟學書評集》，成都：
四川人民出版社，1999。

張曙光，《中國經濟學風雲史：經濟研究所60年》（上卷Ⅰ），新加坡世
界科技出版公司，2016。

2023/11/28，初稿

2023/12/12，修改，於北京

張曙光，中國社會科學院研究員、教授。研究領域為宏觀經濟學、制度經濟學和經濟思想史。主要著作有《制度‧主體‧行為：傳統社會主義經濟學反思》（1999）、《中國經濟學和經濟學家：張曙光經濟學書評集》（1999）、《張曙光文選》（五卷，2009）、《博弈：地權的細分、實施和保護》（中、英文，2011、2016）、《中國經濟學風雲史》（兩卷四冊，2016、2017、2018）。獲中國科技進步軟科學一等獎、四獲孫冶方經濟科學獎、兩獲中國社科院優秀成果獎，第四屆張培剛發展經濟學獎。

「建構批判的思想史」之意義：

讀《世紀的歧路：左翼共同體批判》

錢理群

一

「建構批判的思想史」這一命題的明確提出，是榮劍《世紀的歧路：左翼共同體批判》（上卷）[1]這本書的主要貢獻。

作者開宗明義——這是「對法國大革命以來左翼思想及其運動，共產主義革命理論及其實踐，社會主義國家改革經驗及其教訓的批判與反思」。要「以批判的視野重新審視當代形成的一系列有關左翼、革命和改革的思想史敘事，尤其是對那些按照國家主義意識形態所構造的革命史觀、帝國史觀、國家史觀和領袖史觀進行毫不妥協的理論鬥爭」，要徹底地否定「革命的神話」、「左翼的神話」（《上卷一》V1），以及「無產階級神話」、「農民神話」、「人民神話」（《上卷》二，頁205-207）等等，「一勞永逸地終結『左翼史學』和『革命史學』所占據的解釋世界歷史變遷的統治地位。」（《上卷》一，V1）

1　榮劍，《世紀的歧路：左翼共同體批判》（上卷）（紐約：博登書屋，2023年5月），第一版。

　　於是就有了「世紀批判三書」，「將圍繞三個重大主題展開：左翼，革命和改革」。「第一部：世紀的歧路——左翼共同體批判；第二部：世紀的神話——革命共同體批判；第三部：世紀的夢幻——改革共同體批判》。（《上卷》一，V11）

　　「『批判的思想史』不是編年史，而是問題史，以中國的問題意識為導向，以世界主流國家關於現代性的理論和思想史敘事為知識背景，最終是對中國持續了上百年的現代國家和社會轉型的歷史經驗和教訓做出理論總結」。（《上卷》二，頁278）

　　這正是我所期待的：批判思想史的建構，上百年歷史經驗教訓的理論總結，最終目的是建構對中國現、當代歷史與現實的「中國之謎」具有解釋力和批判力的「中國理論」。這本是我多年來給自己定下的學術目標。但我受到知識結構的局限，未能實現，成為終生遺憾。現在，在榮劍這樣的比我年輕、知識結構比我更合理的一代學者這裡，開始了新的自覺努力，這是我稱羨不已的。而且，現在正是時候：時機已經成熟。

　　我們所要重構的歷史，是1789-2023年之間234年的歷史，特別是20世紀以來一百多年的歷史，被「革命」與相應的「革命敘事」籠罩的歷史。它大概經歷了八大歷史階段：法國大革命（1789）—以《共產黨宣言》為標誌的馬克思主義的誕生（1848）—俄國革命的勝利（1917）—中國革命的勝利（1949）—社會主義陣營的形成，與資本主義陣營的對峙（20世紀50年代）—東歐、蘇聯的瓦解（1990）—中國的崛起（20世紀90年代）—中國革命與世界共產主義運動走向末路（普京入侵烏克蘭，習近平動態清零）（2022年）。這是一個革命和共產主義運動「興起—走向頂峰—失敗—再興起—走向衰亡」的歷史過程。

　　我注意到榮劍特意引述的一位英國學者的論斷：「只要占人類

五分之一的中國人，繼續生活在共產黨領導下的國家中，為革命作悼詞還早了點。」（《上卷》一，頁11）現在到了2023年，共產黨對中國的領導與掌控，已經走到了頭：中國正處於結束共產黨的執政地位的歷史大變動的前夕。當然，這也還需要一個過程。從領袖下臺、結束個人獨裁到結束一黨專政，還需要或短或長的一段時間，但已是大勢所趨，而且越來越逼近了。

現在，確實到了對馬克思主義—共產主義運動—中國革命—中國改革進行全面的批判性反思、總結的時候。

這樣的歷史使命，首先要由我們這些經歷了從革命興起、勝利到衰亡的歷史全過程的幾代人來承擔，開啟。

二

我們提出的任務是「批判的思想史」的建構。這是歷史的重塑，針對的是固有的思想史敘事。

這也是我們必須正視的社會與歷史現實。儘管從法國大革命一開始，對革命，以及隨後的馬克思主義、共產主義運動、俄國革命、中國革命與改革的理論與實踐的質疑、批判和反思從來沒有停止過；但以信奉革命，以後又發展為信奉馬克思主義和共產主義革命為主要內涵的左翼思潮，「長時期地占據著學術和道德的制高點」，居於主導地位（《上卷》二，頁211），革命始終是「年輕人的理想和事業。」（《上卷》二，頁210）

這是為什麼？革命、馬克思主義、共產主義運動的吸引力在哪裡？──我們的建構、重塑必須從這樣的追問開始。

首先是「消滅一切人壓迫人、人奴役人」的現象，實行絕對平等的烏托邦理想。還有「解放全人類」的歷史使命，即所謂「全世

界無產者聯合起來，最終徹底消滅階級、民族、國家，用共產主義（國際主義），實行人類的終極解放」（《上卷》二，頁121）。——這大概是革命，特別是共產主義革命的兩大基本理想和訴求。

「共產革命」還會不斷地給自己製造新的合法性與正當性。毛澤東時代就創建了「人民」概念與話語：「革命政黨通過占有『人民』的名義，使（黨領導下）的戰爭，具有了『人民戰爭』的歷史正當性，也使人民戰爭所建立的政權具有了『人民政權』的政治合法性。『革命政黨』和『人民』就具有了天然統一性」。「人民」在中國共產黨的意識形態裡，不是一個階級的概念，而是「在革命政黨的『政治整合』下形成一個足以涵蓋所有階級的『巨大能指』。」（《上卷》二，頁207）

從毛澤東時代開始，到習近平時代，為「革命」尋找合法性、合理性的努力，逐漸轉向國家主義與「官方民族主義」（愛國主義），「將民族主義認同改造為政治認同」，「愛國」也就是「愛黨」，「愛國主義成了官方可以隨意操縱的民族主義意識形態」。「願意為保衛自己的國家而死，這種難以匹敵的崇高品德，往往成了統治者隨意操縱人民的最有力的思想工具」。黨掌控了國家主義的思想武器，最後指向兩個目標：一是「將（黨領導下的）國家統治日趨強大視為民族偉大復興」，二是「為了維護國家的團結而始終不渝地在外部世界想像出一個永恆的敵人——從帝國主義到『外部敵對勢力』」，以此取得黨國對外擴張的合法性。（《上卷》二，頁153）

由此形成的是「革命」，特別是中國共產黨領導的「共產革命」的五大「神話」：階級解放的神話、人類解放的神話，人民解放的神話、民族復興的神話、國家強盛的神話，構成了革命意識形態、革命話語的核心，也是其迷惑人，進而征服人心之處。

我們今天來對革命與革命歷史進行反思，就必須走出這樣的革

命幻覺、革命氛圍與革命史觀的迷魂陣，對存在於現實生活之中，而不是主觀想像中的「革命成果」進行「終極追問」：「革命創造的是什麼？。」（《上卷》二，頁194）

這正是榮劍反覆強調，並構成其論述的核心觀點：「從法國大革命到十月革命以及後來的中國革命，不管它們是否基於歷史正當性的名義，它們都無一例外地用暴力和專政的手段，不僅對付革命的『敵人』，而且也對革命的『同志們』大開殺戒」。正是「革命和專制的輪迴體現了革命進程中最血腥的一幕。」（《上卷》二，頁199）

對於馬克思來說，「重要的不是如何解釋世界，而是如何改變世界」。恩格斯在馬克思墓前明確指出，「馬克思首先是革命者」。馬克思主義就是要「用武器的批判」代替「批判的武器」。《共產黨宣言》公開宣布：他們的目的「只有用暴力全部推翻現存的社會制度才能達到。讓統治階級在共產主義革命面前發抖吧。無產者在這個革命中失去的只是鎖鏈，他們獲得的將是整個世界。」（《上卷》一，頁25-27）而「俄國十月革命是列寧的革命」。列寧主義的要害，就是「先鋒黨」的理論建構。列寧在《共產主義運動「左派」幼稚病》裡，明確提出：「群眾是劃分階級的」，「階級是通過政黨來領導的」，「政黨通常是由最有威信，最有影響，最有經驗，被選出擔任最重要的職務而稱為領袖的人們所組成的比較穩定的集團來組織的」，即強調無產階級武裝奪取政權，實行無產階級專政，必須有先鋒黨——布爾什維克黨的領導，而黨的領導又必須落實為黨的領袖的絕對領導。（《上卷》一，頁37）

這樣，經過馬克思主義、列寧主義的理論與實踐，就將革命與共產主義的烏托邦主義轉化為暴力革命，最終落實為革命政黨（布爾什維克黨，共產黨）的一黨專政和黨的領袖的個人獨裁。無論是

俄國革命，還是中國革命都是如此：前文討論的「革命」、「共產
主義運動」的理念、理想層面的階級、人類、人民、民族、國家五
大「神話」，落實到現實層面的實踐，就變成了「黨神話」與「領
袖神話」，以及誰也逃脫不了的嚴酷統治。這就是我們要追問的「革
命」實際創造的「最終成果」：充溢著「甜蜜幻想玫瑰上的血」！
榮劍沉重問道：「這些血能否喚醒人們對俄國十月革命所開創的暴
力革命路線的深刻反思？」我還要加上一句：「現在是從『甜蜜幻
想』中甦醒過來的時候了！」（《上卷》一，頁42）

　　我注意到，榮劍特別提醒我們注意，在近、現、當代中國，「帝
國這個總根源長期存在，這才是中國『民族主義問題』的實質所在」。
榮劍分析說，滿清王朝覆滅，中華民國創立，但只是穿上一件民族
國家的外衣，「實際上並沒有從根本上改變民國制度的帝國性質」。
而中華人民共和國，「政治主體被一個強大的政黨所壟斷」。「共
和時代不過是一個沒有帝國之形而有帝國之實的時代。可以稱其為
『後帝國』時代。」（《上卷》二，頁134-135）對榮劍的這一論斷可
能會有不同意見；但我還是從中受到啟示，因而注意到，當今的黨
國強調「馬克思主義與傳統思想的新結合」，其中就包括了要從「帝
國」傳統吸取思想資源的意圖：習近平早在2014年10月政治局會議
上就提出「『中國特色的社會主義』與中國傳統國家治理的歷史傳
承」的命題。

　　我在觀察與思考中華人民共和國成立至今七十多年的歷史時，
還注意到，儘管一黨專政與個人獨裁的極權體制的本質始終不變，
但體制的結構、內涵、形態，還是處於不斷變動中，明顯打上了共
和國不同歷史階段的時代痕跡。這樣的體制形態的變化，就成了我
觀察、認識「中國問題」的一個突破口。大概分成五個不同歷史階
段。

　　在2012年出版的《毛澤東時代和後毛澤東時代：歷史的另一種書寫》裡，我第一次提出「五七體制」的概念。這是我對1957年反右運動以後，毛澤東所建構的極權體制的一個概括。其要點有四：

　　（1）「大權獨攬，黨的一元化領導」，「黨政軍民學，東西南北中，黨管一切」。這就意味著黨對事務、社會生活一切方面，一切領域，無所不在、無時不在地絕對控制，一切社會組織必須服從黨的絕對領導。

　　（2）「黨專政就是第一書記專政」，從中央到地方，直到最基層，所有權力都集中在第一書記手裡；提倡「個人崇拜」，「相信到迷信的程度，服從到盲從的程度」。

　　（3）建立「興無（產階級）滅資（產階級）思想」為中心的意識形態。而確定是「無產階級思想」還是「資產階級思想」的唯一標準就是對黨的態度。所謂「興無滅資」就是要把一切個人的利益、欲望全部拋棄、消滅；樹立、興起一切服從於黨的利益、要求的絕對聽命之風。

　　（4）不斷設置對立面，製造階級鬥爭，保持「不斷革命的態勢」。這樣的「五七體制」就把黨對所有的中國人的政治、思想的全面、徹底掌控真正落實了。

　　可以說，正是「五七體制」將毛澤東領導的中國共產黨的統治推到前所未有的階段。但卻被勝利衝昏頭腦，隨後的「大躍進」狂熱不僅把整個國家引入絕境，更激化了黨內的矛盾。於是，就有了毛澤東所發動的文化大革命，並且建構了毛澤東一手掌控的革命新方式，體制新模式，即所謂「掃蕩中間階層──黨官僚和知識分子，建立領袖獨裁和群眾專政直接結合的一黨專政模式」。這樣的「文革模式」其實質就是依然用革命暴力的方式清除黨內外的異己者，即打著「反資本主義和資產階級」的革命旗號，從「黨內走資本主

義道路的當權派」和「資產階級反動學術權威」手中奪回權力，把黨和國家的權力牢牢掌握在毛澤東一人之手，其目的就是要在國內把「革命」進行到底，並且把共產革命推向世界，使中國成為世界革命的中心，毛澤東本人也成為世界革命的導師。

但文革最終失敗，於是就有了鄧小平時代。其統治有兩個要點：一是「堅持四項基本原則」，其核心是依然堅持毛澤東的「五七體制」的兩大基本原則：「黨總攬一切」和「第一書記專政」。二是「改革開放」，這是適應時代潮流，順應人心所向，為中國共產黨的統治合法性、正當性提供新依據的自覺努力。因此不但把改革開放的領導權牢牢掌握在黨和黨的領袖手中，而且把改革開放局限於經濟領域，儘管也曾經提出政治體制改革，但也是以不觸及黨的領導權為前提，絕不允許任何挑戰與反抗。這樣「1980年代改革」發展到「1989年血腥鎮壓」，就是一個逐漸暴露鄧式改革開放本質的歷史過程，並最後建構起「六四體制」。

這樣的黨國體制有三大特點：黨的領導與控制全覆蓋，黨國一體化；政教合一，黨的思想控制，意識形態一體化；黨對軍隊的絕對控制，軍國一體化。

三

我們的討論還可以再深入一步。

我注意到榮劍特別關注葛蘭西關於「文化領導權」的理論：「誰能掌握文化領導權，尤其是意識形態話語權，並能得到社會認同，誰就能贏得政權或至少是贏得政權的首要條件之一。」（《上卷》一，頁113）這大概也是毛澤東和後毛澤東時代的中國共產黨的一大特點：對思想、文化建設，以及擴大其影響力的宣傳、輿論、教育的

高度重視，遠遠超越了其它國家的革命政黨。特別是執政以後，更是成為國家管控的主要手段之一。在這樣的自覺努力下，就有了「毛式黨文化。」（《上卷》一，頁154）這是一個極為重要的概念。

　　毛式黨文化的主要對手，就是知識分子。這可以說是中國共產黨的「一貫判斷」：「知識分子不經過改造就會走向黨的對立面。」（《上卷》一，頁151）這是一場爭奪文化領導權，也是爭奪革命領導權的生死決戰。這樣的爭奪戰是從延安開始的。正是毛澤東的〈在延安文藝座談會上的講話〉，把原本以黨的高級幹部為主要對象，1942年開始的整風運動的矛頭，「直接指向知識分子」。黨的軍隊總司令朱德就在文藝座談會上向投奔革命的知識分子「發出了投降令」。而且，從延安開始，改造知識分子，改造其治下的中國人，就成了中國共產黨的革命與國家治理的主要手段，統治方式。從延安整風到建國後一系列的思想批判、改造運動：從建國初期批陶行知、晏陽初、梁漱溟、盧作孚這些「鄉村建設派」，到以後的批「胡風反革命集團」，1957年批「右派」；1958-1959「向黨交心運動」，大躍進、人民公社運動批趙樹理；1964年開始批三家村，文革批「反動學術權威」，上山下鄉「接受再教育」；1980年代批「自由化」；1989年批天安門廣場的反黨反社會主義分子，此後連續不斷的批判運動，直至今天（20大後）習近平的「核心教材進課堂，入人腦」，知識分子（教師與學者）成為「洗腦人」。習近平新時代中國特色社會主義思想主題教育，更把所有的黨的官員、黨員和國家幹部都成為洗腦對象。可以說，從1942-2023八十年的中國共產黨的革命歷史，就是一部用「黨文化」改造中國知識分子、改造中國人的歷史。通俗地講，是一部「洗腦史」。

　　洗腦的結果，自然首先是對知識分子的改造，成功地完成了知識分子「由士而仕」的過程，不僅成了黨的馴服工具，更是黨的既

得利益集團的一員，成了黨的自覺的統治者。洗腦對中國國民性的
改造，培養出了一批又一批的「黨化了的中國人」。

　　20世紀的革命就是一部「惡與抗惡」的歷史。毛澤東和中國共
產黨的革命的實際成果──所謂「中國特色的社會主義」，其本質
就是「權力之惡與人性之惡的結合」。而中國的黨國極權體制能夠
成為「超穩定結構」，其中一個重要原因，就是「對人性善的成功
利用，對人性惡的成功誘發」。

四

　　榮劍這本《世紀的歧路：左翼共同體批判》的另一個重點，是
對以汪暉為代表的「中國新左派的主要理論批判」。在我看來，這
是榮劍新著的另一個重要貢獻。

　　榮劍在書中引述許紀霖的分析，指出「新左派原來堅持兩個基
本立場，一是同情與讚美底層民眾，二是痛恨西方資本主義及其民
主，對國家權力持批判態度」。但到了21世紀之後，他們「開始右
傾，全面擁抱國家，激進左翼嬗變為保守的國家主義」。「他們的
政治重心從訴諸社會轉向期望國家意志，從『覺民行道』的下行路
線，拐向了『替君行道』的上行路線。」（《上卷》二，頁151）這樣
的判斷大體屬實。在90年代新左派與自由主義的論爭中，我從中國
現行體制是「最壞的社會主義與最壞的資本主義的結合」這一基本
論斷出發，對新左派只批當權者的改革開放「資本主義」的傾向，
迴避體制的「獨裁專政」的本質，對其持保留態度；但他們「同情、
讚美底層民眾」和「對國家權力的批判態度」（儘管有限）也引起
了我的理解的同情與支持。因此，當2008年國慶60年之際，汪暉等
新左派代表人物對所謂「中國社會主義模式」大唱讚歌，我真的驚

詫不已。但仔細想想，從迴避一黨專政、個人獨裁的體制之惡，到大搞「國家崇拜」與「領袖崇拜」也是順理成章的。

在我看來，新左派的轉向有兩個背景。這也是榮劍強調的。

他首先談到了21世紀初，大概是1992-2012年間，中國共產黨統治下的中國「國家形態下發生了巨大變化」。「通過加入世界貿易組織，藉助於權力和市場的雙重力量，一個龐大的國家機器誕生了」。「它擁有世界上最大的常備軍和各種先進武器，擁有世界上最大的外匯儲備，擁有世界上最大的財政能力和開放各種資源的能力」。「就其管控的範圍、能力及其性質來說，超過了中國歷史上的三大帝國形態——秦漢帝國、隋唐帝國、宋明帝國」，似乎「意味著中華帝國的舊日輝煌在新世紀得以重現」。這其實就是我們前文談到的中國革命極權體制的「超穩定結構」的一個突出表現。在這樣的背景下，一些新左派學者試圖由此「重建一個巨大的帝國式的國家形態」，作為自己的新的理想目標，似乎也順理成章。新左派於2008年開始轉向絕非偶然。（《上卷》二，頁149-151）但以後歷史的發展卻十分無情：中國並沒有向「巨大的帝國式國家」發展，到2023年，不過10多年的時間，就迅速走向衰敗。而新左派還要「一條道走到黑」，堅持「革命永遠不會失敗」的「勝利的哲學」。這就和同樣堅信「勝利的哲學」「不承認失敗的獨裁者」走到了一起（《上卷》二，頁243）：這也就決定了此後汪暉代表的中國新左派的政治選擇與歷史命運。

新左派轉向還自有其國際背景，這就是到了20世紀末、21世紀初，「歐美左翼知識分子普遍沉陷於對革命的反思、自省、批判和絕望」。我們知道，在1980、1990年代，汪暉的最大雄心，就是得到世界左翼知識分子的接受、認可，成為他們眼中的「中國知識分子的代表」。現在西方左翼的反省、絕望，反而給汪暉帶來迷戀與

希望，即所謂新的「理論雄心」：「要在西方左翼思想陣線中完成一次理論突破」，提出一個「試圖用『中國方案』、『中國經驗』來解決世界的世紀性問題的新烏托邦計畫」。自己也就超越了「中國知識界代表」的地位，而成為世界新思潮的重構者與引領者。(《上卷》二，頁159、276）正是在21世紀初，以汪暉為代表的中國新左派，建構了在革命、共產極權體制從「再起」到「衰亡」的時代的新的左派理論體系，主要有五個方面：

1.「反現代性的現代性」理論。「首先，改寫現代標准，否認西方是現代性的唯一標準。其次，根據改寫的現代化標準，重新確立中國傳統（從制度到文化）的現代性。其三，根據對現代性與傳統性的雙重改寫，重新確立中國制度演變的現代性。其四，從中國現代性出發，設置了中國現代性與西方現代性的對抗性關係，即『反現代性的現代性』。最後，確定中國現代性將取代西方現代性而成為現代性的普遍模式」。（《上卷》二，頁21-22）

2.「革命普遍性」重構。「繼續賦予革命作為社會變革與發展的主要方式」，「重新想像一個革命主導的新時代」。「在革命頹勢中重振革命的信心。將共產主義『失敗』的歷史，重新置於『漫長的中國革命所締造的新秩序及其價值系統』中」。實際上就是「在革命已經蛻變為『幽靈』時為革命招魂。」（《上卷》二，頁215、171、221、275、170）

3.建立新的「帝國敘事」。大概是在1990年代中期以後，「民族主義」成為「官方與民間之間的最大共識」。現在到了汪暉這裡，就變成了「帝國民族主義」，「從民族主義走向國家主義」。在這樣的「帝國民族主義」國家裡，「所有的『社會』藩籬都會一一拆除，只剩下『國家』與『元首』的獨尊地位。」（《上卷》二，頁138、146、147）這樣，汪暉就在「革命話語」之外，從「帝國民族主義」

這裡為中國共產黨的極權體制找到新的合法性、合理新依據。

4.新「領袖史觀」的建構。2000年，新左派的著名代表劉小楓在《儒家革命精神源流考》和2013年的公開演講裡，提出中國革命的領袖毛澤東，不僅是自孔子作為革命家以來最偉大的革命家，而且是中國「新國父」，「現代聖王」。毛澤東的抱負，既是民族的和共產主義的擔當，「也是儒家中國的擔當」。這裡所提出的「新領袖觀」，樹立革命領袖的「現代聖王」形象，顯然是試圖建構革命、共產主義、馬克思主義與儒家的「同質性」，同樣是為共產黨極權體制提供新的合理、合法性。

5.「中國世紀」：對世界歷史的重塑。汪暉在2020年出版的《世紀的誕生》裡，明確向世界宣告：「中國世紀」誕生了！19世紀末至20世紀初，世界霸權從英國向美國轉移，到了21世紀，世界霸權理應從美國轉向中國。中國革命和改革構建中國現代性方案，「要參與重構世界秩序，為建設『人類命運共同體』指明方向。」（《上卷》二，頁53）於是，就有了「20世紀中國」概念的提出，強調「必須從中國或中國革命的角度來調整20世紀的分期和界定」，明確宣布「不是第一次世界大戰界定了世紀的誕生，而是『五四』運動標誌著一種區別於1840年以降抵抗和變革運動的鬥爭新階段」：這是對「中國『時勢的世紀』的建構——將中國置於思考20世紀的中心位置」，「把世界歷史置於中國革命的價值系統中，把中國革命及其政權塑造成世界普遍正義的終極來源和終極裁判」（《上卷》二，頁161、163、277）。

在21世紀中國革命、改革與其所建構的共產極權體制由最後的輝煌走向末路的歷史時刻，以汪暉為代表的新左派提出成體系的新理論，就顯然超越了思想、學術研究的範圍，進入了「實際的政治領域和制度層面」。這是「烏托邦的意識形態化」的自覺努力，把

「文人的想像轉化為政治實踐」。（《上卷》二，頁79-80）到2019年列寧誕生150周年，汪暉推出〈革命者的人格與勝利者的哲學——紀念列寧誕辰150周年〉，呼喚「革命者人格」，就公開亮了底。汪暉明確提出，要在世界範圍內重振社會主義事業，「在劣勢條件下獲得領導權」，其可能性主要就是來自於「革命者人格」。「革命者人格具有一種獨特力量，在社會條件、政治條件尚不具備的狀況下，能夠以巨大的能量推動革命的進程」。在汪暉看來，「在『後革命』和『後政黨』的時代，以政黨政治為中心的政治體制陷入了普遍危機，真正意義上的政黨已經提前終結」，現在需要的拯救者就是「以神話的方式完全其使命」的「黨的領袖」和「思想統帥」，實行「道統、政統和學統」「三統合一」的「現代君主」，呼喚「具有革命者人格的『神話人物』的再次出世」。在「中國當下時刻」，「革命者人格究竟還能附體在誰的身上」，汪暉的指向，不是再明白不過了嗎？（《上卷》二，頁222-225）

　　這不是主觀分析，而是無情現實。20大以後「新時代」三大理論支柱：「中國式的現代化」，「馬克思主義與中國傳統的再結合」，「人民主體授權」，都來自新左派。當今的中國新左派的理論，已經成為走向末路的黨國的國家意識形態。

　　於是，就有了榮劍說的「汪暉的『海德格爾時刻』」。所謂「海德格爾時刻」，按阿倫特的分析，就是「哲學家介入到人類事務後，轉向了暴君和領導者」。現在，汪暉就是被當代中國的這樣一位「暴君」吸引了，真的是既可悲又可笑！（《上卷》二，頁237）汪暉為代表的新左派就這樣和正在走向末路的黨國捆綁在一起，成為其辯護士與殉葬品。

　　這背後自有一個嚴肅和重要的問題：「知識人和國家權力及統治者的關係」。這正是當今中國知識界面臨的「集體淪陷」：「知性

的蒙蔽和德性的沉淪」。「因為自身缺乏一種歷史的責任意識和對大是大非問題的終極價值關懷，難以對在海德格爾時刻發生的知識人的集體墮落現象產生足夠的警惕，更談不上能夠反躬自省作為知識人的一員何以能在當下形勢下堅守住天命賦予的基本德性」：這樣的「平庸之惡」與「精英之恥」的聯結，是中國當今知識分子之通病。正是知識人的墮落，助長了中國當今政治「進入一個漫長的至暗時刻」。（《上卷》二，頁240、261、247、244）」用我的說法，我們今天必須面對四大至暗時刻：傳統文化的至暗時刻，皇權體制的至暗時刻，國民性的至暗時刻，以及知識分子的至暗時刻。

錢理群，北京大學退休教授，獨立寫作者，迄今出版的專書已超過一百本。

思想
人物

余英時校長與新亞二三事

丁 偉

　　整整51年前，新亞書院首屆畢業生，哈佛大學的余英時教授翩然抵港，出任新亞書院校長。據余先生回憶，他於1956年離港赴哈佛深造，之前曾答應書院創辦人錢穆先生，將來學成後會報效新亞，這是履行當年承諾。余英時先生在新亞服務的日子不長，但短短兩年間，正逢中文大學改制，余先生置身漩渦當中，相信定必百般滋味在心頭。

　　筆者1972年入讀新亞社會學系，首年在九龍農圃道校舍渡過，當時的校長梅貽寶博士，是民國時期國立清華大學校長梅貽琦胞弟。梅貽琦1931年始執掌清華，直到抗戰時期和北大南開兩校合組西南聯大，以至50年代在台灣重建清華大學，二十多年間對近代中國大學教育影響深遠。梅貽寶校長是墨子專家，大英百科全書中的「墨子」專條也由他撰寫。梅先生離任後，新亞書院於1973年夏遷往沙田馬料水山頂，簇新校園迎接余英時校長蒞臨。

　　余校長上任不久，新亞即迎來一椿盛事。1973年10月秋風送爽之際，美國社會學泰斗栢森思（Talcott Parsons）竟造訪新亞，並發表演講。筆者大一時修讀社會學導論，陳永泰老師經常提及栢森思。他是戰後美國「結構功能學派」的領軍人物，其著作艱澀難懂。他的兩部巨著 *The Social System* 及 *The Structure of Social Action*，我在

學時也嘗試涉獵，但難以窺得堂奧。據聞栢森思剛從哈佛退休，只是到日本和香港遊覽，沒有計劃訪問大學發表演講。我多年來一直以為，余校長得悉他在港，於是以哈佛同僚身分邀請他到新亞演講。但最近見到金耀基老師提起這件事，他說栢森思教授是由他邀請過來。演講後一班社會系師生和栢森思還在新亞山頭拍照，金老師和我都在照片中。（見圖一）

圖一

　　還記得當天下午栢森思抵達新亞最大的講堂即人文館115室時，真稱得上戶限為穿。那講堂並不大，可容納百人左右，擠得水洩不通，遲來同學只能在階梯或站或坐。栢森思講的題目是「The Idea of Multiversity」，要演繹的是比大學更為宏大的「超級大學」概念。我還記得他強調大學不過是「uni-」，但其發展趨勢是邁向「multi-」，即大學將來是一個更加龐大複雜的體系。那時我輩青年學子，把這些大師奉若神明，也就似懂非懂地全盤接受這些嶄新概念。如今想

起來，不禁莞爾。

　　余先生任新亞校長當時，風華正茂。院內有唐君毅及牟宗三兩位大師坐鎮，還有一批南來或台灣來的老先生分別在文理社商各學院任教，多用國語授課。余校長要處理校內繁雜事務，還得和這些「元老」周旋。那時中大仍未改制，新亞書院就像一間小型大學，既有文理社商學院及下屬各學系，校務方面則有如民國時期大學，有三大處，即教務處，訓導處（後因「訓導」不合時宜而改為輔導處），還有總務處處理各種庶務。我二、三年級時被學生會幹事會推選為校務委員會學生代表，定期出席會議，會議主席正是余校長。

　　記得有段時間，校內風傳總務長手腳不乾淨，但書院未知如何處理。總務長姓袁，據說是袁世凱孫子，已在新亞服務了頗長一段時間。有一天我收到校務委員會開會通知，赫然發現會議議程最後一項是處理總務長辭職事宜。我抱著看戲心情，想知道校務委員會內一班老先生會否為總務長說情甚至挽留，把他安穩在總務長位置上。學生會幹事會諸手足也要我密切留意「事態發展」。

　　校務委員會開會前，按傳統總是由校役替各人面前的茶杯倒茶，那時陸續有人坐下，早到的老師正在和別人寒暄。沒想到校役倒茶畢甫離去，余校長馬上宣佈開會，並要求把原來放在後面的總務長請辭議案，移到最前討論，之後立即詢問會眾，總務長辭職有沒有人反對。那時大家剛坐下不久，心神未定，茶還未喝，不及回應，頓時鴉雀無聲。余校長當即宣告，既然沒人反對，議案通過，總務長離職由x月x日起生效。余先生處理整個議程，為時不足一分鐘，乾淨俐落。他明顯掌握足夠證據，乾脆手起刀落，避免校內同仁冗長繁複的討論。若討論結果是有人挽留有人反對該怎麼辦？難道訴諸表決不成？對校長的處理手法，我心中暗暗嘆服。

　　相信余先生深感院內人事傾軋之苦，故希望精兵簡政，盡量減

少會議及行政事務,人事糾紛相應減輕。他認為新亞校內各式各樣的委員會花樣繁多,老師都忙於開會,而實際上許多會議作用有限。於是他成立一個小組,由金耀基老師主持,目的正是要檢討各委員會或小組的功能,看能否「兼停併轉」。基於此檢討小組的建議,頗多委員會和小組或是合併或是撤銷,校內架構大幅精簡。當然,官僚機構的「鐵律」是不斷自我膨脹,如今大學內各種委員會之多,及行政機構的臃腫肥大,已到了積重難返的地步。

1974年8月底,筆者擔任學生會主辦的迎新輔導營籌委會主席。那時是後人所謂「火紅的年代」,學運口號是「關心社會,認識祖國」,迎新營主辦的節目都偏重政治及社會意識,比如請司徒華講香港教育問題,其他講者旁及香港殖民主義種種,又放映抗日戰爭紀錄片,既有反資反殖的意味,也希望在當時的大學生群體中培養民族意識。

那套抗日紀錄片來自香港政府新聞處,原來由美國人在40年代拍攝,我們另配上粵語旁白。當時整個香港社會「非政治化」,人人避談政治,談到中國大陸的一切,或是殖民地政府管治,都視作禁忌。迎新營放紀錄片,即使是由美國人拍攝肯定中國人抗日意志的電影,烏溪沙青年新村工作人員卻認為涉及政治,題材敏感,因此竭力阻撓放映。當時我們據理力爭,並且承諾一切後果自負,放映才得以繼續。

余校長暨教務長王佶先生及輔導長孫國棟教授,也出席了輔導營開幕儀式,在烏溪沙禮堂發言,闡釋大學的意義之餘,又勉勵新同學好好珍惜未來四年的寶貴光陰。(見圖二及圖三)入營前幾天,陶振譽訓導長(若記憶無誤,當時應是新舊訓導長交接期,新學年開始訓導長改稱輔導長,由歷史系孫國棟老師繼任)竟然親臨學生會找我,說校方決定在入營期間送贈每人每天兩個水果,條件是由

圖二

圖三

輔導營籌委會負責，把水果從新亞校園運送到烏溪沙。我們全營有三百人，即每天消耗六百個水果，運送水果數目之鉅可想而知。

負責膳食的籌委同學本來工作清閒，只須和營地提供膳食的飯堂溝通好即可，但忽然來了這個特急繁重任務，於是立即徵召幾名孔武有力同學，成立運輸小組，把多箱蘋果和橙從中大山頂的新亞搬上校巴，運到山下火車站，跨過鐵路，再搬到碼頭，候船運往烏溪沙，把校方的心意帶給新同學。暑熱天時，身水身汗，過程絕不輕鬆。那時我在新亞山頂送他們和水果上車，甚為感動。捐贈水果給迎新營，相信應是余校長的主意。

余校長在新亞也有開課，多排在週六早上，因為平日事務繁忙；也在校內作過一些學術講座，比如〈紅樓夢的兩個世界〉一文，最先就是在崇基學院圖書館側一個階梯教室中發表的講座，出席師生不多，約有三、四十人左右，我也忝陪末席，目的是想瞻仰他的風采，看他如何展現其學術功力。

兩年任期，相信最令余校長困擾的應是大學改制，把原來的「聯邦制」，即組成中大的三個成員書院原本都有自主權，都有各自的學系，甚至自行開設學系（比如新亞的人類學系和新聞系、聯合的政治與行政學系等），改為教學與研究由中央統籌管理，書院只負責學生事務，包括宿舍飯堂獎學金等，即中大校方負責formal education（所謂學科為本），而書院則擔負informal education（所謂學生為本）。

余英時當時兼任中大副校長，受命領導一個小組研究改制的可能性及方向。主張「統一」的聲音認為各書院擁有學系多數重疊，不如統一，比如社會學系三書院都有，其實每個系只有四、五個老師，結果三系不得不合作，協調各院課程，學生可跨院上課，於是教師既要參與書院學系事務，也要出席大學系務會議。主張維持「聯

邦制」的則認為書院各有獨特傳統與文化，在教學及其他活動中體現其精神，把教學抽離等於淘空了書院的靈魂。余校長個人有何看法，我們作為學生實在不得而知，但小組提出的建議清楚明確，明顯和新亞元老如唐君毅教授希望保持新亞的傳統與特色不符。結果改制通過時，新亞校董會多人請辭，「回歸」農圃道校園，除已開辦的新亞中學外，又另辦新亞研究所及新亞文商書院。從此以後，中大的新亞只是一個框架，實際已脫離了原來的新亞。

當時改制研究小組首份報告書出版，校內沒多少人注意，學生會收到一份，由於是英文，無人有興趣閱讀。其實「事發」後校內的確有不少聲音：堂堂中文大學，發佈這樣一份事關重大的報告書，竟然用英文，成何體統？學生會會長陳漢森兄問我可有興趣看看有什麼提議，我拿回宿舍細讀，發現改革非同小可，於是向漢森說一定要令所有中大人知道，他立即著我用中文寫一份詳細撮要，並以「號外」單張形式印出來在火車站大量派發，前後兩大版加起來字數約有五、六千字，另外我們還以大字報形式把撮要抄錄在新亞的民主牆上。一時間人人都在談論大學改制，而余校長任主席的小組則不斷召開諮詢大會簡介改革建議，並收集各種意見。還記得某次諮詢會是晚上在樂群館（學生活動中心）前面空地舉行，放了幾盞大光燈照在台上，余校長及金老師皆有出席，同學則散坐在地上，少說也有百多二百人，校方在星空下舉辦討論大學前途的諮詢大會，在新亞歷史上應屬空前絕後。我和漢森竟然成為大學改革倡議的普及者，之後更掀起校內大規模討論，實非始料所及。

余校長1975年夏天離港返回哈佛，港督於是年11月成立「富爾頓委員會」，落實改革建議，並在次年開展立法工作，自此改革已成定局。余先生夾在主張中大改制的高層與反對改革的新亞元老之間，心情複雜，自不待言。

　　再見余先生已是十年後。我當時在新加坡東南亞研究所當研究員，他則和同在哈佛的杜維明教授應新加坡政府邀請和當地教師會面，兩位都是李光耀總理大搞儒家倫理教育的顧問。我和他在其下榻的香格里拉酒店詳談，那又是另一個故事了。

2024. 6. 28. 定稿

　　丁偉，香港浸會大學政治及國際關係學系榮休教授，香港中文大學政治與行政學系兼任教授。

致讀者

　　楊儒賓教授的巨著《思考中華民國》，結合了深厚的學術造詣和濃烈的文化使命感，正面挑戰台灣以及中國大陸都無法迴避的兩個問題：中國的現代化道路應該如何走下去？而身為內戰中「失敗者」的中華民國所內蘊的「理念」，在政治上與文化上是不是具有高對岸一籌的價值，從而肯定了自身的存在理由？為了回答這些問題，他不惜違逆兩岸潮流而行，重新梳理中國和台灣的近、現代思想史。這是一本視野恢弘，論述精密的著作，兼具思想和現實兩方面的意義。遇到如此份量的一本書，《思想》有義務推出專輯，供各方對它有所討論。

　　經由莫加南、王智明兩位教授的規劃，本期專輯「辨析中華民國」發表了9篇文章，從不同的立場和角度對楊書提出意見，有贊同、有異議，更有引申和發展。誠如楊儒賓所言：這本書關聯到台海兩岸每個人的存在問題，「既是身家性命的，也是生命的意義的」，甚至與周邊國家的關係也極密切，自然會引起各方的側目。專輯最後楊儒賓教授寫〈彷彿有光、因憂而寫〉的長文，回應大家的意見，交代了該書的基本預設，也說明了他寫作時面對這個危機時代的沉重心情。這篇回應，其實也是對全書論證的一次綜合性回顧，連同前面9篇文章，有助於讀者進入《思考中華民國》的堂奧。

　　俄羅斯於2022年2月24日入侵烏克蘭，到2024年11月中旬，戰事已經連續1000天，造成的生命與財產損失難以估計。本期吳玉山教授的文章，從科技主導的大歷史視角看地緣政治，搭配東斯拉夫民

族歷史視角下的族群、認同糾結，來理解和分析這場戰爭。從這種具有歷史深度和廣度的視角重新觀察俄烏戰爭，我們對這場衝突會有深一層的認知，是非判斷也可能更為錯綜複雜。如果要強作類比，我們對台海形勢的認知和判斷，也會呈現新的面向。無論如何，如吳教授在結語處指出的：「整體而言，俄烏戰爭為兩岸進行一場預演，有識者應該可以從中汲取重要的經驗教訓。」

吳教授的原稿提供了多幅清晰美觀的彩色地圖，作為行文和閱讀的輔助。但是非常可惜，限於技術條件，《思想》請求吳教授減少了一些圖表，印刷時也只能用黑白墨色深淺取代原圖的色彩分明，並且由於版面較窄，一些地圖縮得太小，很難閱讀。為此我們要向吳玉山教授以及讀者們致上歉意。

常成教授回顧韓戰末期中美兩方為了「爭奪」戰俘，不惜延長戰爭，結果「為了維護一個中國戰俘去台灣的自由，幾乎就有一個美國大兵因此喪生。從另一方的角度看，為了阻止一個中國戰俘去台灣，六個志願軍軍人、十個朝鮮人因此犧牲。」這一頁殘酷的歷史，部分反映了美國對華政策的無知和顢頇，今天已經無人知曉，因此常教授這篇文章（也是他專書裡的一章）有其特別的價值。當年遣返大陸的戰俘的日後遭遇，常教授非常關注，多年來陸續訪問到一些倖存者。「戰俘」跟「義士」的對比，尤其不堪聞問。

從本期開始，王智明教授應邀擔任本刊的副總編輯，他勢必會為這份刊物帶來新的風貌和方向。51期出刊之時，已經是2025年。無數人注定落空的新年願望，大概是世界上不再見烽火與流離。我們則只能先敬祝本刊的作者、讀者，以及工作同仁們新年快樂。

編者
2024年11月底

思想51

辨析「中華民國」

2024年12月初版　　　　　　　　　　　　　　　定價：新臺幣360元
有著作權・翻印必究
Printed in Taiwan.

編　　著	思想編委會	
叢書主編	沙　淑　芬	
校　　對	劉　佳　奇	
封面設計	陳　芳　儀	

出　版　者	聯經出版事業股份有限公司	編務總監　陳　逸　華
地　　　址	新北市汐止區大同路一段369號1樓	總　編　輯　涂　豐　恩
叢書主編電話	(02)86925588轉5310	總　經　理　陳　芝　宇
台北聯經書房	台北市新生南路三段94號	社　　　長　羅　國　俊
電　　　話	(02)23620308	發　行　人　林　載　爵
郵政劃撥帳戶	第0100559-3號	
郵　撥　電　話	(02)23620308	
印　刷　者	世和印製企業有限公司	
總　經　銷	聯合發行股份有限公司	
發　行　所	新北市新店區寶橋路235巷6弄6號2樓	
電　　　話	(02)29178022	

行政院新聞局出版事業登記證局版臺業字第0130號

本書如有缺頁，破損，倒裝請寄回台北聯經書房更換。　ISBN　978-957-08-7548-5 (平裝)
聯經網址：www.linkingbooks.com.tw
電子信箱：linking@udngroup.com

國家圖書館出版品預行編目資料

辨析「中華民國」/思想編委會編著 . 初版 . 新北市 .
聯經 . 2024年12月 . 356面 . 14.8×21公分（思想：51）
ISBN　978-957-08-7548-5（平裝）

1.CST：學術思想　2.CST：文集

110.7　　　　　　　　　　　　　　　113017526